融資渉外に強くなる法律知識

大平 正 編著

銀行研修社

はしがき

　バブル経済の崩壊により，従来の融資先の実態よりもむしろ「不動産担保さえあれば主義」による融資対応が顕在化し，多額の不良債権により，銀行に対する信頼が大きく揺らいでから20年が経過しようとしています。

　銀行業務の中で，融資業務が枢要な地位を占めていることは言うまでもありません。

　新規優良融資先の開拓及び既取引先との取引深耕が最も中核的な部分を形成していると考えられます。

　融資渉外担当者の優劣がこれからの銀行発展を左右するといっても過言ではありません。すなわち，融資渉外担当者は，営業推進の尖兵であり，その活動いかんが営業店の業績拡大に重要な影響を与え，それがひいては自行の発展につながっていくことになるからです。

　ところが，現実をみると，融資渉外担当者の実力には今一歩のところがみられ，とくに融資に関する法律知識をさらに向上させる必要があるように見受けられます。

　従来，銀行では営業店，本部を問わず比較的短い年数で転勤させ，幅広い知識を浅く知っている，いわゆるゼネラリストの養成が主体となっていたようです。

　このようなゼネラリス養成にもそれなりのメリットはあったでしょうが，現在のような未曾有の金融危機を乗り切るためには，融資渉外担当者がスペシャリストとして機能していくことが必要不可欠の要件です。

　融資実務は，銀行業務の中でも複雑ですから，まずその手続に習熟することが必要です。次に融資業務の基礎となっている法律についての正確な基礎知識を体得することが必要です。融資の推進にあたっては，民法，会社法，民事執行法，民事再生法，破産法などの専門知識を体得しておかなければなりません。

融資業務では，判断を問われる分野が多く，その判断を誤ると，融資先にとっても，また，銀行にとっても致命的な結果をもたらすことにもなりかねないのです。そのためには，常日頃から幅広い教養を体得し『対象のあるがままの姿を如実に把握する』洞察力を体得しなければなりません。

　現在，2007年に米国のサブプライムローンの焦付きから端を発した100年に一度ともいわれている世界的金融危機が世界を覆っています。

　この危機を乗り越えるためには，その1つとして何といっても優良融資債権額の増大により「サウンド・バンキング」の基本的精神に立ち返ることです。銀行が優良顧客の資金ニーズがなく，国債の購入に頼っている現状は異常です。

　それを脱するには，融資渉外担当者の地道な努力が必要なのです。そこで，本書は，融資渉外にとって必要不可欠な融資の基本的な法律知識を項目別に整理し，知りたい内容がすぐに検索できるように《Q》《A》《実務解説》《法的根拠》により平易に理解できるように構成しています。

　本書を読むことにより，今後は自信をもって融資渉外にあたることができるものと確信しています。

　なお，本書は1989年5月刊行以来，好評を得ていた同名書をそれ以後の法改正に基づき全面的に改稿しアップデートしたものです。

　本書を十分に活用され，融資渉外の実力がさらに向上されることを期待しています。

　なお本書においては，金融機関を総称する用語として「銀行」という言葉を原則として使用しています。したがって，内容は信用金庫，労働金庫，信用組合，農業協同組合，漁業協同組合など，すべての金融機関を対象としていますので，適宜読み替えていただければ幸いです。

　平成24年6月

法学博士　大平　正

―― 凡　例 ――

①判決・決定は，次のように略称した。
　　大　　判　昭○・○・○……大審院昭和○年○月○日判決
　　最　　判　昭○・○・○……最高裁判所昭和○年○月○日判決
　　東京高判昭○・○・○……東京高等裁判所昭和○年○月○日判決
　　東京地判昭○・○・○……東京地方裁判所昭和○年○月○日判決
　　東京地決昭○・○・○……東京地方裁判所昭和○年○月○日判決
②判例の出典は，次のように略称した。
　　民　　録……大審院民事判決録
　　民　　集……大審院民事判例集
　　　　　　　　最高裁判所民事判例集
　　高民集……高等裁判所民事判例集
　　下民集……下級裁判所民事判例集
　　金　　法……金融法務事情
　　金　　判……金融・商事判例
　　判　　時……判例時報
　　判　　タ……判例タイムズ

―― 参考文献 ――

大平　　正　著「銀行取引約定書Q＆A」（銀行研修社）
大平　　正　著「融資管理回収の実務」（経済法令研究会）
大平　　正　著「融資実務に強くなる法律知識」（清文社）
大平　　正　共著「金融実務手続双書『担保』」（金融財政事情研究会）
大平　　正　著「民事法改正で融資実務はこう変わった」（ビジネス教育出版社）
受川　環大　著「新会社法入門」（泉文堂）

―― 旧版執筆者一覧 ――

浅岡　隆二　　　　　　　　　　　　色摩　和夫（東邦銀行）
安部　睦夫（山口銀行）　　　　　　杉谷　憲一（太陽神戸銀行）
内山　能行（埼玉銀行）　　　　　　高橋　恒夫（大阪銀行）
江口浩一郎（全国信用保証協会連合会）　田中　三夫（みちのく銀行）
大平　　正（大平金融法務研究所）　旗田　　庸（第一勧業銀行）
川上　俊一（太陽神戸銀行）　　　　前田　　修（大阪銀行）
近藤　　寛（東洋信託銀行）　　　　※執筆者の勤務先は当時のもの

目　次

第1章　まず押さえておきたい融資の基本的な法律知識
1　融資受付時の法律知識 …………………………………………2
〈Q1〉手形貸付の法的仕組みを知りたい ………………………2
〈Q2〉証書貸付の法的仕組みを知りたい ………………………4
〈Q3〉当座貸越の法的仕組みを知りたい ………………………6
〈Q4〉手形割引の法的仕組みを知りたい ………………………8
〈Q5〉融資実行の誤解を与えてしまった場合どうなるのか …10
〈Q6〉融資実行前にどこまで説明しなければならないのか …12
〈Q7〉融資先について法的側面からの調査は何を行うのか …15
〈Q8〉関係先について法的側面からの調査は何を行うのか …17
2　融資実行時の法律知識 …………………………………………19
〈Q1〉銀行取引約定書を徴求するのはなぜか …………………19
〈Q2〉期限の利益とは何か ………………………………………21
〈Q3〉債務者の本人確認はどのようにしたらよいか …………23
〈Q4〉その他必要書類を徴求するのはなぜか …………………25
〈Q5〉借入意思の確認はどのようにしたらよいか ……………27
3　担保の法律知識 …………………………………………………29
〈Q1〉担保とはどういうものか …………………………………29
〈Q2〉どのようなものが担保に適するか ………………………31
〈Q3〉どのような人が担保提供者になれるか …………………33
〈Q4〉預金担保とはどういうものか ……………………………35
〈Q5〉第三者の定期預金は担保にとれるか ……………………39
〈Q6〉商手担保とはどういうものか ……………………………41
〈Q7〉担保手形の差替えはどうするか …………………………43
〈Q8〉有価証券担保とはどういうものか ………………………45

- 〈Q9〉 初めて不動産担保を差し入れてもらう場合，何に注意したらよいか……………………………………48
- 〈Q10〉 不動産登記の公信力とはなにか………………50
- 〈Q11〉 抵当権とは根抵当権とどう違うのか…………52
- 〈Q12〉 動産担保とはどういうものか…………………54
- 〈Q13〉 将来債権に担保設定できるのか………………57

4 保証の法律知識……………………………………59
- 〈Q1〉 保証とはどういうものか………………………59
- 〈Q2〉 保証制度はどのように変わったのか…………61
- 〈Q3〉 保証意思を確認しないとどうなるか…………63
- 〈Q4〉 個人を保証人とするときの注意点は…………65
- 〈Q5〉 第三者による個人連帯保証のあり方…………67
- 〈Q6〉 会社を保証人とするときの注意点は…………69
- 〈Q7〉 保証人と物上保証人とはどのように違うか…71
- 〈Q8〉 保証協会の保証とはどういうものか…………73
- 〈Q9〉 マル保貸付金の免責事由にはどのようなものがあるか……76

5 融資管理の法律知識………………………………82
- 〈Q1〉 延滞が発生した場合の対応はどうしたらよいか……82
- 〈Q2〉 資金使途が申込み内容と異なっていたことが判明した……85
- 〈Q2〉 顧客情報の外部に漏らしてはならないのはなぜか……87
- 〈Q4〉 連帯保証人から債務の返済状況を教えてほしいとの申出があった……89
- 〈Q5〉 株式会社を設立したいとの申出があった……91
- 〈Q6〉 株式について教えてほしい……………………93

6 融資に関する法的規制の基礎知識………………95
- 〈Q1〉 公序良俗に反する融資だったことが判明した……95
- 〈Q2〉 実質金利が利息制限法の金利を越えてしまった……97

〈Q3〉 多額の融資申込みがあり，同一人に対する
　　　　信用供与限度額を超過した……………………………………99
〈Q4〉 導入預金の疑いがある融資の申込みがあった………………100
〈Q5〉 融資を拒否された取引先に私的に融資を行いたい…………104
〈Q6〉 優越的地位の濫用になるケースとはどのような場合か……106
〈Q7〉 融資取引にあたって取得した個人情報を他取引に
　　　　利用できるか………………………………………………………108
〈Q8〉 不振先への追加融資は特別背任になるか………………………110
7 融資に関する法的疑問点……………………………………………112
〈Q1〉 なぜ手形貸付では金銭消費賃借契約を締結しなくても
　　　　よいのか……………………………………………………………112
〈Q2〉 なぜ手形貸付は利息前払いにしているのか……………………114
〈Q3〉 なぜ手形書替の際に旧手形を返却してもよいのか……………116
〈Q4〉 なぜ金銭消費賃借契約日と代り金受領日の間隔を
　　　　あけてはいけないのか……………………………………………119
〈Q5〉 なぜ抵当権設定登記手続後に貸付を実行してもよいのか……121
〈Q6〉 なぜ証書貸付の条件変更は債務の同一性がなくなり，
　　　　契約更改とみされることがあるのか……………………………123
〈Q7〉 なぜ取引先からの「過振り」要請に応じなくてもよいのか…126
〈Q8〉 なぜ手形割引は融資ではなく手形の買取りなのか……………128
〈Q9〉 なぜ融通手形を割り引いてはならないのか……………………130
〈Q10〉なぜ手形割引は手形貸付より債権回収上有利と
　　　　言われるのか………………………………………………………133

第2章　融資の相手方と借入申込みについての法律知識
1 個人融資先のときに知っておきたい法的知識……………………138
〈Q1〉 融資の申込みがあったが被保佐人であった……………………138

〈Q2〉債務者が制限行為能力者になってしまった場合は
　　　　どうするのか ································· 140
　〈Q3〉外国人から融資の申込みがあった ················· 142
　〈Q4〉妻から夫名義で融資を申し込まれた ··············· 144
　〈Q5〉入院患者から融資の申込みがあった ··············· 146
 2　法人融資先の時に知っておきたい法的知識 ············· 148
　〈Q1〉法人融資の時に一般的に注意すべきこと ··········· 148
　〈Q2〉代理人との取引の時に一般的に注意すること ······· 150
　〈Q3〉代表取締役が何人もいるが法的効力はどうなるか ··· 153
　〈Q4〉支店長から融資を申し込まれた ··················· 155
　〈Q5〉合資・合名・合同会社から融資を申し込まれた ····· 157
　〈Q6〉社会福祉法人から融資を申し込まれた ············· 160
　〈Q7〉医師会から融資を申し込まれた ··················· 162
　〈Q8〉医療法人から融資を申し込まれた ················· 164
　〈Q9〉管理組合法人からマンションの修繕資金の融資を
　　　　申し込まれた ································· 166
　〈Q10〉権利能力なき社団から融資を申し込まれた ········ 168
　〈Q11〉任意団体からの融資の申込みにはどう対応すべきか · 170
 3　異例ケースでの申込みに役立つ法的知識 ··············· 172
　〈Q1〉一見客から融資を申し込まれた ··················· 172
　〈Q2〉電話で手形割引を申し込まれた ··················· 174
　〈Q3〉定期預金をするから友人に融資してほしいと頼まれた ··· 176
　〈Q4〉受取人と第一裏書人が異なっている手形の割引を頼まれた · 178
　〈Q5〉裏書日付が振出日前の手形の割引を頼まれた ······· 180
　〈Q6〉手形1,000万円のうち500万円だけの割引を頼まれた · 182
　〈Q7〉他行の特定線引がある手形の割引を頼まれた ······· 184
　〈Q8〉ローン条件不適格だが提携枠は残っている場合
　　　　融資を拒否できるか ··························· 186

〈Q9〉会社から多額の借入を申し込まれたが取締役会の
　　　　決議がない ································· **188**

第3章　担保の法律知識
1　担保について知っておきたい法的知識 ················· **192**
　〈Q1〉株式会社の代表者の個人的融資に会社の物件を担保に
　　　　できるか ··································· **192**
　〈Q2〉会社が本社工場を担保に入れたいと申し出た ········ **194**
　〈Q3〉どのような条件がそろっている会社が担保提供者に
　　　　なれるのか ································· **197**
2　不動産担保について知っておきたい法的知識 ············ **199**
　〈Q1〉抵当権設定後，税金を滞納していることがわかった ···· **199**
　〈Q2〉（根）抵当権が設定できるものになにがあるか ········ **201**
　〈Q3〉抵当建物の増築の申出を受けた ··················· **203**
　〈Q4〉抵当建物が焼失してしまった ····················· **205**
　〈Q5〉担保物件が更地の場合は何に注意すべきか ·········· **207**
　〈Q6〉借地上の建物を担保にしたい ····················· **209**
3　有価証券担保について知っておきたい法的知識 ·········· **211**
　〈Q1〉株券電子化で担保設定手続はどうなるのか ·········· **211**
　〈Q2〉国債を担保として融資の申込みがあった ············ **214**
　〈Q3〉自己株式を融資の担保にとってもよいか ············ **216**
4　動産・債権譲渡担保はどう扱ったらよいか ··············· **219**
　〈Q1〉担保とした動産を登記しないとどうなるか ·········· **219**
　〈Q2〉債務者不特定の将来債権への担保設定と第三者対抗力
　　　　とは何か ··································· **221**
　〈Q3〉債権譲渡担保の手続を教えてほしい ················ **224**
5　その他の担保の取扱いはどうしたらよいか ··············· **227**
　〈Q1〉入居保証金は担保にできるか ····················· **227**

〈Q2〉年金，恩給を担保にできるか……………………………… 230
　〈Q3〉医師の診療報酬債権は担保にとれるか…………………… 233

第4章　保証の法律知識
1　保証について知っておきたい法的知識………………………… **236**
　〈Q1〉代表取締役を兼任する会社間で保証はできるか………… 236
　〈Q2〉保証人を交替したいとの申出があった…………………… 238
　〈Q3〉担保保存義務とはどういうものか………………………… 241
2　保証の種類にはどのようなものがあるか……………………… **243**
　〈Q1〉民事上の保証と手形保証とは同じ効力を持つのか……… 243
　〈Q2〉手形の書替をすると，保証はどうなるか………………… 245
　〈Q3〉保証協会の当座貸越根保証とはどういうものか………… 247
　〈Q4〉支払承諾（債務保証）とはどういうものか……………… 251
3　保証協会の免責事由にはどのようなものがあるか…………… **253**
　〈Q1〉免責を避けるためには一般にどんなことに注意すべきか… 253
　〈Q2〉保証人から償還請求を拒否された場合…………………… 256
　〈Q3〉担保未徴求による一部免責とは何か……………………… 258
　〈Q4〉自行貸付返済後に担保解除をするとマル保貸付は
　　　　どうなるか………………………………………………… 260
　〈Q5〉マル保貸付を旧債の返済にあてると免責となるか……… 262
　〈Q6〉肩代り融資は免責となるか………………………………… 264

第5章　融資管理の法律知識
1　個人貸付で知っておきたい法的留意点………………………… **268**
　〈Q1〉住宅ローンを一部繰上返済したい………………………… 268
　〈Q2〉他行肩代りによる全額返済の申出に応じなければ
　　　　ならないか………………………………………………… 270
　〈Q3〉減額返済の申出があった…………………………………… 274

〈Q4〉返済期限の延期はできるか……………………………276
〈Q5〉ローン融資先が自己破産を申し立てた………………278
〈Q6〉貸付先が死亡したが法的対応はどうしたらよいか…280
〈Q7〉法人成りした個人の貸付はどうなるのか……………282
2　法人貸付で知っておきたい法的留意点………………………285
〈Q1〉代表者の変更があったが登記されていない…………285
〈Q2〉会社が合併し，登記前に貸付を申し込まれた………287
〈Q3〉会社が営業譲渡をして第二会社をつくった…………290
〈Q4〉貸付先の代表者が行方不明になった…………………292
〈Q5〉期限前に弁済したいとの申出があった………………294
〈Q6〉担保の一部を解除してほしいとの申出があった……296
〈Q7〉担保不動産の差替えをしてほしいとの申出があった………298
参考　銀行取引約定書旧ひな型……………………………………300

第1章

まず押さえておきたい融資の基本的な法律知識

1　融資受付時の基礎知識

Q1　手形貸付の法的仕組みを知りたい

A1

❶　銀行が借主から，借用証書の提出を受ける代わりに，融資先に銀行を受取人として，融資額を額面とする約束手形を振り出してもらい，銀行はその手形金額から満期までの利息を差し引いた金額を交付する形式の融資です。

❷　手形に借用証書としての役割をもたせようとするもので，銀行にとっては債権保全上メリットがありますが，借主にとっても，借用証書を作成する煩わしさがないというメリットもあり，双方にとり簡便な融資であるといえます。

実務解説

(1)　手形貸付も金銭消費貸借

融資というのは，金銭の消費貸借（民法587条以下）で，その成立には証書等の作成は必要なく，「貸しましょう，借りましょう」という合意が成立し，銀行が金銭を交付すれば，契約は成立します。

しかし，これでは融資を証拠付ける書類が銀行に残らず，後日トラブルとなるのを避けるために，実務上は手形を借用証書として，提出を受けているのです。

(2)　手形債権と貸付債権との関係

手形貸付では，その原因である消費貸借債権（貸付債権）の履行を確保するための手段として振り出されたものですから，銀行は手形貸付により，手形債権と貸付債権の両方を取得することになります。

この両債権は併存していますが，その目的は1つですから，一方の債権

が目的を達して消滅すれば，他方の債権も消滅します。

(3) 権利行使の順序

もし，融資先が弁済期に弁済を行わず，融資先に権利を行使する場合に，銀行は貸付債権と手形債権のいずれを先に行使することができるのでしょうか。この点について，疑問が生じないよう銀行取引約定書旧ひな型2条に「銀行は，いずれによっても請求することができます」と定められています。したがって，銀行は貸付債権と手形債権のいずれによっても相殺やその他の権利行使ができることになります。

(4) 手形債権と貸付債権の相違点

手形債権と貸付債権の相違点のうち，債権回収上，実務に大きく影響するのは，消滅時効の期間と訴訟手続です。

① 消滅時効の期間

時効期間については，商事債権である貸付債権は5年で完成（商法522条）するのに対して，手形債権の消滅時効は3年で完成（手形法70条，77条1項8号）してしまいます。

したがって，手形債権が時効で消滅しても，貸付債権を行使することができます。しかし，貸付債権が時効で消滅すると，仮に手形債権が中断手続により時効が完成していなかったとしても，債務者である融資先から，原因債権である貸付債権の時効消滅を援用されれば，手形債権を行使することができませんので，注意してください。

② 訴訟手続の相違点

貸付債権に基づく支払請求訴訟は，一般の民事訴訟手続によりますが，手形債権に基づく支払請求訴訟は，簡便な「手形訴訟」が利用できます。

> **法的根拠** 金銭消費貸借契約については，民法587条以下に，手形債権と貸付債権の関係については銀行取引約定書旧ひな型2条に，消滅時効については，商法522条，手形法70条，77条1項8号などにそれぞれ規定されています。

1　融資受付時の基礎知識

Q2　証書貸付の法的仕組みを知りたい

A2

❶　融資を実行するにあたって、借主から債権額、弁済期、利率などの融資条件を記載した借用証書を差し入れてもらって行う貸付のことを証書貸付といいます。

❷　その法的性質は、手形貸付と同様、金銭消費貸借契約です。

実務解説

(1)　要物性の問題点

　金銭消費貸借契約の成立時点は、銀行と借主との間で「貸しましょう、借りましょう」という合意があった時ではなく、借主との合意に基づいて、借主に金銭を交付した時に成立します。

　実際の融資取引では、基本的な合意が成立すると、証書貸付の実行予定日より前に金銭消費貸借契約証書が作成され、銀行は契約証書の内容を精査するとともに、融資の条件となっている担保の徴求手続などを準備します。

　ところが、例えば抵当権設定登記関係書類が不足していたなど予想しなかった事情により、予定日より遅れて証書貸付を実行すると、金銭の授受のない金銭消費貸借契約は無効ではないかという問題が生じてしまいます。

　この問題点について判例は、公正証書金銭消費貸借契約について「公正証書作成後に金銭の授受があっても、公正証書は有効である」として、要物性を緩和する解釈をとっています（大判昭11・6・16民集15巻1125頁）。ただし、契約証書日付と実際の金銭授受の日があまりに離れていると、両者の関連性に疑問が生じるので、実務上注意が必要です。

(2)　金銭の借主口座への入金

　銀行実務では、融資金を直接借主に交付するのではなく、借主名義の預

金口座へ入金する方法をとっていますが，これは民法587条に規定する金銭の受取りになるのかという問題点があります。

この問題点について判例は，「現実に金銭の授受がなくても，授受があったと同一の経済上の利益を与えた時は，消費貸借は有効に成立する」と判示しています（大判大11・10・25民集1巻621頁）。

(3) 証書貸付実行前の抵当権設定

証書貸付を実行する前に，金銭消費貸借契約を結び，抵当権を設定登記した場合，金銭を交付する前に設定した抵当権は，金銭消費貸借契約の要物性を満たす前に設定されたものですから，登記がなされても無効になるのではないかという問題点があります。

この問題点について判例は，「後で発生する被担保債権を担保する意思をもって抵当権を設定する場合も，その抵当権は有効である」と判示しました（大判明38・12・6民録1653頁）。判例はこのように古くから抵当権の付従性の緩和という方向から，消費貸借の要物性緩和と同様に実務の取引状態を保護しています。

しかし，金銭消費貸借契約証書作成日から，相当の期間が経過した後に融資を実行した場合や，その融資先に何口もの貸付金があるような場合には，抵当権付の貸付金ではないなどと主張され，トラブルとなるおそれもありますから，このような場合には，融資先から，金銭の領収証（平成○年○月○日付金銭消費貸借契約証書に基づく貸付金として受領した旨，記載する）を徴求し，貸付金の授受を明確にしてください。

法的根拠　金銭消費貸借契約については民法587条以下に，要物性の緩和については，大判昭11・6・16民集15巻1125頁に，抵当権の付従性の緩和については大判明38・12・6民録11輯1653頁，大判大2・5・8民録19輯312頁などです。

1　融資受付時の基礎知識

Q3　当座貸越の法的仕組みを知りたい

A3

❶　当座勘定取引先が優良先で，担保も十分ある場合には，一定限度まで銀行が立替払いする契約をすることができます。このような契約を当座貸越契約といいます。

❷　当座貸越とは，本来は当座勘定取引に付随して貸越をすることであり，当座勘定契約に付随する当座勘定貸越契約に基づく与信取引をいいますが，信用保証協会の当座貸越根保証のように，当座勘定取引を前提としない与信取引も当座貸越とされています（p.247）。

❸　当座貸越債権の法的性質については，定説はありませんが，消費貸借債権とみるのが一般的です。

実務解説

(1)　**当座貸越が行われる場合**

銀行からみれば，貸越状態はできる限り短期に解消することが望ましく，底だまり的貸越は最も好ましくないものといえます。その意味で，短期運転資金として利用されるのが好ましく，長期運転資金ないし，設備資金のような長期固定の性格を有する貸付は，別の貸付形態を選ぶべきです。

(2)　**当座貸越にはどのようなものがあるか。**

①　当座勘定取引の存在を前提とするもの

当座貸越契約とは，当座勘定取引に付随するもので，当座勘定取引先が当座預金の残高を超えて手形・小切手を振り出した場合にも，銀行が一定の限度までその支払を行うことを約し，取引先が利息を付してその超過支払額を弁済することを約する融資契約です。

②　当座勘定取引の存在を前提としないもの

最近では，当座勘定取引を前提としないで，銀行が一定の限度まで貸付

をすることを約する契約もあります。

　ア．事業者カードローン

　事業者カードローン専用の払戻請求書あるいはカードによる借入を内容とする当座貸越で，借入残高について約定弁済のあるものと随時弁済でよいものとがあります。

　イ．一括支払システム

　一括支払システムにより銀行が譲り受けた担保売掛金や手形の合計額を極度とする当座貸越で，専用の払戻請求書を使用し，その弁済は，原則として担保債権・手形の取立代り金により行うものです。

(3) **当座貸越債権の法的性質**

　消費貸借予約説，委任契約説，一種の無名契約とみる説などがあります。定説はありませんが，消費貸借予約説とみるのが一般的です。

　消費貸借予約説とは，当座貸越契約を消費貸借の予約として捉え，貸越の実行により消費貸借が成立するという考え方です。

(4) **即時支払事由と不渡り**

　取引先が，即時支払事由に該当した場合でも当座貸越契約が当然に解約されるわけではありません。解約は，原則として銀行から解約の意思表示が取引先に到達したときに効力を生じますから，解約の意思表示が取引先に到達しないうちに手形・小切手が呈示されれば，銀行は貸越をしなければなりませんので注意が必要です。

> **法的根拠** 当座勘定貸越約定書，事業者ローン契約書の規程等が該当します。

Q4 手形割引の法的仕組みを知りたい

A4

❶ 手形割引とは，銀行が相手方に，満期未到来の手形を満期までの利息相当額及び費用（割引料）を控除した金額を支払って，相手方から買い取る行為です。

❷ 手形割引は手形の売買ですから，取引先に期限の利益の喪失事由が生じたときは，取引先にその手形を買い戻してもらう必要が生じます。

❸ 手形割引料及び遅延損害金に利息制限法の適用はないと解されています。

実務解説

(1) 手形割引の法的性質

手形割引の法的性質については，手形の売買と解する説と消費貸借と解する説との対立がありました。

判例は，「約束手形の授受は，いわゆる手形の割引として手形の売買たる実質を有し，金員の交付は手形の売買代金の授受にあたる」と判示しています（最判昭48・4・12金判373号6頁）。

典型的な手形割引について，判例は手形の売買と解しており，銀行取引約定書旧ひな型でも手形売買説に基づき規定が置かれていますので，現在では，手形割引の法的性質を論ずることは，あまり実益がありません。

(2) 割引手形買戻請求権

銀行取引約定書旧ひな型6条（p.300巻末資料）によれば，割引依頼人に支払停止，法的整理開始の申立など同ひな型5条に規定されている事由が発生したときは，割引依頼人は手形面記載の金額について買戻債務を負い，銀行に弁済しなければならない旨特約されています。

その趣旨は，手形割引を手形の売買と構成したため，手形割引には，期

限の利益喪失条項（同ひな型5条）が適用されませんので、手形法上の遡求権のみでは、銀行の債権保全上重大な支障が出るおそれがあるからです。

(3) 手形割引料及び遅延損害金と利息制限法

手形割引が消費貸借であれば、利息制限法が適用されることに問題はありませんが、手形の売買である手形割引について判例は、「その割引料について利息制限法の適用はない」としています（前掲最判昭48・4・12）。

しかし、「買戻債務が発生した後に、買戻債務についての遅延損害金については、利息制限法の適用がある」とした判例もみられます（大阪地判昭45・4・17判タ252号）。反面、「遅延損害金についても、利息制限法の適用はない」とする判例（東京高判昭50・6・26判タ330号301頁）もあります。

なお銀行取引では、通常、利率の点から利息制限法の適用はないと理解してよいでしょう。

(4) 実務上の注意点

① 他行線引手形の割引

他行線引が記載された原因を調べ、正当な所持人からの割引依頼であれば、割り引いて差し支えありません。その理由として、線引制度は小切手法に規定（同法37条、38条）されていますが、手形法には規定がないため、手形上に他行線引があっても手形法上は何ら効力を生じないからです。

② 偽造手形の割引と被偽造者の責任

割り引いた手形が偽造だった場合には、被偽造者（偽造手形を振り出された者）は偽造手形について何ら責任を負いません。しかし、表見代理の規定の類推適用や使用者責任に基づき被偽造者の責任を追及することができる場合もあります。

> **法的根拠** 銀行取引約定書旧ひな型5条、6条に規程があります。
> また、表見代理については民法110条に、使用者責任については民法715条に、それぞれ規定があります。

Q5 融資実行の誤解を与えてしまった場合どうなるのか

A5

❶ 融資義務について，判例は，諾成的消費貸借契約の成立を認めるようになりました（大判昭12・5・26民集16巻730頁）。

❷ 契約に至っていない段階でも，何らかの理由で，銀行が融資証明書を発行することがあり，その効果が争われることがあります。

実務解説

(1) 融資予約と諾成的金銭消費貸借契約

契約は，相対立する意思表示の合致であるとされ，具体的には申込みの意思表示に対して，承諾の意思表示があれば成立します。融資契約も契約の一種ですから，銀行が融資を承諾すれば，融資を実行する義務が生じると考えられています。

通常，銀行では借入申込みに対して，審査，担保評価，決裁，契約書の徴求など，一連の手続を経て，初めて金銭が交付されますので，最終的に融資が実行されなかった場合に，銀行が承諾したのか否か，融資予約もしくは諾成的金銭消費貸借契約が成立したか否か，そして，どのような権利義務が生じるのかが問題になることがあります。

諾成的金銭消費貸借契約とは，当事者の意思表示の合致（合意）によって成立する金銭消費貸借契約のことをいい，金銭を相手方に交付しなくても成立します。判例は，当初，消費貸借の要物性を厳格に解していましたが，後に諾成的金銭消費貸借の成立を認めました。

また，融資契約を消費貸借の予約と解する判断もなされています（新潟地決昭30・1・22下民集6巻1号93頁）。

したがって，融資渉外にあたっては，銀行内部の意思決定がなされる以前に，取引先に対して融資承諾と受け取られるような言動は厳に慎まなけ

ればなりません。

(2) 融資証明書と融資義務

契約に至っていない段階でも，例えば，融資先が材料仕入先に融資証明書を交付することにより，仕入先との取引を円滑にするなどの理由で銀行が融資証明書を発行することがあり，その効果が争われることがあります。

融資証明書の交付によって，融資承諾と解される余地もあり，融資承諾と認められれば，銀行は融資義務を負担します。

判例は，「融資証明書を発行して融資を行う旨の約束をした場合，その破棄により企業に損害が生じることを知りまたは知りうべきであるにもかかわらず，一方的に融資約束を破棄したときは，取引上是認するに足る正当な事由がない限り，銀行は民法709条に基づく不法行為責任を負う」旨判示しています（東京高判平6・2・1金判945号25頁）。

実務上，次の諸点に注意して取り扱ってください。

① 融資の予約と解されますから，優良取引先に限って行うこと。
② 除斥期間を定めること。除斥期間とは，決められた期間だけ権利を行使することができるという固定した期間のことで，時効期間と似ていますが，中断がないところが異なっています。
③ 条件をつけること。例えば，経済状態に激変のないこと，経営状態に著変のないこと，銀行取引約定の一にでも違反しないことなどです。

> **法的根拠** 諾成的金銭消費貸借契約の成立を認めた大判昭12・5・26，融資契約を消費貸借の予約と判断した新潟地決昭30・1・22，融資証明書の発行後，融資の実行をしなかった銀行に不法行為責任（民法709条）を認めた判例（東京高判平6・2・1）などがあります。

1　融資受付時の基礎知識

Q6　融資実行前にどこまで説明しなければならないのか

A6

❶　銀行が取引先に対して勧誘して実行した融資契約が取り消されないためには、勧誘時に消費者契約法の定める内容の説明を行うことで、取引先の誤認を防ぎます。
❷　銀行の融資についての説明義務は、金融庁の中小監督指針等によっても求められています。
❸　銀行は中小監督指針により、顧客のレベルに応じた説明、契約条件の書面化など契約面の整備を適切に行うことが求められています。

実務解説

(1)　銀行の商品説明義務

　金融のグローバル化が進み、銀行の取扱商品の多様化により、銀行では融資にかかるインパクト・ローンやデリバティブ商品など多様な取引リスクを包含する金融商品を取り扱うようになったため、これに伴い銀行の商品説明義務を問題とするトラブルや訴訟事件が急増しています。

　そこで、銀行を含む事業者の不十分な説明による消費者の誤認などから消費者を保護するため、消費者契約法などの消費者保護法が制定されました。

(2)　消費者契約法の求める説明義務

　消費者を保護するため、平成13年4月に消費者契約法と金融商品販売法が施行され、また、証券取引法を大幅に改正した金融商品取引法も平成20年4月から全面施行されていますが、融資契約に適用されるのは消費者契約法であり、金融商品販売法及び金融商品取引法については、融資契約には適用されません。

　消費者契約法は、消費者に対して事業者が契約の勧誘をする場合に、事

業者の不十分な説明による消費者の誤認に対して，契約の申込みや承諾の取消を認めることにより（同法4条），事業者に適切な説明を求めています。したがって，銀行が取引先に対して勧誘して実行した融資契約が取り消されないためには，勧誘に際して同法の定める内容の説明を行い，または不適切な説明を行わないようにして，取引先の誤認を防ぐ必要があります。具体的には，以下のとおりです。

① 重要事項について事実と異なることを告げないこと（同法4条1項1号）。
② 消費者契約の目的となるものに関して，将来における価額その他，将来における変動が不確実な事項について断定的判断を提供しないこと（同法4条1項2号）。
③ 重要事項あるいはその関連事項について，消費者の利益となることと併せて，不利益となる事実も告げ，不利益事実が存在しないと誤認させないようにすること（同法4条2項）。

(3) 監督指針と融資の説明義務

銀行の融資取引，保証取引などについての説明義務は，消費者契約法などの他，金融庁の「主要行等向けの総合的な監督指針（以下「主要行監督指針」という）」「中小・地域金融機関向けの総合的な監督指針（以下「中小監督指針」という）」により求められています。

具体的には，顧客のレベルに応じた説明，契約条件の書面化など契約面の整備を適切に行うことが求められています。また，保証取引では，保証人に対して，保証債務負担の意思の確認において，保証債務を履行すると，自ら責任を負担する最悪事態を想定した説明を行い，必要に応じてその説明を受けた旨の確認を行うことが求められ，さらに，連帯保証契約においては，補充制（催告の抗弁権（主たる債務者に支払の請求を求めることができる権利）及び検索の抗弁権（主たる債務者に弁済の資力があることを証明してその請求を拒否できる権利））や分別の利益（複数の保証人がいる場合，各保証人は主たる債務を平等に分割した金額を負担すること）がないことなどの

説明を行うことが求められています。

(4) **顧客の属性と説明義務の程度**

外国為替取引の経験のない中小企業にインパクト・ローンを勧めた事案について，判例は，そのリスクなどを十分説明する義務があるのに，簡単な説明でインパクト・ローンを勧めた銀行の損害賠償義務を認めました（大阪地判昭62・1・29金判765号19頁）。

これに対し，銀行が不動産会社にインパクト・ローンと米ドル売り先物予約をセットした商品を勧めた事例で，判例は銀行に説明義務の違反があるとはいえないと判示しました（東京高判平4・12・21金法1362号39頁）。

この違いは，金融商品取引法や金融商品販売法等で定められている「適合性の原則」にあり，顧客の知識・経験及び財産の状況に照らして説明しなければならないという規制です。東京高裁の事案は，取引の相手方がその取引に詳しい会社だったからで，それが大阪地裁の判決との違いになったのです。

> **法的根拠** 消費者契約法，中小監督指針，大阪地判昭62・1・29，東京高判平4・12・21などにより規制されています。

Q7 融資先について法的側面からの調査は何を行うのか

A7

❶ 個人からの申込みの場合は制限行為能力者でないことを調査します。
❷ 法人からの申込みの場合は登記事項証明書のうち現在事項証明書を徴求し，法人の内容を調査します。
❸ 犯罪による収益の移転防止に関する法律（以下「犯収法」という）4条で定める本人確認手続を行います。
❹ 申込内容に関する調査を行います。

実務解説

(1) **個人に関する調査**

借入申込者が制限行為能力者でないかどうかを確認します。つまり，未成年者でないか成年被後見人，被保佐人，被補助人でないか，外国人であれば「在留カード」等により法的側面を調査します。

(2) **法人に関する調査**

法人については，登記事項証明書のうち現在事項証明書を徴求し，会社成立の年月日，取締役，会計参与，監査役，代表取締役，特別取締役，委員，執行役，代行執行役及び会計監査人の就任の年月日並びに会社の商号及び本店の登記の変更に係る事項を確認します。その他定款などの提出を受けて，当該法人が実在するか，代表権を有する者は誰か，申込内容が法人の目的の範囲内であるかなどを調査します。

(3) **本人からの申込であるか**

申込者が借入先本人であるか否かを調査します。銀行取引の契約の相手方としての同一性の確認に加えて，犯収法4条の定める本人確認手続を遵守するために，運転免許証など法定の本人確認資料の提示を受けて，本人確認を行います。申込者が本人でなく，代理人によって申し込まれた場合

1　融資受付時の基礎知識

には，あらかじめ本人から届出を受けている代理人を除き，原則として本人確認を行い，代理人が本人の意思に基づいて選任されたことを確認します。本人確認資料及び確認の方法については，犯収法の定めに従って行い，その確認の記録を取引終了後7年間保存しておくことが義務付けられています（同法6条）。この確認は，法人の場合は，当該法人及び来店の個人（代表者・代理人・使者），個人の場合は，本人の他に代理人・使者についても必要となります。

その他，法的側面以外にも，手形交換所の取引停止処分を受けていないか，業界などに悪い噂が立っている先でないか，暴力団など反社会的勢力ではないか，トラブルメーカーでないか，僚店でマークしている不良先でないかなども調査します。

(4) 申込内容の調査

借入申込みの受付にあたって調査すべき事項は，まず申込内容の妥当性です。法的妥当性については，資金使途を中心とする申込者の借入行為自体に関する法的問題はないかを調査します。

資金使途に関する法的妥当性は，①借入金が反社会的目的に使われることはないか，②借入行為に所轄庁の許可・認可を要しないか，③その他借入が行政上の規制に抵触しないかなどの調査が必要です。

①の反社会的目的については，麻薬・覚醒剤などの禁制品の購入や売春などの禁止行為を目的とする場所の設置などではないかなどを調査します。

このような反社会的目的を達するための資金の融資は公序良俗違反（民法90条）として無効となるおそれがあり，これらの違法目的に使用されることを知りながら資金の融資を行った場合は，違法行為の共犯として処罰されることもありますから注意が必要です。

> 法的根拠　　制限行為能力者については，民法4条以下に，現在事項証明書については，商業登記規則30条に，本人確認については犯収法4条，6条に，また公序良俗については民法90条にそれぞれ規定があります。

16

Q8 関係先について法的側面からの調査は何を行うのか

A8

❶ 関係先の調査として、担保提供者及び保証人の調査が必要です。
❷ 保証・担保提供意思の確認が必要です。

実務解説

(1) 担保提供者の調査

担保提供者は、債務の返済が滞った場合に、債権回収の最終的なより所となる先ですから十分な調査が必要です。バブル経済期には、これらの確認を形式的に済ませたため、担保提供意思の否認を受けトラブルとなった例が多発しました。担保提供者が第三者の場合には、借入申込人との関係や利益相反行為にあたらないかなど法的側面も考えなければなりません。担保提供行為の法的側面に、借入申込者と同様の能力・資格の調査を行うことに加えて、担保提供意思の確認は当然ですが、さらに担保物の処分権限が担保提供者にあるか否かも調査することが必要です。

(2) 担保提供者が法人の場合

担保提供者が法人の場合は、担保提供行為が法人の目的の範囲内であることが必要ですから、借主と法人が何の関係もない場合は問題があります。

例えば、借主・担保提供者がいずれも法人で、相互に何ら取引関係はないが、各法人の代表者同士が親しいために、法人が担保提供するような場合は、法人の目的の範囲に含まれないとされるおそれがあります。その結果、法人の提供した担保が無効となることがありますので注意が必要です。営利法人以外の法人の場合は、担保提供行為が目的の範囲内であることや所定の承認・許可などが受けられるか否かを確認することが必要です。

また、担保提供者と借主との間に利益相反関係がないか否かも調査します。株式会社の場合、取締役の借入のために法人が担保提供者となると、

会社法356条1項2号，365条1項により，株主総会または取締役会の承認を得る必要があります。判例は，取締役会の承認を得ずになされた担保提供行為は，銀行が取締役会の承認を受けていないことに悪意であることを，会社が主張・立証しない限り無効とならないとしています（最判昭43・12・25民集22巻13号3511頁）。しかし，銀行実務上は株主総会または取締役会の承認書を徴求しておくべきでしょう。

(3) **経営者以外の第三者の個人連帯保証**

銀行は，経営者以外の第三者の個人連帯保証を求めないことを原則としなければなりません（中小監督指針Ⅱ－9－2）。

経営者以外の第三者が，経営に実質的に関与していないにもかかわらず，例外的に個人連帯保証契約を締結する場合には，当該契約は契約者本人による自発的な意思に基づく申出によるものであって，銀行から要求されたものではないことが求められています。

金融検査マニュアルⅢ－2(2)③も同様の方針を示しています。

銀行では，第三者保証の原則禁止により，債権管理態勢の見直しを検討しなければなりません。

(4) **保証，担保提供者の意思確認**

保証意思及び担保提供意思の確認は最も重要な銀行実務の1つです。どのような立派な価値ある担保を徴求しても，担保提供者にその意思がなければ，担保は無効になってしまうからです。

印鑑証明書による実印が押印されている抵当権設定契約証書と登記用委任状により登記がなされたからといっても，担保提供の意思が存在していなければ，その担保は無効になりますので，実務上は，慎重にその意思確認を行うことが必要です。

> **法的根拠** 主要行監督指針，中小監督指針及び金融検査マニュアルに規定されています。

第1章　まず押さえておきたい融資の基本的な法律知識

2　融資実行時の基礎知識

Q1　銀行取引約定書を徴求するのはなぜか

A1

❶　現実の融資取引は，典型的なものばかりではないので，細かい点を決めておかなければならないことをよく説明します。
❷　融資取引を円滑にする意味もあります。
❸　融資取引の最も基本的な事項だけを定めたものです。

実務解説

(1)　徴求理由

　銀行取引約定書を徴求しなくても，民法，会社法，商法，手形法，小切手法などの法律の中に金融取引についての規定が存在しているのですから，これらの法律によって，融資取引を行えばよいのではないかという疑問があるでしょう。しかし，現実の融資取引は，それらの法律に規定されているような典型的な取引ばかりではなく，複雑なものや細部について取り決めておかなければならない取引も数多く存在します。そこで，融資取引を開始するときに，銀行と取引先との融資取引を円滑にするために，融資取引のうえで生じる権利や義務のうち，最も基本的な事項について特約を結んだものが，銀行取引約定書なのです。したがって，取引先と融資取引を開始するときには，必ずこの基本約定書を徴求しなければなりません。

　銀行取引約定書の条項には，ある程度の法律的知識がないと理解できないようなものも規定されています。そこで，貸し手責任（レンダー・ライアビリティ）の観点から重要な条項は取引先に理解できるように説明し，その写しを交付しておくことなどが必要です。

(2) 貸し手責任（レンダー・ライアビリティ）

銀行の「貸し手責任」とは，融資先や第三者から損害賠償などの責任を追及される1つの法的現象を指すものといえましょう。

例えば，①デリバティブ商品の勧誘や，リスクを伴う金融商品に関連する融資について，適切な説明を欠いた（説明義務違反），②銀行が融資について承諾を与えていたにも関わらず，履行しなかったため，融資先に損害を与えた，③環境汚染をした企業に融資を実行したことについて，銀行がその責任を問われた，などがあげられます。

(3) 銀行の説明義務

平成12年4月に全国銀行協会から出された「銀行取引約定書に関する留意事項」において，「銀行取引約定書の基本事項については，取引先及び保証人へ説明を要する」こととされ，また「約定書自体の体裁や表現方法等を工夫することによって，より理解しやすいものとすることが望ましい」とされました。

(4) 解釈基準

銀行取引約定書は，旧ひな型のように取引先のみが署名して銀行に差し入れる方式から，取引先と銀行の双方が署名する方式や無署名の規定を取引先に交付する方式に変更されていますが，諸条項の意味合いがそのことだけで直ちに変わってくるわけではありません。

しかし，どのような形式をとっても，実質的には銀行が作成したものと解されますから，その意味が不明確な場合は「作成者不利の原則」が働き，作成者である銀行にとっては不利益に，取引先にとっては有利に解釈しなければならないという解釈基準が適用されると解されています。

> 法的根拠

銀行取引約定書旧ひな型1条「適用範囲」，3条「利息・損害金等」，4条「担保」，5条「期限の利益の喪失」，6条「割引手形の買戻し」，7条「差引計算」，7条の2「取引先からの相殺」，8条「手形の呈示・交付」，「債権証書の紛失等，根保証，担保保存義務の免除」は重要項目といえるでしょう。

第1章　まず押さえておきたい融資の基本的な法律知識

Q2　期限の利益とは何か

A2

❶　期限の利益とは，期限があることによって，当事者が受ける利益のことで，例えば融資を受けても，弁済期日が到来するまでは，銀行に返済しなくてもよいという利益のことです。

❷　期限の利益喪失条項を規定している理由は，融資先の信用状態が悪化しても，銀行が何も請求できないと債権保全上支障が生じるためです。

実務解説

(1)　期限の利益の意味

　期限の利益とは，期限の到来しないことによって，当事者が受ける利益のことです。期限の定めがあるということは，債務者にとって利益であり，当事者双方にとっても利益となります。民法135条では，「法律行為に始期を付したときは，その法律行為の履行は，期限が到来するまで，これを請求することができない」と規定しています。また，136条では「期限は，債務者の利益のために定めたものと推定する」と規定しています。

　融資取引では，債務者がこの利益を持っており，また，預金取引のうち定期預金などは債務者である銀行が期限の利益を持っています。したがって，融資先は，期限が来るまでは，借りた資金を資金使途どおり自由に使うことができますし，銀行は期限が来るまで，定期預金の払戻しをしなくてもよいわけです。ただし，「期限の利益は，放棄することができる。ただし，これによって相手方の利益を害することはできない」とも規定されています（民法136条2項）。したがって，融資先は，期限が来なくても銀行に借入金を返済することはできますし，銀行は期限前に預金者の申出により解約して（中途解約），払戻しすることもできるのです。

(2) 期限の利益喪失条項

民法137条では，期限の利益喪失事由として，「①債務者が破産手続開始の決定を受けたとき，②債務者が担保を滅失させ，損傷させ，または減少させたとき，③債務者が担保を供する義務を負う場合において，これを供しないとき」と規定しています。しかし，この民法の規定だけでは，銀行の債権保全上，いかにも範囲が狭く，十分とはいえません。そこで，その範囲を広げて，銀行の債権保全，強化を図っています。

(3) 期限の利益喪失事由

融資先が期限の利益を喪失する事由には，当然喪失事由と請求喪失事由とがあります。

① 当然喪失事由

銀行取引約定書旧ひな型5条1項に規定されている各号に列挙されている事由が1つでも生じると，当然に，融資先は期限の利益を失い，銀行に対するすべての債務を直ちに返済しなければなりません。

② 請求喪失事由

同ひな型5条2項に列挙した事由に該当した場合には，銀行が融資先に請求することにより，融資先に対して，債権回収上の手続がとれます。

③ 期限の利益喪失が融資取引に与える影響

融資先が期限の利益を失うと，銀行は融資先に対して，権利の行使ができるようになります。すなわち，返済の請求，融資債権と預金債権の相殺，担保権の実行や任意処分，保証人に対する保証債務の履行請求，保証人の預金との相殺，保証人に対する担保権の実行や任意処分などです。当然，融資取引はできなくなります。

> **法的根拠** 民法135条に期限到来の効果について，同法136条に期限の利益及びその放棄について，また同法137条には期限の利益喪失について規定があり，銀行取引約定書旧ひな型5条にもその規定があります。

Q3　債務者の本人確認はどのようにしたらよいか

A3

❶ 犯収法の趣旨を説明し，銀行は，同法4条に基づき本人確認手続を行わなければならないことを説明します。

❷ 個人については，運転免許証など所定の書類の提示を受け確認します。法人についても登記事項証明書などで確認し，これに加えて取引担当者についても本人確認を行います。

❸ 個人については，権利能力や行為能力も確認します。

実務解説

(1) **犯収法制定の趣旨**

　この法律が制定された趣旨は，犯罪による収益が組織的な犯罪を助長するために使用されるとともに，これが移転して事業活動に用いられることにより，健全な経済活動に重大な影響を与えること，また犯罪による収益の移転が犯罪による被害の回復に充てることを困難にすることから，犯罪による収益の移転を防止することがきわめて重要であること，また，テロリズムに対する資金供与の防止により国民生活の安全と平穏を確保するとともに，経済活動の健全な発展に寄与することにあります。

(2) **本人確認義務**

　① 確認すべき項目（本人特定事項，同法4条）

　個人については，氏名，住所，生年月日を確認します。

　法人については，名称及び本店または主たる事業所の所在地を確認するとともに，銀行との間で現に取引の任に当たっている個人についても上記項目について確認します。

　② 対象となる顧客等

　顧客本人（個人・法人）ですが，別途顧客に準じる者として政令で定め

られる者を含みます。ただし，次のイの顧客は除かれます（同法4条2項）。
　ア．法人顧客の代表者，代理人，使者その他，現に顧客の取引の任に当たっている個人。
　イ．顧客が国，地方公共団体，人格なき社団，財団その他政令で定めるものについては，現に顧客の取引の任に当たっている個人。
　③　記録作成義務
　銀行は，本人確認を行った場合には，直ちに，本人特定事項，本人確認のためにとった措置その他の主務省令で定める事項に関する記録を作成しなければなりません（同法6条）。
　そして，本人確認記録を，取引が終了した日その他主務省令で定められた日から7年間保存しなければなりません（同条2項）。
　銀行が本人確認を行いやすくするために，確認の対象となる顧客，代表者などが確認事項を偽ってはならないとされ（同法4条4項），これに違反した者は1年以下の懲役もしくは100万円以下の罰金またはこれらを併科されます（同法25条）。
　また，銀行は，顧客等または代表者等が本人確認に応じないときは，これに応ずるまでの間，取引に係る義務の履行を拒むことができます（同法5条）。

(3)　**個人の権利能力・行為能力の確認**

　融資を行う場合，最も基本的なことは，融資先が権利能力と行為能力を有しているかどうかということです。

　権利能力とは，私法上の権利及び義務の帰属主体となることができる資格のことで，現在では，すべての人間に権利能力が認められています。また，行為能力とは，法律行為を単独で有効に行う法律上の地位のことをいいます。つまり，取引の相手方が制限行為能力者でないことを確認することが必要です。

> **法的根拠**　本人確認については犯収法4条～6条，権利能力・行為能力については民法3条以下に規定されています。

Q4 その他必要書類を徴求するのはなぜか

A4

❶ 銀行取引約定書以外にも，その他にいろいろ書類を徴求するのは，個別の債権が発生したことを証する取引約定書だからです。

❷ 担保・保証に関する約定書も必要に応じて徴求します。

実務解説

(1) 融資取引と約定書

図表1（p.27）のとおり，融資関係の約定書は，企業用と消費者用に大別され，銀行取引約定書の他種々のものがあります。

なお，この他住宅ローン，個人当座貸越，消費者ローンなど営業性の資金需要ではない個人を対象とした融資については，銀行取引約定書は使用せず，個別の消費者ローン契約書（参考例）を用いています。

融資を実行する場合には，まず銀行取引約定書を徴求したうえ，証書貸付であれば証書貸付債権が具体的に存在することを立証し，その契約内容を明確にする約定書を図表1の種類に記載してある付属ないし個別約定書の中から選び徴求します。

つまり，証書貸付を実行する場合には，証書のみの場合は金銭消費貸借証書，手形を併用する証書貸付では金銭消費貸借証書（手形併用）を徴求することになります。

(2) 手形貸付，手形割引の約定書

手形貸付や手形割引で担保を徴求する場合は別として，割引手形は割引依頼人から個別約定書を徴求する必要はなく，割引する手形を徴求するだけです。手形貸付の場合は，銀行取引約定書旧ひな型2条に手形貸付に関する条項，手形割引の場合は，同ひな型6条に割引手形の買戻しの条項，8条には手形取引における手形の呈示・交付の各条項が規定されているな

25

2 融資実行時の基礎知識

図表 1　融資取引と約定書

基本ないし共通約定書（標題）	付属ないし個別約定書		
	種　　類	担保の様態	標　　題
銀行取引約定書（手形取引約定書を含む）	取引別約定書		┌金銭消費貸借証書（証書のみ） ├金銭消費貸借証書（手形併用） ├当座勘定貸越約定書 ├支払承諾（債務保証）約定書 ├荷付為替手形約定書 ├為替関係約定書 └貸付有価証券約定書
	担保関係約定書	包括担保約定書	┌担保差入証(預金,定期積金等) ├商業手形譲渡担保約定書 ├有価証券担保差入証 ├譲渡担保差入証（機械器具等） └根抵当権設定契約書
		特定担保約定書	┌抵当権設定契約証書 └(抵当権設定金銭消費貸借証書)
	保証関係約定書	限定保証約定書	┌限定保証約定書，特定保証書 └(金銭消費貸借証書，保証条項)

ど，銀行取引約定書が手形取引約定書を兼ねています。

　これは，新しく融資を実行するには，手形割引か手形貸付から入るのが普通なので，実際上の便宜を考えて，手形取引についての約定が銀行取引約定書に規定されていると解されています。

Q5 借入意思の確認はどのようにしたらよいか

A5

❶ 融資実行前に,借入者本人から借入意思があることを確認しておかなければなりません。

❷ 表見代理が認められないと,代理人は無権代理人となり,代理人に返済能力がないと不良債権になる可能性が高くなります。

実務解説

(1) 借入意思の確認

借入意思の確認は,借入者本人に対して行わなければなりません。したがって,借入意思の確認の失敗例は夫婦間や家族間で生じやすくなります。

本人に借入意思を確認することは,一見当然のことのようですが,案外,見過ごされているケースが多いようです。保証・担保提供意思の確認は行っても,本人の借入意思の確認を行わないケースが多いのです。必ず,本人確認と同時に本人の借入意思の確認も行ってください。

例えば,子が親名義で借入申込みをし,融資を実行し,返済不能となった場合,親に請求しても,親が否認すれば,子から回収する以外に方法はなく,非常に回収が困難となる可能性が高くなります。

(2) 表見代理

代理人が実は代理権を持っていない場合でも,相手方が代理権の存在を信ずるのが当然と思われるような特別の事情があるときは,取引の安全のために,本人に対して代理の効果を生じさせる必要があります。これが表見代理の制度で,本人が第三者(代理行為の相手方)に対して,ある者を自己の代理人とする旨を通知したときや(民法109条),代理人がその代理権限を超えて代理行為をしたとき(同法110条),あるいは,かつて存在した代理権の消滅後になお代理行為が行われたとき(同法112条)に認められ

ます。

　例えば，印鑑登録証明書及び実印を持参した人物が本人でなかった場合，民法110条の表見代理が成立するか否かについては問題があります。これらの持参人を本人であると認識し，または本人の意思に基づく代理人であると信じて，法律行為を行った相手方は，そう認識するのに，特別の疑念を抱かせる事情がない限り，表見代理により保護されるとするのが判例の傾向でした。しかし，近年は，その相手方が銀行の場合は，普通人以上に権限調査義務があるものとされ，単に印鑑登録証明書及び実印を所持していた事実のみでは，表見代理の成立を認めないとする傾向が強いので注意が必要です。

(3) 表見代理などの判例

　父親から一定の代理権を付与された長男が，父親の替え玉を同行して，銀行から父親名義の融資を受けた事案では，民法110条を類推適用して，当該取引の相手方（銀行）は保護されるものとしたうえで，相手方が銀行であるときは，印鑑登録証明書の提示があっても，身分証明書の提示を求めて，本人であることの確認をせず，本人の意思確認もしなかったことを理由に「正当な理由」が否定されました（京都地判平8・3・18金判1003号35頁）。つまり，本人の意思確認をしなかった銀行は，保護されないということです。

　代理人が直接本人の名で権限外の行為をした場合，相手方がその行為を本人自身の行為であると信じたことにつき正当な理由がある場合に限り，民法110条を類推して，本人がその責めに任ずるものと解するのが相当である（最判昭44・12・19民集23巻12号2539頁）とした判例もみられます。

　本人の意思確認をしないでトラブルが発生した場合には，銀行に「正当な理由」があると裁判所は認めないことを銘記しておいてください。

> **法的根拠**　　民法の表見代理の各規定109条，110条，112条，京都地判平8・3・18などが法的根拠です。

3 担保の基礎知識

Q1 担保とはどういうものか

A1

❶ 正式担保，見返担保，見合担保のうちどの担保を選ぶか注意します。
❷ 担保の種類と範囲を確かめます。

実務解説

(1) **担保とはどのように定義されるか**

　銀行取引において担保という言葉はさまざまな意味に用いられますが，正式担保，見返担保，及び見合担保の区別があります。正式担保とは，担保提供者との間で担保権設定契約を締結し，第三者対抗要件（不動産抵当権の場合は登記）を具備し，優先弁済権を備えた完全な担保をいいます。見返担保とは，正式担保として徴求するが第三者対抗要件は留保するものです。見合担保とは，債務者の一般財産のうち見合の資産を特定して債務者が第三者に担保提供することを禁じ，要求があり次第，銀行の担保に差し入れる旨を約束させることで，ネガティブクローズともいいます。

(2) **担保にはどんな種類があるか**

　銀行取引における担保の目的物としては，預金・代金債権などの債権と商業手形・株式公社債などの有価証券，機械器具などの動産，不動産などがあります。担保権としては，通常，抵当権，質権，譲渡担保のいずれかによります。

(3) **人的担保と物的担保の区別**

　人的担保とは，第三者が債務者に代わって債務の履行を約定することをいい，債務引受保証などがあります。人的担保が保証人などの財産全体を対象とするが優先弁済権はないのに対し，物的担保とは，債務者の特定の

財産について，担保権者が優先弁済権などの権利を持つ担保のことで，約定担保権（質権，抵当権）及び法定担保権（留置権，先取特権等）があります。

なお保証協会による保証は，十分な物的担保のない中小企業の信用を補完するもので，物的担保以上に優良な担保といえます。

(4) その他実質的に担保効果のあるもの

その他実質的に担保効果のあるものとして，代金債権の代理受領や振込指定などがありますが，これらは見返担保の一種で第三者対抗要件に欠けることに注意が必要です。

> **法的根拠** 担保権は，目的物件の処分代金から第三者に優先して弁済を受けることに意味があります。

質権または抵当権を正式担保とし第三者対抗要件を備えた場合は，担保差入人が破産，民事再生，会社更生などの法的手続に入っても，一定の制約はあるものの，引き続き担保権として優先弁済権は確保されます。これに対して第三者対抗要件の備わっていない見返担保の場合は，他の一般債権者とともに債権額に応じた一般配当しか弁済されないことになります。

図表2　担保の種類

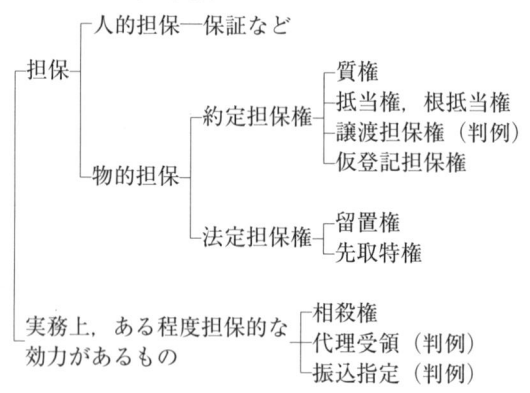

```
担保─┬─人的担保──保証など
     │
     └─物的担保─┬─約定担保権─┬─質権
                │            ├─抵当権，根抵当権
                │            ├─譲渡担保権（判例）
                │            └─仮登記担保権
                │
                └─法定担保権─┬─留置権
                             └─先取特権

実務上，ある程度担保的な─┬─相殺権
効力があるもの           ├─代理受領（判例）
                        └─振込指定（判例）
```

Q2　どのようなものが担保に適するか

A2

❶　担保に適する物件と適さない物件とを見極めます。
❷　物件に差押登記などの権利関係はないか注意します。

実務解説

(1) 担保に適する物件と適さない物件

担保に適する物件の条件は、以下のようなものです。

①　価格変動の少ないこと

担保権の実行は将来いつなされるかわからないので、担保取得時の価値が将来にわたって維持されることが担保として望ましい要件です。したがって、価値の変動が激しいものは担保に適しません。動産よりも不動産が、株式よりも公社債が、この点で担保として勝っているといえます。

②　担保処分が容易であること

性格上、処分（譲渡）できないものや法律上譲渡が禁じられているものは、担保取得ができません。処分が容易であればあるほど担保に適しており、不動産よりも有価証券や自行預金が、この点ですぐれているといえます。

③　担保物件の管理や保管が容易であること

動産質の場合など担保物件を自己の占有下に置く場合は、その保管について善良な管理者としての注意義務を要求され、譲渡担保で相手方に占有を許す場合は、担保管理に手間がかかるので、この点では動産よりも不動産の方が好ましいといえます。また、有価証券や指名債権は、管理保管上の負担はあまりないので、不動産よりも好ましいといえますが、有価証券や指名債権については支払人（第三債務者）の支払能力にまったく不安がない場合はよいのですが、不渡りとなるケースもあるので注意を要します。この点では不動産が安全であり、担保として適しているともいえます。た

だ過度に不動産担保に依存することは避けましょう。

(2) **物件に差押登記などの権利関係はないか**

　不動産については，(仮) 差押え，仮処分，競売関係の登記記録があれば，抵当権の設定はできても，将来競売などの手続が実行されると，抵当権の設定は無視されます。また買戻特約の登記や予告登記または，仮登記（代物弁済の予約）がある場合は，後日，買戻条件の成就や仮登記の本登記への移転などにより，抵当権の効力は失われることになるので，このような登記のある物件は担保として好ましくありません。さらに不動産の場合は，登記記録上に現れない借地権や借家権の負担がないかについても調査する必要があります。

第1章　まず押さえておきたい融資の基本的な法律知識

Q3　どのような人が担保提供者になれるか

A3

❶　行為能力があるかどうかを確かめます。
❷　制限行為能力者から担保徴求する場合は注意を要します。
❸　未成年者の場合，法定代理人の同意が必要です。

実務解説

(1) **行為能力があること**

　民法は制限行為能力者（未成年者，成年被後見人，被保佐人，被補助人）の行った法律行為を取り消し得るものとし，制限行為能力者のために法定代理人や保佐人の制度を設けています。したがって，個人から担保提供を受ける場合は，制限行為能力者でないことをまず確認すべきです。

(2) **制限行為能力者から担保徴求する場合の留意点**

　成年被後見人の場合は，後見人が置かれます（民法8条，843条，844条）が，制限行為能力者の行った法律行為は常に取り消すことができる（民法9条）ので，法定代理人である後見人を相手として取引しなければなりません。

　被保佐人の場合は，保佐人が置かれますが，保佐人の権限は，被保佐人の法律行為に同意権と取消権（民法13条4項）を持っています。保佐人に代理権を付与する審判がなされている場合には，銀行は保佐人と取引します（民法876条の4）。つまり，保佐人の同意を受けずに行った被保佐人の法律行為は取り消すことができますから，保佐人の同意を受けずに被保佐人から担保徴求することは絶対に避けるべきです。

　被補助人との取引については，補助開始の審判と同時に行われる審判により，補助人が代理権と同意権を個別に持つのか，その範囲はどこまでかについて確認することが必要です。その審判に基づき，取引の相手方を定

3 担保の基礎知識

めます。

(3) 未成年者から担保徴求できるか

　未成年者も制限行為能力者とされます（民法5条）が，婚姻した場合には成年に達したものとみなされ（民法753条），法定代理人に一種または数種の営業を許可された場合など一定の場合において行為能力を取得できます（民法4条，5条，6条）から，これらの場合は，その者を相手として取引してかまいません。これ以外の場合は，法定代理人と取引するか，または法定代理人の同意を得て取引しなければならないので注意が必要です。

　なお，未成年者が幼少でその取引の性質を理解できない場合は，法定代理人の同意を得ても有効とはならない（判例）ので，この場合は法定代理人を取引の相手方としなければなりません。

　また，制限行為能力者との取引においては，利益相反行為となる場合が多いので，この点にも注意が必要です。

> **法的根拠**　民法4条，5条，6条1項，7～9条，11条，12条，13条4項，15条，16条，826条，876条の4などが法的根拠となります。

Q4　預金担保とはどういうものか

A4

❶　融資先（または担保提供者）より徴求した書類（借入申込書，債権証書類，担保差入証等）と預金申込書，入金・支払伝票上の預金名義人等の筆跡及び印章等とが一致するかどうかを確認します。

❷　借入申込書等に記載された融資先（または担保提供者）の住所・氏名・年齢・職業・電話番号等を確認します。

❸　資金使途，借入の必要性，緊急の度合等について尋ね，融資先（または担保提供者）が真の預金者かどうかを確かめます。

❹　他行預金担保は，金融不祥事防止の点から慎重な対応が必要です。

実務解説

(1)　預金担保徴求の方法

　預金担保とは債権保全の一つの方法として，自行に預け入れている取引先またはその家族名義もしくは第三者の預金を担保に徴求することです。預金担保徴求の方法としては，質権設定と譲渡担保権設定の2種類の方法がありますが，実務上では，次に述べるような理由によって，譲渡担保権設定の方法は全く利用されず，質権設定の方法のみが利用されています。その最大の理由は，譲渡担保では，預金債権の権利者が担保提供者（預金者）から銀行に変わることになるので，担保提供者（預金者）からの強い抵抗が予想され，円滑な取引推進に支障が生ずることになると考えられるからです。その他に，譲渡担保が利用されない理由としては，次の理由があると考えられます。

　判例（最判昭48・3・27金判360号2頁）は，貸付金と，その担保としての質権の設定されている預金との相殺については，預金者の認定についての銀行の善意と無過失を条件として，民法478条の「質権の準占有者に対す

る弁済」の規定の類推適用を認めていますが，譲渡担保権の実行による，担保預金の貸付金への充当については，それが相殺とは全く異なる法律行為であることより，同条の規定の類推適用が認められない可能性があると考えられるからです。

(2) 担保徴求についての留意事項

① 預金者の認定

質権設定の方法により預金を担保に徴求する際に留意すべきことは，担保提供者が真の預金者であるか否かということです。

真の預金者が，預金名義人，預入行為者，出捐者（しゅつえんしゃ）のうちの誰であるかについては，学説では客観説，主観説，折衷説の3種類があります。

ア．客観説

客観説とは，自己の出捐によって，自己の預金とする意思で，銀行に対して，本人自ら，または代理人を通じて預金契約をした者を預金者と認定する考え方です。

イ．主観説

主観説とは，特に他人のために預金をする旨を明らかにしない限り，預入行為者を預金者と認定する考え方です。

ウ．折衷説

折衷説とは，一応客観説をとりつつ，預入行為者が自己の預金であると明示的または黙示的に表示したときは，預入行為者が預金者であると認定する考え方です。

② 判例の考え方

判例は，記名式定期預金について，実在の他人の名義を借りたにすぎないことが明らかな場合について，客観説を採用しています（最判昭52・8・9民集31巻4号742頁）。このように，判例において確定している客観説によれば，真の預金者が預金名義人または預入行為者であるとは限らないので，不特定多数の取引を相手とする銀行としては，真の預金者が誰である

かを確認することは，実際問題として不可能です。

したがって，預金担保の場合には，担保提供者が真の預金者でないことが，多分にあり得ることになります。その結果，担保提供者が真の預金者でない場合には，その預金に対する質権設定は，当然のことながら無効になります。

③ 担保預金の相殺と民法478条の類推適用

そこで，預金担保を徴求するうえで重要なことは，銀行が担保提供者を真の預金者と信じて，担保預金の質権実行または貸付金との相殺を行ったが，担保提供者が真の預金者でなかった場合に，民法478条の「債権の準占有者に対する弁済」の規定が類推適用されるか否かの問題が生じてきます。最高裁は昭和48年3月27日と昭和57年4月2日（金法995号67頁）の2つの判例において，相殺する予定のもとになされた貸付金と担保預金との相殺について，銀行が善意・無過失である限り，民法478条の規定が類推適用されるものとしています。ただし，上記2つの判例では真の預金者の認定について，銀行の善意・無過失が必要とされる時点が，担保徴求及び貸付実行の前後のいずれの時であるかについては言及していませんでした。

しかし，その後，昭和59年2月23日（金判691号3頁）の判例において，銀行が，真の預金者と異なった者を，誤って預金者と認定して預金担保貸付を行った後に，貸付金と担保預金との相殺を行った場合において，銀行が貸付当時において預金者の認定に善意であり，かつ相当な注意義務を尽くしている場合には，かかる相殺について，民法478条の規定が類推適用されるとし，銀行の善意無過失が担保徴求時にあればよいとされました。

④ 預金者認定についての留意事項

以上述べた判例の趣旨によって，預金を担保とする貸付金の担保預金との相殺については，貸付実行の時点（担保徴求がそれより前の場合には担保徴求の時点）に銀行が善意・無過失であれば，民法478条が類推適用され，免責されることになります。

しかしながら，実際問題としては，銀行として，担保提供をする預金者

の認定について，善意・無過失があるとされるためには，具体的にどのような注意をしなければならないかが問題となります。銀行が善意・無過失であるとされるための具体的な留意事項は，以下のようなものが考えられます。

第1は，貸付実行または担保徴求の際に，融資先または担保提供者より徴求する借入申込書，債権証書，担保差入証書等と，融資先または担保提供の筆跡及び印章が，預金の申込書，書替済みの定期預金証書の受領記載欄，入金，支払伝票等上の預金名義人の筆跡及び印章と一致するか否かを確認します。

第2は，借入申込書等上に記載される融資先または担保提供者の住所・氏名・年齢・職業，電話番号等が，預金の申込書上の記載と一致するか否かを確認します。

第3は，融資先及び担保提供者に面接して，資金の使途，借入の必要性，緊急性の度合等について尋ね，融資先及び担保提供者の話の内容，応接態度等によって，融資先または担保提供者が真の預金者であるか否かを確認します。

> 法的根拠

第4は，預入または借入についての紹介者の有無及び紹介者が存在する場合には，紹介者の意向及び信用度等について確認します。

判例が，担保預金の貸付金への充当について，民法478条の類推適用を認める条件が，貸付実行時または担保徴求時における銀行の善意・無過失と充当方法としての相殺であることより，担保預金の貸付金の充当方法としては，質権実行ではなく，相殺とするべきです。

その理由は，質権実行の場合には，銀行が善意無過失であっても，民法478条の類推適用が認められないおそれがあるからです。

Q5　第三者の定期預金は担保にとれるか

A5

❶　預金名義人の担保差入意思を，事前に文書並びに来行催促により確認します。

❷　預金名義人に融資契約の成立を通知する挨拶状を発送し，事前通知します。

❸　電話によって預金名義人の意思を確認します。

実務解説

　融資先本人の場合よりも，第三者が担保提供者となっている場合の方が，担保提供者が真の預金者でない可能性が高いと考えられるので，貸付金と担保預金との相殺が民法478条の類推適用によって免責されるためには，銀行に対して，担保提供者が融資先本人の場合よりも，より高度の注意義務が課せられるものと考えられます。

(1)　**預金者認定の困難性**

　ほとんどの事例において，融資先または担保提供者が預金担保の借入を借入金であると認識せず，定期預金の中途解約と同様に考えていることにより，貸付実行または担保徴求の際における預金者の認定については，言うに易く，行うに難いものがありますが，第三者の定期預金を担保に徴求する場合には，融資先本人よりも，預金者の認定がさらに困難になるものと考えられます。

(2)　**担保提供意思の確認**

　第三者の担保提供行為のうちで，預金の担保提供は，融資先または担保提供者にとって，不動産の担保提供に比して，担保提供の意味を理解しないままでなされる事例が多いものと考えられます。

　その結果，第三者の定期預金の担保提供が，融資先の無権代理行為とし

て，無効となるおそれも相当にあるものと考えられます。

したがって，銀行としては，融資先本人の場合に比べて担保提供意思の確認を，より綿密かつ確実に行う必要があります。

しかしながら，実際問題として，預金者の認定の場合と同様に，第三者の定期預金の担保徴求の場合における預金者の認定は著しく困難であると考えられますので，実務上では，第三者の定期預金を担保に徴求することはできるだけ避けたほうがよいと考えられます。

>法的根拠 第三者が債務者のために担保を提供する場合，債務を負担しないときは物上保証人といいます。すなわち，物上保証人は，保証人と違って，債権者に対して債務を負担しません。

もちろん，物上保証人は，債務者が債務を弁済しない場合に質物の競売を免れるために，自ら代わって弁済することはできます（民法474条）。しかし，債権者からこれに対して積極的に弁済を請求する権利はありません。いずれにしても，物上保証人は提供した担保の範囲内で責任を負うにすぎません。

第1章　まず押さえておきたい融資の基本的な法律知識

Q6　商手担保とはどういうものか

A6

❶　「商業手形担保約定書」をあらかじめ徴求し，取引のつど手形担保明細表により受渡しを確認します。

❷　手形支払人の信用，サイト，手形要件，裏書の連続等について確認します。

❸　電子記録債権法に基づく手形に代わる新たな電子債権にも注意します。

実務解説

(1)　商手担保が利用される場合

　商業手形の資金化の方法としては手形割引が多いのですが，商手担保が利用される場合は，手形金額が少額で枚数の多い場合（手形割引では事務負担が大きい）や長期サイトの手形の場合（手形割引では一時的金利負担が大きい）などです。自動車の割賦販売による手形や，プラント，造船などの長期延払手形の資金化を図る場合に多く利用されます。

(2)　担保徴求時の手続と注意点

　包括的な契約である「商業手形担保約定書」をあらかじめ徴求し，取引のつど手形担保明細表により受渡しを確認します。また，手形は期日に確実に決済されなければならないので，手形の支払人の信用調査（銀行間の信用照会等で調査），手形成因の調査，手形要件（振出日，満期日，名宛人など。手形法1条）は備わっているか，裏書は連続しているか，などを調べます。

(3)　貸付方式の選定

　商手担保貸付（商担手貸ともいいます）の形式には次の2つがあります。

　① 別段預金内入方式：商手を一括して担保にとり，その合計額以内の貸付を行い，担保手形の取立金（別段預金にプールする）が一定金額

41

3 担保の基礎知識

にまで増加するのを待ってその貸付金に充当していく方式です。
② 別段預金解除方式：貸付先から貸付金額以上の手形を常時担保として差し入れさせておく方式です。この場合は，別段預金にプールされた担保手形の取立金が一定金額に達したときに，貸付先の当座預金に振り替え，同額以上の手形を担保として新たに差し入れさせておきます。

> 法的根拠

手形の担保取得は，手形の裏書及び交付によりなされます。担保権の種類は質権か譲渡担保が考えられますが，銀行取引では通常譲渡担保の方法がとられています。譲渡担保の場合，手形割引の場合と同様の譲渡裏書により，銀行は完全な手形権利者となりますが，手形上の権利を担保の目的以外には行使できないという制約を受けます。

バブル経済崩壊以降，手形の流通量が年々減少し，代わって平成20年12月に電子記録債権法が施行され，全国銀行協会が出資する株式会社全銀電子債権ネットワークが新たな社会インフラとして注目されています。

第1章　まず押さえておきたい融資の基本的な法律知識

Q7　担保手形の差替えはどうするか

A7

❶　手形差替えの原因は何か，新旧手形の成因は何かを確かめます。
❷　手形支払人の信用，手形の形式的要件，銀行の担保保存義務との関係などを調査します。

> 実務解説

(1)　**手形差替えの原因は何かを見極める**

　手形差替えの理由としては，旧手形の支払人の資金繰りの都合による場合，手形の原因関係の消滅の場合，融通手形の場合などが考えられます。

　手形上の権利は抽象的，無因的なものですが，その原因関係は手形の信用状態を判断するうえで重要です。特に商取引の裏付けのない融通手形の場合は，不渡りとなるおそれが強い（「契約不履行」の理由で不渡返却される場合も多い）ので，このような手形の担保取得は原則として避けるべきです。特に頻繁に手形差替えの申出がある場合は，融通手形の場合も考えられますので慎重に対応すべきです。

(2)　**手形支払人の信用，手形の形式的要件，銀行の担保保存義務との関係**

　担保手形の差替えにあたっては，他の保証人や担保提供者等の法定代位権者に対する銀行の担保保存義務上の問題もありますので，新手形の信用調査を十分行い，旧手形と同等またはそれ以上の信用力があるかに注意を払うべきです。また，新手形の手形要件や裏書の連続にも注意を払い，手形に法的・経済的瑕疵がないかどうか十分調査し，確認しておくべきです。

> 法的根拠

　商取引の裏付けがなく，もっぱら金融を目的として発行される手形を，経済的用語として融通手形といいます。対価の裏付けのある商業手形と対比されますが，法的には人的抗弁の付着した手形といえます。融通手形であることを知って手形を担保取得しても，

3　担保の基礎知識

手形法17条但書の「悪意の抗弁」を主張されることはないので（最判昭37・7・14民集13巻7号978頁，ただし抗弁権が認められた事例：最判昭42・4・27民集21巻3号728頁），手形の振出人の信用が確実であり，期日に決済されることにまったく不安がない場合はよいとしても，実務的には避けるべきです。特にその手形が振出人に返還すべき状態にあることが判明した場合や，不渡りとなるおそれが強い場合は，担保として取得することは絶対に避けなければなりません。

Q8 有価証券担保とはどういうものか

A8

❶ 有価証券の典型的なものには手形・小切手・株券・公社債・倉荷証券・船荷証券・貨物引換証があるものの，有価証券担保として扱われるものは，上場株券及び公社債に限られます。

❷ 有価証券の担保取得方法には，質権設定と譲渡担保の2つの方法があります。銀行実務では，担保取得にあたり質権とも譲渡担保とも明示せずに担保権の設定契約をする例が多くみられます。

❸ 上場株式の担保は，株券が電子化されたため，振替機関の振替記録により行われます。

実務解説

(1) 担保としてなじむのは上場株式と公社債

有価証券の定義についてはいろいろ説がありますが，一般には，財産権を表章する証券で，その権利の行使や移転が証券の占有によってなされることを要するものをいいます。銀行が有価証券を担保に徴求するのも，この有価証券に表章される財産権にまず着目して担保とするわけです。一般に有価証券といわれるものには，手形・小切手・株式・公社債・倉荷証券・貨物引換証・船荷証券などがありますが，銀行実務上，有価証券担保として扱われるのは，これらのうち株式と公社債が主で，手形は手形（商手）担保として，また，倉荷証券・貨物引換証・船荷証券は商品担保または動産担保として，それぞれ区分されるのが通常です。

公社債は，国，地方公共団体，政府関係機関，銀行及び民間事業会社が一般からの資金調達をする際に発行するもので，債券はその債務を表章しています。公社債は発行主体により，公的機関の発行する公債と民間事業会社の発行する社債とに大別されます。具体的には，国家の発行する国債，

地方公共団体の発行する地方債，銀行・金庫の発行する金融債，株式会社の発行する社債（事業債），外国の政府・地方公共団体または外国法人の発行する外国債などの種類に分けられます。株券は，株式会社に対する株主の出資持分，株主権を表章する有価証券です。

(2) **有価証券の担保取得と留意点**

　有価証券（社債，株式等の振替に関する法律（以下「社株振替法」という）に規定されていない有価証券，非上場の株式など）を担保とする方法には，質権設定と譲渡担保の方法があります。質権設定と譲渡担保とでは譲渡担保の方がやや担保権者にとって有利であると考えられていますが，銀行実務では，担保取得にあたり，質権とも譲渡担保とも明示せずに担保権の設定契約をするのが一般的です。有価証券を担保取得する場合の一般的注意事項としては，次のようなものが挙げられます。

　① 担保差入証とともに必ず本券の差入れを受けます。これは，質権の場合はもとより，有価証券の場合であっても，有価証券の性格からその引渡しが担保権の成立要件となるからです。ただし，登録債の場合は別です。

　② 有価証券が真正なもので，かつ，公示催告や除権決定が出ていないことを確認します。偽造・変造の確認，公示催告・除権決定の調査は事実上困難なので，最終的には発行会社へ照会するしかないでしょう。

　③ 本人の意思及び代理権限を確認します。この点は担保徴求にあたり一般的に要求される手続です。特に第三者の担保提供は，担保提供者に直接あたってその意思を確認すべきです。

(3) **株式担保**

　有価証券のペーパーレス化に伴い，株券も電子化されました。

　株券電子化の目的としては，株券の発行，流通，決済事務の合理化や迅速化，また盗難，紛失や偽造，変造の防止などが挙げられています。株券の存在する現行の株式の譲渡は，株券の譲受人への交付が効力発生要件（会社法128条1項）であり，株式会社に対しては，株主名簿への記載が対抗要

件であり（同法130条），株券の占有者は，その株券に係る株式の権利を適法に有するものと推定されています（同法131条1項）。また，株式の質入れは，株券の質権者への交付が効力発生要件であり（同法146条2項），株券の継続占有が株券発行会社その他の第三者に対する対抗要件となっています（同法147条2項）。これらは，非上場株式には当てはまりますが，上場株式については，社株振替法7章以下に規定されている株式の具体的振替制度が適用されます。

振替株式（上場された株式）の移転は，振替口座簿への増加の記録が効力発生要件かつ対抗要件となります。そして，振替口座における記録がなされた者は，振替株式についての権利を適法に有するものと推定されます（社株振替法143条）。振替の申請は，自己の口座において，減少の記録がなされる加入者が，その口座の振替口座管理機関に対し，単独で行います（同法132条2項）。

振替制度は，振替口座簿を備える振替機関（同法2条2項は，株券等の保管及び振替に関する法律に基づき設けられた株式会社証券保管振替機構）が振替機関となります。質権については，質権者の口座の質権欄に記録がなされなければなりません。振替株式への担保権設定は，設定者の振替申請により，担保権者がその口座における質権欄または保有欄にその担保権に係る増加の記録を受けなければ効力を生じません。このため，株式に担保権を設定する場合には，①担保権設定合意（担保権設定契約），②設定者の振替申請，③振替記録がなされて初めて担保権が成立します。実際に振替記録がなされ，確認できるまでのタイムラグが生じることに実務上注意する必要があります。

> **法的根拠**　有価証券とは，一般に財産権を表章する証券のことでいろいろな種類があります（手形法，小切手法など）。上場株式等の担保権設定には社株振替法143条，振替の申請は同法132条2項などに規定されています。上場会社の担保は，質権か譲渡担保かを明確にしなければなりません。

3 担保の基礎知識

Q9 初めて不動産担保を差し入れてもらう場合，何に注意したらよいか

A9

❶ 不動産担保の長所：一般に担保価値が高く，担保取得手続も比較的容易で，第三者対抗要件も容易に備えられます。

❷ 不動産担保の短所：物件の評価が難しく，また処分するのに時間がかかります。

実務解説

(1) 一般に不動産が担保として適している理由

一般的に担保といえば，すぐに頭に浮かぶのが不動産です。それほど不動産は他の資産（動産や債権）に比べて担保価値が大きく，そして比較的担保設定手続が容易でしかも登記することにより第三者対抗要件を備えられるので，担保として適しています。

また不動産の特徴として，特に土地については物理的に滅失することがないので，動産担保のように目的物の毀損，損傷等による担保価値の減少はまず考えなくてすみ，また土地は利用形態によってはかなりの収益をあげ得るものであり，わずかな土地でもかなりの債務の担保となり得ます。物件の不変性の面で債権保全には有利ともいえます。

(2) 不動産担保の問題点

反面，不動産担保には問題点もあります。まず物件の価値の把握（評価）が難しいことです。担保物件によっては，評価方法が異なるなど，時にはきわめて専門的知識を要することもあり，さらには不動産鑑定士に依頼するケースも生じてきます。

また建物においては，勝手に増改築・取壊しをされるなどの危険があり，土地についても，債権者の知らない間に第三者に賃貸されたりして担保価

値を下げることもあります。

次に担保不動産を強制的に処分することになると，時間と経費がかかり，貸付金の回収が長期化するおそれもあります。

また，かつて不動産の地価は右肩上りに上昇するとの「神話」を信じ，過度に不動産担保に依存した融資を行った結果，バブル経済崩壊により銀行は手痛い損失を被った経験を今後に生かし，サウンド・バンキング（健全性と安全性重視の理念）を銘記し，これからの融資に対応していかなければなりません。

> 法的根拠

不動産の担保取得方法には（根）抵当権，質権，仮登記担保，譲渡担保などがありますが，（根）抵当権が最も多く利用されています。（根）抵当権とは債務者または第三者が占有を移さないで債務の担保に供した不動産について，債権者が優先弁済を受ける権利です（民法398条の2）。そして（根）抵当権は不動産登記法に基づき登記することにより，第三者対抗要件を備えることができます（民法177条）ので担保として適しています。

3　担保の基礎知識

Q10　不動産登記の公信力とは何か

A10

❶　動産の取引については公信力が認められますが，不動産にはありません。
❷　登記記録の所有者が真の所有者とは限りません。

実務解説

(1)　公信力とはどういうものか

　不動産にかかわる取引，すなわち売買や抵当権の設定等は登記に基づいて行われることが通常です。登記の記載内容が真実と違っているからといって，売買や抵当権の設定が無効になってしまっては，安心して取引できません。したがって登記を信頼して取引した者は，本来たとえ記載内容が真実でなかったとしても保護されなければならないという考えがでてきます（これを物権取引における公信力といいます）。

　しかし反面，このような公信力を認めることは，善意無過失の権利者を害することにもなります。

　このような公信力はわが国では動産の公示方法である占有については認められます（民法192条）が，不動産の公示方法である登記については認められていません。例えばBの所有している機械をAが借りて占有している場合，甲がその機械をAのものだと信じAから買い受けた場合，信じたことに過失がなければ，甲は有効にその機械を取得することができます。しかし不動産の場合は登記に公信力がありませんから，登記記録上Aの名義になっていることを信頼し，甲がAからその不動産を買入れたり，あるいは抵当権を設定しても，Aが真の所有者でなければ，有効に所有権を取得できず，また抵当権も無効となります。

(2) なぜ登記記録上の所有者が真の所有者だと限らないか

　不動産の所有権等の得喪があると，この物権変動を第三者に対抗させるために，登記所において一定の手続をとり，そして公示されます。しかし，登記所においては形式的審査（書類審査）により登記手続を行っており，本当に売買契約等が当事者間で行われたかどうかという実態調査まで行っていません。

　したがって，原因となる売買契約等を偽造して，勝手に所有権を真の所有者の知らぬうちに移転することがないとも限りません。このように必ずしも登記記録の所有者が真の所有者であるとは限りませんので，不動産を担保にとる場合は，登記記録上の所有者が真の所有者であるかどうかの調査も必要となります。

法的根拠　動産については，公示方法である占有について公信の原則が認められているので，善意無過失で動産を取得したとき（民法192条）は有効に権利を取得できますが，不動産の公示方法である登記の公信力は，わが国では認められていません（スイス民法やドイツ民法では登記に公信力を認めています）。

　しかしながら判例では，登記に公信力がないことを民法94条2項の類推適用によって，できるだけ補おうとする傾向にあり，真の権利者が虚偽の登記がなされたことを知りながら黙認したような場合には，登記を信じて取引した者を保護する態度を示しています（最判昭37・9・14民集16巻9号1935頁）。

Q11 抵当権と根抵当権とはどう違うのか

A11

❶ 根抵当権は不特定の債権を担保します。
❷ 銀行取引上は根抵当権が有効です。

実務解説

(1) **抵当権と根抵当権の大きな違いは**

　根抵当権も抵当権の一種で基本的には両者は同一のものですが，抵当権は特定の債権しか担保されないのに対して，根抵当権は一定の範囲内の不特定多数の債権が担保されます。

　例えば，A社に対して1,000万円を貸し付ける場合，抵当権で行うと，この1,000万円の貸付金しか担保されません。しかし極度額1,000万円の根抵当権にすると，A社に対してこの1,000万円の貸付債権の他一定の範囲内（例えば銀行取引において生じる債権）において将来発生し得る債権すべてが1,000万円の限度内で担保されます。

　ただ，根抵当権も一定の事由が生じますと，根抵当権で担保される元本が具体的にこれだけと特定されることもありますので注意を要します（これを根抵当権の確定という）。確定すると，それ以後発生した元本はその根抵当権では担保されなくなり，実質的には特定債権だけを担保することになり，この点では抵当権と同様になります。

(2) **根抵当権はなぜ広く利用されるか**

　銀行は一般に不動産担保をとる際は，消費者ローン（住宅ローンやカードローン等）や1回限りの貸付等の特殊な場合を除くと，抵当権よりも根抵当権を利用するのが通常です。

　なぜなら，銀行取引は一般的には一度貸付すればそれで終わりというのではなく，その後も永く継続的に取引を行うことを常とするからです。そ

して継続的に取引を行っていると，貸付の場合，手形割引や手形貸付を繰り返し行うのが通常で，貸付先に対する債権の総額は一定でも，その内容は絶えず変わっています。

したがって，例えばA社に対して1,000万円の貸付を行うためにA社の不動産に抵当権を設定したとすれば，この貸付金が弁済されるともはや抵当権は消滅し，他の債権の担保に流用できず，不便が生じてきます。しかし根抵当権にしておくと，銀行の債権はこの1,000万円の貸付金のみならず，他の債権も1,000万円の限度内で担保されるという点で，きわめて有効であり，それが一般に根抵当権が広く利用されている理由です。

法的根拠 民法398条の2により，根抵当権は設定行為によって定められた，一定の範囲（銀行取引等）に属する不特定の債権を，一定の極度額の限度まで担保できるとされています。ただ，例えば担保物件が差押えを受けたり，債務者が破産手続開始決定を受けたりすると，民法第398条の20による根抵当権の確定事由となり，確定日以降の貸付金は担保されませんので注意を要します。

Q12 動産担保とはどういうものか

A12

❶ 動産に譲渡担保を設定することができます。
❷ 動産譲渡登記制度が設けられたため、従来の動産担保の公示制度の問題点が克服されました。
❸ 動産譲渡登記ファイルと開示が明確になりました。

実務解説

(1) 動産譲渡登記制度の創設

これまで、占有改定（民法183条）という不安定な公示方法しかなかった動産譲渡担保に、登記という明確な公示方法が規定されることになりました（動産及び債権の譲渡の対抗要件に関する民法の特例等に関する法律（以下「動産債権譲渡特例法」という）1条）。

占有改定とは、現実の引渡しなしになされる占有移転の1つの方法です。例えば、Aが自己所有の動産をB会社に買い取ってもらったうえ、なお、借りて引き続き利用する場合のように、物を譲渡した後も譲渡人が引き続きこれを所持するときには、一度AがBに現実に引渡しをした後に、またBからAがこれを引き取るという無用の手数を省き、占有移転の合意のみで占有が移転され、譲受人Bは譲渡人Aを占有代理人として自ら占有を取得することをいいます。

占有改定という占有移転の方法は、当事者間の意思表示のみで行われますので外部にはわかりません。そこで「明認方法」という方法で「○○の物件は△△の譲渡物件である」という貼り紙をするなどして第三者に明示していました。

しかし、この「明認方法」は、仕入業者や従業員などからみると、「機械や在庫まで銀行に担保に入れないと経営が継続できない状態なのか」と

いう信用不安を引き起こす要因にもなりかねないので，融資先にも抵抗感があったことは否めませんでした。

債権者としても，「明認方法」が何かの原因で取り外された後で，善意の第三者が動産を即時取得（民法192条）するおそれもあり，また譲渡担保物件の動産が資金化すると譲渡担保権の効力が及ばなくなることから，これらの方法には躊躇することも少なからずありました。

このような第三者対抗要件の問題点を克服するため，動産譲渡登記制度が創設されました（動産債権譲渡特例法3条）。ただし，動産譲渡登記の対象となる動産の譲渡人は法人に限られているので，個人事業主（自然人）は同制度を利用することはできません。

(2) 動産譲渡登記ファイルと開示

動産債権譲渡特例法5条1項に規定されている法務大臣の指定する法務局もしくは地方法務局（指定法務局等）に磁気ディスク（これに準ずるものでもよい）で調整する動産譲渡登記ファイルが備えられています（同法7条）。

動産譲渡登記は，譲渡人及び譲受人の共同申請によって，次の事項が動産譲渡登記ファイルに記録されます（同法7条2項）。

① 譲渡人の商号または名称及び本店または主たる事務所
② 譲受人の氏名及び住所（法人は，商号または名称及び本店または主たる事務所）
③ 譲渡人または譲受人の本店または主たる事務所が外国にあるときは，日本における営業所または事務所
④ 動産譲渡登記原因及びその日付
⑤ 譲渡に係る動産を特定するために必要な事項で法務省令で定めるもの
⑥ 動産譲渡登記の存続期間
⑦ 登記番号
⑧ 登記の年月日

このうち，⑥の存続期間は，10年を超えることができないとされていま

すが，例外として，10年を超えることが認められることもあります（同条3項）。

開示については，同法5条により法務大臣の指定する「指定法務局等」で，登記事項のうち，動産を特定するために必要な事項で「法務省令で定めるものを除き」誰でも「登記事項概要証明書」の交付を登記官に請求できます（同法11条1項）。

一方，これに対して，譲渡にかかわる動産の譲渡人と譲受人，譲渡にかかわる動産の差押債権者，その他の利害関係人を有する者として政令で定める者，そして譲渡にかかわる動産の譲渡人の使用人だけは，動産譲渡登記ファイルに記録されているすべての登記事項についての「登記事項概要証明書」の交付を「指定法務局等」の登記官に請求できます（同法11条2項）。

このように，登記事項の内容の開示方法を2つに分けたのは，すべての登記事項を誰にでも開示すると，企業の内部情報や動産の譲渡人がどのくらい動産を所有しており，そのうちどのくらいを譲渡の対象としているのかなどが明確になってしまい，取引上も経営戦略上も重要な事実を知られることで，この登記制度の利用に抵抗を招くことになりかねないことを考慮したためです。

Q13 指名債権群に担保設定できるのか

A13

❶ 指名債権群の担保差入れは可能かという法律上の問題を含んでいます。

❷ 将来発生する債権についても、担保として徴求できるのかという問題があります。

❸ これらの対抗要件を具備するための法的制度は存在するかなど、種々の問題があります。

実務解説

(1) **指名債権群とは**

指名債権群とは、個別に特定した指名債権ではなく、融資先の有する売掛債権やリース債権、貸付債権など全体を含めた債権群を指し、これらをすべて一括して担保に徴求できるのかという問題がありました。これらの指名債権群は、融資先の継続する経済活動によって絶えず増減変動し、その内容も刻々と変化するためです。判例は、B社のA銀行に対する借入債務について、自社の発行する出版物の全部とその出版物の元卸先に対する代金債権を一括して担保に供しましたが、その後B社の業績悪化に伴い、A銀行がB社の在庫となっている出版物を重ねて譲渡担保としました。この後になされた契約が破産法の否認権（破産法160条）の対象となるか否かが争われた事案で「前になされた包括的な譲渡担保を有効とし、後の契約は、その具体化に過ぎないから否認権の対象にはならない」と判示し、指名債権群を一括して担保に徴求することを認めています（東京地判昭32・3・19下民集8巻3号512頁）。

(2) **指名債権群の第三者対抗要件**

この判例によって、融資先が企業経営によって取得する売掛債権群などを全体として一括して銀行が譲渡担保として徴求できることが認められま

した。そして，民法では指名債権の譲渡や担保差入れについて，第三者に対抗するためには，確定日付のある証書をもってする債務者への通知か承諾が要件とされています（民法467条2項）。したがって，融資先と銀行との間では，融資先から債務者に対する指名債権の譲渡，担保差入れの通知か，債務者の承諾があればよいということになります（同条1項）。

指名債権群の第三者対抗要件については，個別の具体的な指名債権に第三者対抗要件を具備していなくても，当初の指名債権群に対する譲渡担保契約で対抗できるのか，という実務上の問題もあります。しかし，動産と同様に債権にも登記制度が設けられたので，法人（個人を除く）が指名債権を譲渡した場合，債権譲渡登記ファイルに譲渡の登記がなされたときは，その債権の債務者以外の第三者については，民法467条の規定による確定日付のある証書による通知があったものとみなされています（動産債権譲渡特例法4条）ので第三者に対抗できることが明確になりました。

(3) **将来発生する債権に担保設定できるか**

将来発生する指名債権群の譲渡担保について，医師の診療報酬債権について「始期と終期を特定して範囲を特定すれば，一括して譲渡し得る」（最判昭53・12・15判例時報916号25頁），その他「将来債権の集合債権の譲渡予約における債権の特定性を認めた」（最判平12・4・21金判1102号12頁），「将来債権の譲渡の通知には第三者対抗要件としての通知として欠けるところはない」（最判平13・11・22金判1130号3頁）と判示し，将来債権群の譲渡担保についてもこのように判例が蓄積されています。将来発生する債権の譲渡・質権設定については，債務者の特定不特定を問わず債権の総額（見積額）を登記する必要はありません（同法8条2項3号）。

> **法的根拠** 指名債権群を一括して担保に徴求できることを認めた東京地判昭32・3・19下民集8巻3号512頁。動産債権譲渡特例法4条による債権譲渡の登記制度などが法的根拠です。

4　保証の基礎知識

Q1　保証とはどういうものか

A1
❶ 中小監督指針に基づく説明が必要です。
❷ 第三者による個人連帯保証に注意します。

実務解説

(1) **保証人をつける理由**

　銀行の融資取引では，特定の不動産に抵当権を設定したり，預金に質権を設定したりすることがよく行われています。また，このような物的担保をとらないで融資することもあります。しかし，保証人をつけないことはまれでしょう。

　もっとも，最近消費者ローンの分野では，保証会社による保証が多く利用されています。

(2) **保証人の責任**

　保証人は，主たる債務者と同一内容の債務を負担します。しかも，銀行の融資取引では連帯保証が原則ですから，借主が債務を履行しない場合には，保証人は直接銀行に対して弁済しなければならない立場におかれます。

　最終的には，保証人は自己の財産を処分してでも債務を弁済しなければならないことになることについて，十分な説明を要しますが，約定どおり弁済されている分には何ら心配がないこと，もちろん弁済が終わり次第，保証責任もなくなることをよく説明し，万一，そのような事態になった場合には，銀行に来てよく相談するよう話しておくべきです。「決して心配をかけない」などと無責任に言うことは，厳に慎まなければなりません。

4　保証の基礎知識

> 法的根拠

保証には，単純保証と連帯保証があります。

単純保証は主たる債務が履行されない場合に，二次的に履行すればよい債務で，これを保証債務の補充性といいます。単純保証では，保証人は債権者から請求された場合に，「まず，主たる債務者に請求せよ」とか，「まず，主たる債務者の財産に対して執行せよ」などと抗弁することができます。前者を催告の抗弁権（民法452条），後者を検索の抗弁権（民法453条）といいます。

一方，連帯保証は主たる債務者と連帯して保証責任を負担することを特約した保証のことで，補充性はなく保証人は債権者に対して，催告の抗弁権も検索の抗弁権も持ちません。

いずれにしても，保証は保証人の信用と保証人が有する一般財産に依存するものですから，保証能力の確認に留意する必要があります。

なお，中小監督指針では，銀行は法人向け融資及び個人事業者向け融資については，経営者以外の第三者による個人連帯保証を求めないことを原則としています。

しかし，住宅ローン，無担保ローンなどの個人ローンや物上保証は対象外とされています。

Q2　保証制度はどのように変わったのか

A2

❶　保証契約の書面化が必要条件とされました。
❷　包括根保証が廃止（保証人が法人であるものは除く）されました。
❸　貸金等根保証制度が新設されました。

実務解説

(1)　**保証制度見直しの背景**

　保証については，民法に種々の規定がおかれていますが，「根保証」についての規定は存在していませんでした。実務では「根保証」のうち，特に「包括根保証」が用いられることが多く，学説や判例も，その有効性を認めていました。しかし，「包括根保証」は極度額の定めも存続期間の定めもないことから，包括根保証人にとって過酷なものとなっていたことは否定できず，その保護のため，判例は包括根保証の相続性を否定したり，任意解約権や特別解約権を認めるなどして妥当性のある結論を得るよう運用され，一定の評価を得てきました。しかし近時，さらに種々の議論がなされ「担保・保証さえあれば主義」のストック重視の融資体制から「事業のキャッシュフローを重視し，担保・保証に過度に依存しないフロー重視の融資体制」へと切り替えていかなければならない背景から，民法一部改正に至ったものです。この保証制度の見直しは，平成17年4月1日から施行されました。

(2)　**法改正の主なポイント**

　改正の主な内容は次のとおりです。

　①　保証契約の書面化

　保証契約を一般の契約よりも厳格に行う必要性から保証書類の作成が必要条件とされました（民法446条）。

② 包括根保証の廃止

　個人との貸金等根保証契約は極度額を定めなければ効力を生じないものとされました（民法465条の2）。貸金等根保証契約とは，保証人が個人である根保証契約の債務の範囲に金銭の貸渡しまたは手形の割引を受けることによって負担する債務が含まれるものをいいます。この極度額は，元本及びその利息や損害金などすべての債務に対する保証額として明記しなければなりません。ただし，元本額をもって極度額と定めても，極度額の定めのある保証契約にはなりませんので注意が必要です。なお，貸金等根保証契約の要件は，根保証であること，主な債務の範囲に金銭の貸渡しまたは手形の割引を受けることによって負担する債務が含まれるもの，個人が保証人であることの3点を満たす契約のことです。したがって，保証人が法人であるものは除かれます。個人との貸金等根保証契約は，元本確定期日を定めなければ効力を生じないものとされました。なお，元本確定期日は契約締結の日から5年以内のときは有効ですが，5年を超えているときは効力を生じないものとされています（民法465条の3第1項）。なお，この元本確定期日の定めが5年を超えた場合や元本確定期日を定めなかったときは，その元本確定期日は保証契約の締結の日から3年となり，保証契約が無効になるわけではありません（民法465条の3第2項）。

③ 元本確定事由の明確化

　債権者が主債務者や保証人の財産について強制執行などを申し立てたとき，主債務者または保証人が破産手続開始決定を受けたとき，主債務者または保証人が死亡したときに元本が確定するものとされました（民法465条の4）。

④ 保証人が法人である貸金等根保証契約の求償権

　保証人が信用保証協会や信用保証会社のような法人である場合，主債務者が倒産すると，個人の保証人に求償するケースが多いので，貸金等債務の求償権についての保証契約（法人が保証人であるものは除く）にも極度額や元本確定期日の定めをすることとされました（民法465条の5）。

Q3 保証意思を確認しないとどうなるか

A3

❶ 意思の確認は、行員の面前で保証人が保証書等に自署・押印することが原則です。

❷ 保証人と面識がない場合は、犯収法4条に規定されている書類等で必ず確認します。

実務解説

(1) 保証意思確認の必要性

　保証人をつける場合に、保証意思の確認はきわめて重要です。その理由は、債権証書や保証書の保証人欄に保証人としての氏名・押印があっても、それが保証人の意思に反するものであれば、保証は無効とならざるを得ないからです。よくあるケースは、借主が保証人の実印と印鑑証明書を持参して行員の面前で代筆・押印する、あるいは、すでに保証人欄に保証人の氏名・押印がある保証書類を借主が持参する場合です。いずれの場合も、保証意思を確認したことにはなりません。

　保証が無効となると、当初から保証人をつけないで貸し付けたことと同じになり、債権保全に重大な支障を来すことになります。特に信用保証協会など保証機関の保証付貸付で、保証条件とされた保証人について保証が無効となると免責となり、代位弁済の請求が不可能となります。

(2) 保証意思の確認方法

　保証意思の確認は、行員の面前で保証人が保証書等に自署・押印することが原則です。

　しかし、それでも後日数年たってから保証否認の問題が起こらないとも限りませんので、できればそのことを記録しておくことが望ましいといえます。銀行によっては、保証人に直接面接しない場合は、電話で照会する、

あるいは、保証意思確認の照会状を送り回答書をもらう、などの方法をとっているところもありますが、万全ではありません。

保証人と面識がない場合は、運転免許証その他身分を証明するものによって本人であることを確認する必要があります。

保証意思確認については、中小監督指針等により、保証債務履行により自ら責任を負担する最悪事態を想定した説明を行い、必要に応じてその説明を受けた旨の確認も必要とされています。また、銀行の保証徴求については、補充性や分別の利益がないことなどの説明を行うことまで求められています。

> **法的根拠** 前記のとおり、保証契約の当事者は、銀行と保証人ですので、借主を介さず、行員が直接保証人に面接してその意思を確認する必要があります。もし、保証人になった覚えがないと主張された場合、銀行でその事実を証明しなければならないからです。その場合、保証人の自署・押印があれば、保証書等は正しく成立したものと推定されます。

借主が、保証人の実印や印鑑証明書を所持していたことを理由に、借主が保証人の代理人であることを主張する（これを表見代理という）ことがありますが、表見代理はなかなか成立しないものとされています。

つまり、別な見方をすれば、借用証書は1枚であっても、金銭の貸借契約と保証契約は別々なので、法的には峻別して取り扱うということです。

Q4 個人を保証人とするときの注意点は

A4

❶ 保証人として信用があり、弁済できる資力があるかどうかを調査します。

❷ 保証意思の確認は保証書その他保証契約の成立を証する約定書類に保証人の自署・押印を求めます。

実務解説

(1) 保証人の信用・資力の調査

保証人をつける目的は、借主からの弁済が期待できなくなった場合に代わって弁済してもらうことですから、弁済できる資力があるかどうかの調査がきわめて重要です。

調査の方法は、

① 自行本支店との取引の有無を調べ、取引があればその資料によって確認する。
② 場合によっては資産証明書を徴求し、登記事項証明書を閲覧して担保権等の設定状況を調べる。
③ 所得証明書、納税証明書を徴求する。
④ 興信所など信用調査機関に調査を依頼する。

などいろいろありますが、保証する額、内容によって自ずから調査の範囲も異なることになります。

登記事項証明書を調査した結果、担保権の設定関係が複雑で保全余力がまったくない場合は、一般に保証人として不適当ということになるでしょう。保証は人的担保であり、物的担保である抵当権のように特定の財産から優先して弁済を受けることができないわけですから、保証人が財産を有しても、担保余力がなければ資力がないに等しいからです。

4　保証の基礎知識

　次に，保証人の個人的信用にも留意する必要があります。つまり，身分，人柄，職業です。いくら財産があっても，人柄に問題がある場合は，保証人として不適当です。そうでなくても，一般に保証人はいざとなれば弁済に応じたがらないのが実状で，人柄に問題があればなおさらだからです。

(2) **保証意思の確認**

　せっかく保証人をつけても，保証人の署名が本人のものではなく，また，印鑑が盗用ないし流用されたものである場合は，保証が無効となり，当初から保証人がつかなかったのと同じことになります。したがって，保証意思の確認が重要となります。保証意思の確認は，保証書その他保証契約の成立を証する約定書類に保証人の自署・押印を求めることにつきます。電話，照会文書等による確認方法もありますが，万全ではありません。中小監督指針に基づいた意思確認に注意を要します。

> **法的根拠**　保証は，債権者である銀行と保証人との間の契約であって，借主は直接かかわりのないものです。したがって，お金の貸借は銀行と借主との間，保証は銀行と保証人との間の契約であることを明確に区別して取り扱う必要があります。なお，保証契約は書面でしなければ効力を生じません（民法446条2項，3項）。

　実務上ではまれでしょうが，保証人が法律上の制限行為能力者（未成年者，成年被後見人，被保佐人，被補助人）である場合は，別途注意すべき点があります。

Q5　第三者による個人連帯保証のあり方

A5
❶　経営者以外の第三者の連帯保証人を求めないのが原則です。
❷　経営に実質的に関与していない契約者本人が自発的に連帯保証人となる旨の申出を行った場合は，契約できます。

実務解説

(1)　経営者以外の第三者保証

　中小監督指針では，経営者以外の第三者の個人連帯保証を求めないことが原則とされています（同Ⅱ－9－2(1)）。また，金融検査マニュアルは，銀行に対して，経営者以外の第三者に個人連帯保証を求めないことを要求しています。

　ただし，例外的に，次の3類型については，経営者以外の第三者であっても，個人連帯保証契約を求めることができます。

①　実質的に経営権を持っている者，営業許可名義人または経営者本人の配偶者（経営者本人とともに事業に従事する者）には個人連帯保証を求めることができます。

　中小監督指針及び金融検査マニュアルでは，「経営者」の定義を明確に定めていませんが保証契約者本人の経営への実質的な関与の度合いなど実態に即して，個別に判断すべきものとされています。

　先代の経営者や個人事業主の家族は，中小監督指針の「経営者」には含まれません。

　「経営者」とは，代表取締役や社長などの肩書きを有する業務執行役員で，経営上の決定権限を有する者と解してよいでしょう。

　「実質的な経営権を有している者」とは，それぞれの企業の実態を踏まえて，本人の経営への実質的な関与の度合いなどに則して，銀行

67

が個別に判断することとされています。
　② 経営者本人の健康上の理由による場合であれば，事業承継予定者に個人連帯保証を求めることができます。
　③ 事業の協力者や支援者が，自発的に連帯保証の申出を行ったことが客観的に認められれば個人連帯保証を求めることができます。
　この３類型以外に第三者保証が認められるか否かについては明示されていません。しかし，金融庁はパブリックコメントの中で，経営者本人にも連帯保証を求めないことを銀行に求めたらどうかとの意見に対して，経営者に対する個人保証を一律に制限することは，当事者間の自由かつ公正な契約を阻害するものであり，かえって円滑な金融の支障となる可能性が高いことから好ましくないと否定しています（平成23年７月14日「提出されたコメントの概要及びそれに対する金融庁の考え方」）。
　このパブリックコメントで金融庁は，この点について「信用保証協会の運用での経営者以外の第三者個人の例外的範囲を例示しながら，お示しした記載としている」旨回答しています。したがって，実務上は，今のところ，実質的に経営権はないが，相続人などの事業承継予定者にも個人連帯保証を求めることができると考えられます。

(2)　**自発的に連帯保証人となる場合**
　経営に実質的に関与していない契約者本人が自発的に連帯保証人となる旨の申出を行った場合は契約できますが，この場合には，銀行の特段の説明が必要です。特段の説明とは，経営に実質的に関与していない場合であっても保証債務を履行せざるを得ない事態に至る可能性があることについて説明することです。そして，自発的な申出である旨の書面に自署・押印してもらう必要があります。

> 法的根拠　　金融庁の中小監督指針及び金融検査マニュアルを検討しておくことが必要です。また，住宅ローンなどの個人ローンは対象外とされています。

Q6 会社を保証人とするときの注意点は

A6

❶ 当該会社に資力があるか,保証が会社の目的の範囲内であるかどうかの調査を行います。
❷ 保証権限を誰が持っているかを確認します。
❸ ケースにより株主総会または取締役会の決議を確認します。

実務解説

(1) 代表者の個人的な縁故先のための保証は要注意

　個人の場合と同じく,会社が保証人となる場合も,保証する内容にふさわしい資力があるかどうかを調べる必要があります。調査の方法は個人の場合と同じです(p.67)。

　次に,会社の保証が定款に定められている会社の目的の範囲内の行為であるかどうかを確認します。というのは,会社を含め法人はその目的の範囲内で権利を有し,義務を負担するとされているからです。もっとも,会社など営利法人の場合は,目的の範囲を広く解し,単に定款に記載された目的に限らず,目的達成に必要な行為も目的の範囲に属すると解されています。したがって,本件のように関係会社に対する保証は,まず問題はないと考えてよいでしょう。ただし,代表者の個人的な縁故先のために保証するような場合は,目的の範囲外の行為と認定され,保証が無効となるおそれがあります。仮に,取締役会の承認があっても同様です。

(2) 保証権限の確認とは

　保証権限の確認とは,代表者に会社を代表して保証契約を締結する権限があるかどうかの確認のことです。通常,代表者であれば会社を代表して保証契約を締結する権限があると考えてよいわけですが,多額の保証の場合は株主総会または取締役会の決議が必要です(会社法362条4項,356条

1項)。

誰が代表者であるかなどは，登記事項証明書のうち，現在事項証明書及び代表者事項証明書によって確認することができます。

なお，親会社が子会社の保証人となる場合は，そのことについての子会社の株主総会または取締役会承認の議事録の写しを徴求しておく必要があります。

> 法的根拠　利益相反行為にあたるか否かについて争われた事例として，次の判例があります（最判昭46・10・13民集25巻7号900頁，最判昭43・9・3金法528号23頁）。

次に，子会社への保証が親・子会社間の利益相反行為に該当する場合は，子会社の株主総会または取締役会の承認が必要である点に注意してください。例えば，子会社の取締役が親会社の代表取締役を兼ねている場合などです（p.236）。

会社法362条4項1号，2号に，重要な財産の処分及び譲受け及び多額の借財には取締役会は取締役に委任できない旨の規定があります。なお，保証もその中に含まれますので，それらに該当する場合は取締役会の決議を確認して下さい。

Q7 保証人と物上保証人とはどのように違うか

A7

❶ 物上保証人は単に財産を提供するだけですから、担保に提供した財産の限度で責任を負うにすぎません。したがって、回収不足が生じた場合でも物上保証人に対して不足部分を請求することができないということに留意してください。

❷ 第三者が担保提供する場合は、連帯保証人を兼ねてもらうケースが多く、各種約定書も通常そのようになっています。この場合は、中小監督指針の第三者個人連帯保証を求めない原則に留意のうえ対応してください。

実務解説

(1) 物上保証だけの場合

他人が借入をするについて、自分の預金に質権を設定し、あるいは自分の不動産に抵当権を設定するなど、自己所有の財産を他人の債務のため担保に供することを物上保証といい、その場合の担保提供者を物上保証人といいます。物上保証人は、単に自己の財産を担保に提供するだけですから、債務を負担することはなく、担保に提供した財産の限度で責任を負うにすぎません。

したがって、債権者は担保権を実行して回収不足があっても、不足部分を物上保証人に対して請求することができません。つまり物上保証人は物的有限責任を負担するにとどまるということです。

(2) 連帯保証人を兼ねた場合のメリット

担保提供者を担保提供兼連帯保証人とした場合は、次のようなメリットがあります。

連帯保証人は主たる債務と同一内容の債務（保証債務）を負担するわけ

4 保証の基礎知識

ですから，債務不履行の時は担保権の実行によらず，直接保証債務の履行を求めることも可能であり，それに応じない場合はその一般財産に対して，強制執行することも可能です。

とくに，預金担保貸付の場合は，担保提供者を兼連帯保証人とすることによって，万一の場合は，預金質権の実行によらず，預金債務と保証債務の相殺によって容易に貸付金を回収することができます。

物上保証人は，実質的には保証人と同様な地位に立ちますので，担保権が実行され，または債務者に代わって弁済したときには，保証人と同様の求償権を取得します。銀行実務では，第三者が担保提供する場合は，連帯保証人を兼ねてもらうことが多く，各種約定書も通常そのようになっています。したがって，中小監督指針の第三者個人連帯保証の原則禁止に注意して対応してください（p.67）。

> **法的根拠** 担保権の設定は，担保権者である銀行と設定者である担保提供者との契約であり，連帯保証契約は，銀行と連帯保証人との契約で，両者はそれぞれ法的には区別して考えるべきものです。ただし，根抵当権の場合，担保提供者が兼連帯保証人であっても，根抵当権の極度額の他にさらに同額の保証債務を負担するのではなく，根抵当権の実行によってその被担保債権が減少すると，それだけ保証債務も減少するものと解されています。もっとも，連帯保証人を兼ねさせることによって，根抵当権の消滅請求を防止することができます（民法398条の22第3項）。

Q8 保証協会の保証とはどういうものか

A8

❶ 保証の対象外の業種でないかを確認します。
❷ 保証の内容によっては制度保証が利用できる場合がありますのでチェックします。
❸ 免責事由に該当した場合は保証してもらえない場合がありますので注意します。
❹ 保証責任の範囲と期間をよく確かめておきます。

実務解説

(1) 保証の対象

　信用保証協会は、中小企業等の育成・発展のため銀行から容易に融資を受けられるよう保証することを主たる業務として設立された特殊法人です。保証の対象は、中小企業等が銀行から借り入れたり、手形の割引を受けた場合の債務です。業種、営業経歴、保証金額にそれぞれ制限がありますが、保証対象外の主な業種として、金融・保険業（損害保険代理業は除く）、遊興娯楽業のうち風俗関連営業など、宗教法人、非営利団体、農業、林業等があります。保証の対象となる貸付金の使途は、当該事業に必要な運転資金または設備資金に限られ、生活費等の消費資金や下請企業に対する転貸資金等は対象となりません。

(2) 保証の種類・内容

① 協会の保証には、一般保証と制度保証の2種類があります。一般保証は協会の経常的な業務で、制度保証は国、地方公共団体等のその時々の特定の政策に基づき行われるものです。

　例えば、小口資金融資、創業関連保証、ABL保証、経営安定関連保証（セーフティネット保証）、災害関係保証、事業再生保証などです。

② 保証限度額は，一般保証については1事業者いくらと最高限度額が設けられていますが，制度保証はこれとは別枠でその種類ごとにそれぞれ定められています。
③ 保証の形態は，個々の貸付金である特定債務の保証が通常ですが，手形貸付，手形割引等の継続的取引によって発生する債務について，一定の期間及び限度を定めて保証する手形貸付，手形割引，当座貸越根保証も行われています。

(3) どのような場合に保証免責となるか

信用保証協会と銀行との間では，あらかじめ保証条件について基本契約を締結していますが，この約定書の中で一定の事由が生じた場合には，協会の保証責任が免除されるという「保証免責条項」が規定されています。それによると，
① 銀行が保証付貸付金で自己の既存貸付金を回収したとき
② 貸付の形式，金額，担保など保証条件に違反したとき
③ 銀行の故意または重大な過失により，保証付貸付金の全部または一部の回収が図れなかったとき，などです。

(4) 保証責任の範囲

保証責任の範囲は，元金の残額及び未収利息の全部と，原則として貸付利率による最終履行期限（期限の利益喪失日を含む）後120日以内の延滞損害金とされています。

協会に対して保証債務履行を請求できるのは，原則として被保証人である貸付先が最終履行期限（期限の利益喪失日を含む）後90日を経過してもなおその債務の全部または一部を履行しなかったときです。なお，保証債務の履行を請求できるのは，最終履行期限2年以内とされています。

> 法的根拠

(1) 協会保証の法的性質

判例・通説によると，協会の保証も民法上の連帯保証であって特別法による特別の保証ではないとしています。ただし，前記の保証約定書の中で保証債務の範囲，履行方法を特約しているということで

す。

(2) 協会保証の法律関係

協会保証付貸付金の法律関係を分けてみると，次のとおりです。
① 銀行と貸付先との間は，手形貸付，証書貸付など通常の貸付契約です。
② 銀行と保証協会との間は，協会が銀行に対して保証するわけですから，保証契約が成立することになります。
③ 保証協会と貸付先との間は，貸付先の依頼を受けて協会が保証するわけですから，保証委託契約が成立することになります。

(3) 保証協会と他の保証人との関係

協会保証付貸付であっても，銀行は別途保証人をつける場合があります。その結果，その保証人と保証協会とは共同保証の関係となりますが，その場合，他に特約がなければ共同保証人間の負担部分は平等ですので，仮に協会が保証債務の全額を代位弁済しても，他の保証人の負担部分を超えて保証人に求償できないことになります。

しかし，それでは協会にとってきわめて不都合で求償権全額の確保が図れませんので，保証委託契約書の中で，協会は他の保証人との間で協会が履行した保証債務の全額について他の保証人に求償できること，その保証人が代位弁済しても協会に対しては求償できないこと，つまり，協会の負担部分はゼロであることを特約しています。

したがって，保証協会の承諾なく保証人の変更・追加等はできません。

(4) 協会に対する担保保存義務

銀行の融資取引では，保証人・担保提供者に対する債権者の担保保存義務（民法504条）免除の特約をしています。

しかし，保証協会に対する関係では，担保保存義務の免除を受けていないので，保証条件となっている担保である場合はもちろん，そうでない担保であっても担保解除する場合は，保証協会の承諾が必要です。

Q9　マル保貸付金の免責事由にはどのようなものがあるか

A9

❶　保証書交付前のつなぎ融資は，内諾があっても免責の対象となります。
❷　免責事由をよく検討して，免責とならないよう注意が必要です。

実務解説

保証協会の免責とは，保証協会が銀行に対して負っている保証債務の履行を免れることをいいます。保証協会と銀行では保証取引に関する「約定書」を締結していますが，この約定書の中に「免責条項」の規定があり，一定の事由が発生すると，協会の保証債務が免除されることになり，代位弁済が受けられなくなります。

以下にどのような事由が免責となり代位弁済が受けられなくなるか，主なものを事例をあげて説明します。

(1)　保証債務の不成立または消滅

①　つなぎ融資

保証決定日以前に貸付実行を行ったときには，その貸付がたとえ保証条件どおりで承認の内諾を得たものであっても，保証契約が成立していないので保証契約そのものが無効となります（約定書1条，2条1項「保証契約は，信用保証書を交付することによって成立し，貸付を行った時より効力を生じる」）。

②　借用保証書の有効期間経過後の貸付

保証書の有効期間は原則として保証書の翌日から起算して30日です（1カ月ではない）。ただし，担保設定手続の遅延，商手の入手遅延など特別の事情がある場合は保証協会の承認を得てから60日まで延長が可能です。保証書の有効期間を経過して貸付を行ったときは保証契約が無効となります（約定書2条2項）。

③　代位弁済請求権の消滅

保証期間（期限の利益を喪失したときは喪失日）後2年を経過しても請求のないときは、保証債務は消滅し、代位弁済請求権を失います（約定書7条）。

(2) **旧債振替**

協会保証付貸付金（マル保貸付金）の全部または一部をもって当該銀行の既存の貸付金（旧債）を返済したときは全部免責となります（約定書3条、11条1項）。ただし、保証書の条件欄にこの旨明示された場合には、その分を返済しても差し支えありません（約定書3条但書）。

旧債振替となるケースとしては、以下に挙げたとおりです。

① 既存のプロパー割引の不渡手形をマル保貸付金で買戻しさせた場合。
② 既存の貸付金（プロパー、マル保貸付も含む）を新たなマル保貸付金をもって返済させた場合。

マル保貸付金を新たなマル保貸付金で返済させた場合でも、保証書の条件として承認を得ていないものは旧債振替となり免責となりますので注意を要します。

(3) **保証条件違反**

信用保証書の記載事項と相違した貸付を行った場合は免責となります。保証書の記載事項とは、債務者の住所・氏名・保証金額などに始まりすべての事項にあてはまりますので、その1つ1つが相違していないかをチェックする必要があります。代表的な条件違反をあげると以下のようなものがあります。

① 分割貸付

個別保証が前提となっている場合に、保証金額を1度に貸付せず、2回以上に分けて貸付を行った場合には、保証金額と貸付金額が相違することになり免責となります。ただし、個別保証の場合であっても、分割貸付を認めることを保証条件としている場合は、保証免責とはなりません。

分割貸付となるケースは以下のとおりです。

ア．設備資金で，その資金の支払いが長期にわたるため，その支払いに合わせて分割して貸付を行う場合，結果的に合計額で保証金額と一致しても分割貸付となり免責となります。したがって，このような貸付方法を実行したい場合は，分割貸付を前提とした保証申込をしておく必要があります。

イ．手形貸付で，返済金額に合わせて手形を分割して徴求する貸付も分割貸付になります。

担当者の意識しないことでも結果として分割貸付に該当し，免責となる場合がありますので，保証書に対し常に１つの貸付をするように注意しましょう。

② 担保・保証人の不備

信用保証書の条件として，担保・保証人を徴求しなかったり，徴求不足があった場合，または条件外の担保・保証人を徴求した時は（約定書11条２項），免責となります。

担保・保証人の不備とは，単に担保を徴求した，または保証人の署名・押印を徴求したということのみでは不十分です。担保提供の意思，保証人の保証意思なども確認するという，実体の備わったものでなければなりません。表面だけ備わった実体のないものは，保証書の記載内容と相違した貸付となり，保証条件違反の貸付となるからです。

③ 保証期間と貸付期間の相違

保証書・保証期間を超えた貸付期間の貸付を行ったとき，または手形貸付の場合に保証期間を超えた期日の手形を徴求したり，保証期間経過後に手形を書き替えた場合は免責となります（約定書11条２項）。

例えば，保証書の条件が保証期間「貸付の日から６カ月」の場合で実行10日，毎月の返済日月末とした場合には，最終回の返済日が保証期間（６カ月後の10日）から20日オーバーしてしまいます。このような場合には期限オーバーとなり，保証条件違反の貸付となってしまうので注意しましょう。

④　極度超過貸付

根保証の場合，保証極度額を超過して貸付または割引を行ったときは免責となります（約定書11条2項）。

例えば，割引で端数のある手形の割引実行を行い，極度額を一時的にオーバーしてしまうなどの場合です。

また，極度をめいっぱいに利用している状態で当日の落込予定分も計算に入れて新規の割引を実行したが，不渡手形が発生し，返還された場合も結果的には極度超過貸付となりますので注意が必要です。

(4)　**故意または重過失による取立不能**

銀行が保証付債権の保全，取立，担保の管理などについて，故意または重大な過失により保証付債権が回収不能となり，協会に損害を与えたことが明らかな場合は免責となります（約定書11条3項）。以下，例を挙げてみます。

①　債権届の提出漏れ

会社更生，破産，民事再生の債権の届出などを怠り権利を失い，協会に損害を与えた時です。

債権届を提出する時は，プロパー貸付のみならず，マル保貸付も忘れずに提出期限内に提出し，プロパー貸付と同様の管理をする必要があります。

②　保証条件外の担保解除

銀行がプロパーの債権を全額回収した後，保証付債権があるにもかかわらず，自己の条件外の担保を協会に承諾を得ないで解除した時です。

例えば，協会の条件の担保と，プロパー貸付の担保の両方を債務者から徴求している時，プロパー貸付がなくなったからといってプロパー貸付の担保をむやみに解除してはいけません。その担保解除によって，協会保証付貸付の債権の回収を図ることができなくなるおそれがあるからです（約定書11条3項）。

(5)　**免責となり得る事例**

①　融通手形の割引または担保徴求

貸付実行時に当該手形が融手であると知りながら，割引または貸付の担保徴求した時です。

② マル専手形の割引または担保徴求

自動車購入などのために発行したいわゆるマル専手形を割引または貸付の担保に徴求したときです。

③ 延滞発生後の貸付または割引

現在の債権（プロパー貸付，マル保貸付のどちらでも）に延滞が発生しているにもかかわらず，新たなマル保貸付・割引を行ったときです（約定書9条1項）。

マル保貸付を行う先は通常の貸付先でなければなりません。現在の債権が延滞している債務者は通常の貸付先とはいえず，約定書9条の「債務履行を困難とする事実を予見し，または認知したときは遅滞なく保証協会に通知する」という善管注意義務違反になるからです。

④ 手形不渡後の根保証の利用

割引手形または貸付の担保手形が不渡りとなり，買戻しが未了のまま根保証の空枠を利用した新たな割引または貸付を行ったときです。

⑤ 預託金返還請求権の仮差押の未了

マル保貸付の担保手形または割引手形が契約不履行で不渡りとなり，預託がされた場合に，協会の承諾なくして預託金返還請求権に対し仮差押えの手続を怠った時です（約定書9条1項）。

⑥ 商手の支払未呈示

マル保貸付の担保手形または割引手形は，たとえそれが不渡りとなることが明らかな場合でも交換などにより支払呈示をしなければなりませんが，これを怠った時です。

⑦ 支払人口債権と預金の相殺

例えば，保証付債権が預金との相殺により回収可能な状況にあったのに，同一債務者が振り出した手形を他店で割り引き，不渡手形となったため，その不渡手形を当該預金と相殺してしまい（支払人口相殺），協会保証付債

権の回収が困難となってしまったような場合は，信義則違反となり免責となります。

　保証協会は中小企業者の金融を円滑にならしめることを目的とするきわめて公共性の高い機関ですから，通常の保証人とは異なるといえます。したがって，信義則，注意義務，債権保全義務などは通常より広く重いものといえます。貸付実行時，または債権管理を行っていく中で，疑義が生じたときはすみやかに保証協会と事前に相談しましょう。

　以上は，東京信用保証協会の代表的な免責の事例です。全国の保証協会でも基本的には相違はありません。代位弁済請求後，免責事由に該当する事項があると，協会は銀行に対して，免責の適用根拠を明示した免責通知書を交付することとなっています。

5 融資管理の基礎知識

Q1 延滞が発生した場合の対応はどうしたらよいか

A1

❶ 延滞が発生したということは、図表3の資金繰り逼迫の状態にあり、警戒を要する事態にあることを示しています。

❷ このような兆候が現われると、最終的には、支払停止、倒産に至る可能性があるため、債権の保全・回収に向けて、いち早く手を打つ必要があります。

実務解説

(1) 倒産までのプロセスと警戒度

借入債務が返済できず、延滞が生ずることになった企業は、図表3のようなプロセスで、倒産に至るケースが多くみられます。

兆候を発見したら、融資先が現在、どの警戒度にいるのかを把握し、その対応策を決定することが必要です。

図表3 企業倒産までのプロセス

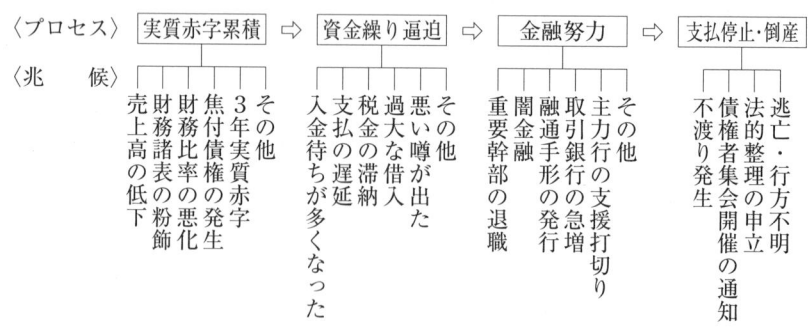

〈プロセス〉	実質赤字累積	⇒	資金繰り逼迫	⇒	金融努力	⇒	支払停止・倒産
〈兆候〉	売上高の低下／財務諸表の粉飾／財務比率の悪化／焦付債権の発生／3年実質赤字／その他		入金待ちが多くなった／支払の遅延／税金の滞納／過大な借入／悪い噂が出た／その他		重要幹部の退職／融通手形の発行／闇金融／取引銀行の急増／主力行の支援打切り／その他		不渡り発生／債権者集会開催の通知／法的整理の申立／逃亡・行方不明
〈警戒度〉	要注意事態	➡	要警戒事態	➡	緊急事態	➡	非常事態

例えば，同業者は景気がやや回復して，売上高が増加に転じているのに，融資先だけは，依然として売上高が低下傾向にあるという場合は，注意しなければならない倒産の兆候といえます。
　そして，図表3をみると〈プロセス〉としては実質赤字累積，〈兆候〉は売上高の低下，〈警戒度〉は要注意事態になっていることが分かります。
　このようにみてみると，延滞の発生は，「支払の遅延」に当たりますので，その企業は相当に資金繰りが逼迫しており，〈警戒度〉としては要警戒事態になっていることが分かります。
　いきなり倒産する企業はありませんが，倒産に至るまで種々のシグナルを発するものです。いきなり倒産したということは，銀行がそれらのシグナルを発見できなかったということです。したがって，そのシグナルを迅速にキャッチし，その対応を図ることが債権回収のうえで最も重要なポイントの1つといえます。

(2) **対応策**
　借入債務の延滞という事実が生じたときには，どうしてそうなったのか，原因を追及して，その改善に協力しますが，それが不可能であれば，融資方針の変更を図っていかなければなりません。

図表4　保全バランス

貸付先＿＿＿＿＿＿＿＿　　　平成　年　月　日
　　　　　　　　　　　　　　（単位：　　千円）

借　方		貸　方	
商業手形 手形貸付 証書貸付 支払承諾 （債務保証） 仮　払　金 外　　　為	☐	預　　　金 信用保証付 有価証券 不　動　産 決済確実手形	☐
計		計	
余　剰	＋	不　足	△

（注）保全B／Sの内容についてコメントすることがあれば注記しておくこと。

① 保全バランスの作成

倒産の兆候が発見された場合には、図表4の「保全バランス」を作成します。

この保全バランスの作成により、銀行の債権保全が充足しているのか、または保全不足なのか、不足しているならば、いくら不足しているのかが一目瞭然となります。

② 預貸金などの調査

預金の調査では、判例は、出捐者を真の預金者と認定していますので、その点を調査、確認してください。

貸金の調査では書類に不備がないか、融資条件が具備されているかなどを調査・確認します。

その他、保証協会の免責約款に抵触するような事実はないか、担保商手の要件確認などを行います。

③ 担保の調査

徴求している担保に不備はないか、担保提供者の意思確認に遺漏はないかなどを再確認します。

このようにして、融資債権の完全回収を図り、不良債権が発生しないように万全の対応策をとってください。

> 法的根拠　　出捐者（資金を出した人）を真の預金者としている判例（最判昭52・8・9民集31巻4号742頁）、信用保証協会保証契約、手形要件については手形法1条、75条などが法的根拠となります。

Q2 資金使途が申込み内容と異なっていたことが判明した

A2

❶ 資金使途の確認は，貸付の基本です。
❷ 違法な事業に資金が流れるようなことがあると，銀行にとって重大な問題となります。公序良俗違反として貸付が無効とされるだけでなく，事情によっては刑法等の犯罪の幇助犯に問われることもあります。
❸ 銀行取引約定書旧ひな型5条2項3号の「取引約定に違反したとき」に該当すると認められるので大至急，債権の回収に努めます。

実務解説

(1) 資金使途の確認

貸付先の事業内容，資金使途の確認は貸付の基本です。

貸付を実行するまでは，いろいろと注意するのですが，いざ実行してしまうと，その資金使途の確認をおろそかにしていることが多いのが実情でしょう。

その確認の方法は，預金取引にも注意を払うことが必要です。例えば小切手・手形の受取人がどうなっているかを確認するのも1つの方法です。

交換呈示された小切手の裏面の署名や記名を確認すれば，貸付金を誰が受け取ったかわかります。また，手形であれば同様に，裏書によりどこに資金が流れているかが確認できます。これを常に行い，異常なケースをすみやかに発見することが大切です。

(2) 公序良俗違反の貸付

高い公共性を求められている銀行は，違法な資金使途に対する貸付はもちろん，公序良俗に反する行為にも絶対に加担してはなりません。

公序良俗に反する貸付は無効（民法90条）であるばかりか，不法原因給付（同法708条）として返済を求めることができないため，裁判所に訴え

5　融資管理の基礎知識

提起しても，国の助力は受けられません。

　風俗営業法は，バー，キャバレー，ナイトクラブ，パチンコ屋，麻雀屋など一定の営業を「風俗営業」と定義し，風俗営業を営むには所轄公安委員会の許可を要するものとし，営業時間・営業区域その他の詳細な規制を課しており，無許可営業や規制違反の場合の罰則を定めています。

　違法な風俗営業の内容が「売春行為」を含むものであることを知りながら貸し付けた場合には，売春防止法の資金提供罪（同法13条）に該当するので決して行ってはなりません。

　また，刑法等の犯罪の実行を容易ならしめることを知りながら貸し付けた場合，その犯罪の幇助犯として処罰される可能性がありますので注意が必要です。

(3)　銀行取引約定書旧ひな型5条2項3号との関係

　このようなケースが判明した場合には，大至急債権を回収しなければなりません。その根拠となる規定は銀行取引約定書旧ひな型5条2項3号の期限の利益の請求喪失事由「私（貸付先）が取引約定に違反したとき」です。貸付先が銀行との取引約定に違反したとしても，同ひな型5条2項5号の「前各号の他債権保全を必要とする相当の事由が生じたとき」がこの5条2項3号の場合にも適用されます。つまり，期限の利益請求喪失事由に該当するためには，貸付先が取引約定に違反したうえに，その約定違反によって債権保全上支障が生じることが必要です。したがって，この観点から本件をみるとまさしく，債権保全上支障が出る重大問題ですから直ちに貸付先の期限の利益を請求喪失させる手続をとる必要があります。

> **法的根拠**　民法90条の公序良俗の規定，民法708条の不法原因給付の規定，銀行取引約定書5条2項3号の期限の利益請求喪失事由，同約定書5条2項5号などが法的根拠となります。

Q3 顧客情報を外部に漏らしてはならないのはなぜか

A3

❶ 顧客から個人情報が外部に漏れているとの苦情があった場合は，直ちに上司に報告します。上司は，遅滞なく本部の専門部署にその旨を報告します。専門部署は事実関係を調査し，流出が事実であれば，監督当局に直ちに報告するなどの手続をとらなければなりません。

❷ ファイル等を紛失してしまい流出のおそれがある場合にも上司に報告し，迅速な対応が不可決です。

実務解説

(1) 個人情報保護法の趣旨

現代のIT社会において，コンピュータやネットワークなどのIT技術の活用により，多様・大量な個人情報の利用がなされており，それが事業活動や国民生活の面で欠かせないものとなっています。しかし半面，大量の情報漏えいや目的外の利用など，個人情報の不適正な取扱いによって，個人の権利や利益が侵害されるリスクが増大しています。近年，大量の個人情報漏えい事件が発生しており，その漏えいした情報が「架空請求」に利用されるという問題も生じています。個人情報の保護に関する法律（以下「個人情報保護法」という）1条には「個人情報の保護」に関する施策の基本となる事項を定め，「個人情報を取り扱う事業者の遵守すべき義務等」を定めることにより「個人情報の有用性」に配慮しつつ，「個人の権利利益を保護」することを目的とする旨規定されています。

(2) 個人情報取扱事業者（銀行）の義務

個人情報保護法20条では，「個人情報取扱事業者は，その取り扱う個人データの漏えい，滅失又はき損の防止その他の個人データの安全管理のために必要かつ適切な措置を講じなければならない」と規定し，銀行に個人

5 融資管理の基礎知識

データの漏えいを防止する義務があることを規定しています。

(3) 個人情報取扱事業者による苦情の処理

個人情報保護法31条に，顧客から苦情があった場合には，適切かつ迅速な処理に努めなければならないこと，また，個人情報取扱事業者は，この目的を達するために「必要な体制の整備」に努めなければならないことが規定されています。

したがって，顧客から本件のような申出があったときは，①顧客の申し出た事情を真摯に聞く，②上司に報告する，③本部の担当部署にその旨を報告する，④本部の専門部署は事実を調査するとともに，流出の原因が銀行にあった場合は，監督当局に直ちに報告する，⑤事実関係及び再発防止策を早急に公表する，⑥漏えいなどの対象となった本人（顧客）にすみやかに漏えいの事実関係を報告する，⑦漏えいなどの原因となった行員を厳正に処罰するなどの対応を行います。

(4) ファイルなどの紛失による漏えい

ファイル等を紛失し，個人情報が外部に流出したおそれがあるときは，個人データの漏えいと同様に直ちに上司に報告し，絶対に「隠す」ことは厳禁です。隠した結果，監督当局への報告がなされず，後で問題が発覚した場合には業務改善命令が出され，銀行の信用失墜，預金の流出，マスコミの批判などを通じ，銀行の経営危機を招きかねません。

また，報告が遅れた結果，個人情報の不正利用が防げず，被害が生じた場合，損害賠償の請求に応じざるを得ません。

ファイルなどを紛失した場合には，①いつどこで誰がどういう形で紛失したかを明確にする，②ファイルなどの中に含まれていた個人情報をできる限り把握する，③不正に利用されるリスクがあることを認識する，④ファイル紛失の原因を明らかにして，今後の紛失防止策を講じて再発防止に努めることなどがその対応となります。

法的根拠 個人情報保護法1条，20条，31条に法的根拠があります。

第1章　まず押さえておきたい融資の基本的な法律知識

Q4　連帯保証人から債務の返済状況を教えてほしいとの申出があった

A4

❶　連帯保証の特質から，連帯保証人の申出に応じてもかまいません。

❷　債務の返済状況を教える際には，連帯保証人本人か否かの確認を十分に行うことが必要です。安易に連帯保証人と信じて教えた結果，第三者であったような場合には，守秘義務違反の責任を追及されることもありますので注意が必要です。

実務解説

(1)　**連帯保証の特質**

　連帯保証とは，保証人が主たる債務者と連帯して債務を負担する保証のことです（p.67，69）。

　したがって，連帯保証人の責任は重いということがいえますし，普通保証人と異なり主債務者と並んで第一次的に全部給付義務を負っています（大判明37・2・1民録10輯65頁）。

　銀行取引にあっては，保証は原則として連帯保証であり，主たる債務者が返済不能になった場合には，自己の全財産によって主債務を弁済しなければならない責任を負っていますから，主たる債務の返済状況や債務残高を銀行に照会することは当然の行為であり，銀行はその申出に応じても差し支えありません。

　近時，保証人の保護の法制度が設けられている（貸金等根保証契約の制度や書面化，意思確認の徹底など）情況から，銀行から，随時，主債務の残高や返済情況などを連帯保証人に報告すべきでしょう。長期にわたる設備資金の場合などは特にその必要があるといえます。

89

(2) 連帯保証人の確認

　債務残高や返済状況を教える際には，本人確認を行い，連帯保証人と安易に誤信し教えることのないよう注意すべきです。

　第三者であったということで，債務者に損害を与えた場合には，銀行は損害賠償責任を負うと解されています。

　守秘義務とは，銀行が取引先との取引を通じて取得した非公開の顧客情報について，一定の免除事由がある場合を除いては，他に漏らしたり，公表したりしない義務のことをいいます。

　銀行の守秘義務については，医師，弁護士，公務員などのように法令上明文の規定はありませんが，単なる道義的なものではなく，法的義務と解されており，守秘義務に違反し，顧客に損害を与えた場合には損害賠償責任を負うことに注意が必要です。

　連帯保証人と法的関係のない家族や親，また，勤務先からの照会であっても応じることはできません。守秘義務のあることを説明のうえ，回答できない旨を説明し，了解を得る必要があります。

> **法的根拠**　保証人の責任（民法446条），保証債務の範囲（同法447条），催告の抗弁権（同法452条），検索の抗弁権（同法453条），連帯保証の特則（同法454条）などが法的根拠となります。

Q5 株式会社を設立したいとの申出があった

A5

❶ 払込金保管証明制度が見直されたので，発起設立の場合は銀行の残高証明でよいこと，募集設立については，従来の払込金保管証明の制度が維持されていることを説明してください。

❷ 金銭以外の現物出資による会社設立が簡単にできるように，その現物出資の財産等について定款に記載または記録された総額が500万円を超えない場合は，検査役の調査は不要とされました。

実務解説

(1) 最低資本金規制の撤廃

最低資本金制度は，平成2年の商法改正により導入されたもので，会社の債権者を保護するために，有限会社は300万円，株式会社は1,000万円の最低額以上の財産の払込みがないと設立できないという規制がありました。

しかし，その後のわが国をめぐる経済状勢が厳しさを増す中で，新事業を創出し経済を活性化させる必要が認められ，平成15年2月1日より「新事業創出促進法」が施行され，一定の要件を満たしたものについては，設立5年間に限り最低資本金規制の適用を受けないこととされました。

この特例制度の適用により相当数の「1円株式会社」が設立されました。その後，資本金の額と会社財産の額の関係が切れていることから，資本金の額ではなく，一定の純資産額が現実に確保されていなければ株主に分配できないとする方が合理的であるとの観点から，最低資本金規制を撤廃しましたが，一方において資本金の額にかかわらず，純資産額が300万円未満の場合には剰余金があっても，株主に分配できないものとされました（会社法458条）。

(2) 払込金保管証明制度の見直し

　会社を設立する場合には，従来は銀行などから払込金の保管証明を受ける必要があり，この銀行の払込金保管証明書が設立登記の添付書類となっていました。会社法では，会社設立のスピード化を図るため，発起設立の場合に払込取扱銀行への金銭の払込みがあったことの証明については，残高証明等の方法でよいとされました。ただし，募集設立については，現在の払込金保管証明の制度が維持されています（会社法64条）。発起設立と同様に，会社設立後の新株発行や新株予約権の行使による新株発行の場合などについても，残高証明等で足りるとされました。会社設立の日まで，その払い込んだ資金を使用できないという不便はなくなりました。「保管証明書を発行した銀行は，その証明した払込金額を会社成立の時まで保管して会社に引き渡すべきもので，会社成立前に払込金を返還しても，成立した会社に対し，払込金返還をもって対抗できない」との判例があります（最判昭37・3・2民集16巻3号423頁）。また銀行は，保管証明書を発行した以上，払込金が手形・小切手でなされ，それが不渡りとなった場合（大阪高判昭32・2・11高民集10巻2号55頁）や保管証明書の発行が詐欺，強迫，錯誤等に基づいてなされた場合であっても，保管証明責任を免れない（大阪地判昭30・9・30下民集6巻9号2064頁）とした判例があります。

(3) 現物出資による会社設立

　金銭以外の現物出資による会社設立が簡単にできるように，その現物出資財産等について定款に記載または記録された総額が500万円を超えない場合は，検査役の調査は不要とされました（会社法33条10項1号）。

　その他，申込人が反社会的勢力でないか否かの調査・確認にも注意が必要です。

> **法的根拠**　出資の履行について会社法34条，会社成立については会社法49条，払込金の保管証明については会社法64条，保管証明書発行銀行の責任を判断した判例最判昭37・3・2民集16巻3号423頁などが法的根拠となります。

Q6 株式について教えてほしい

A6

❶ 株式とは株式会社における持分すなわち株主たる地位をいいます。

❷ 株式会社は異なる種類の株式を発行することができます。ただし，委員会設置会社及び公開会社は種類株主総会において取締役または監査役を選任することができません。

実務解説

(1) **株式とは**

　株式とは，株式会社における社員（株主）たる地位をいいます。株式は均一の大きさに細分化された割合的単位となっています。株式の所有者を株主といい，各株主は，保有する株式の数に応じた数の株主の地位を持っています（持分複数主義）。これに対し，合名会社等の持分会社の各社員は，出資額に応じて大きさの異なる1個の地位を有するものとされています（持分単一主義）。株式は「株券」という有価証券によって具体化されているので，株券を株式ということがありましたが，法律的には正しくありません。株式は会社設立または新株発行により成立し，会社の解散または株式消却により消滅します。平成16年の商法改正で，定款をもって，株券を発行しない旨を定めることができるものとされました。会社法では，株券の不発行が原則となりました。すなわち，「株式会社は，その株式（種類株式発行会社にあっては，全部の種類の株式）にかかる株券を発行する旨を定款で定めることができる」と規定されたからです（会社法214条）。このような定款の定めをする株式会社を株券発行会社といいます。

(2) **異なる種類の株式**

　株式会社は，以下の事項について異なる定めをした内容の異なる2以上の種類の株式を発行することができます。ただし，委員会設置会社及び公

開会社は⑨についての定めがある種類の株式を発行することができません（会社法108条1項）。

①剰余金の配当，②残余財産の分配，③株主総会において議決権を行使することができる事由，④譲渡による当該種類の株式の取得について株式会社の承認を要すること，⑤当該種類の株式について，株主が株式会社に対し，その取得を請求することができること，⑥当該種類の株式について，株式会社が一定の事由が生じたことを条件としてこれを取得することができること，⑦当該種類の株式について，株式会社が株主総会の決議によって，その全部を取得すること，⑧株主総会（取締役会設置会社では株主総会または取締役会）において決議すべき事項のうち，その決議の他，当該種類の株式の種類株主を構成員とする種類株主総会の決議があることを必要とするもの，⑨当該種類の株式の種類株主を構成員とする種類株主総会において取締役または監査役を選任することです。

株式会社は，①から⑨の事項について，異なる定めをした内容の異なる2以上の種類の株式を発行する場合には，各種類株式の内容など及び発行可能種類株式総数を定款で定めなければなりません（会社法108条2項）。

(3) **株式の内容についての特別の定め**

株式会社は，譲渡による株式の取得について，株式会社の承認を要すること，株主が株式会社に対して，その取得を請求することができること，株式会社が一定の事由が生じたことを条件として株式を取得することができることなどの特別の定めをすることができます（会社法107条1項）。

(4) **株主の権利と責任**

株主は剰余金の配当を受ける権利，残余財産の分配を受ける権利，株主総会における議決権を持ちます。また，株主の責任は，その有する株式の引受価額が限度です。

> **法的根拠** 会社法104条以下に株式についての規定があります。

6 融資に関する法的規制の基礎知識

Q1 公序良俗に反する融資だったことが判明した

A1

❶ 公の秩助または善良な風俗に反する事項を目的とする法律行為は無効とされ（民法90条），同法に違反する融資は無効となります。

❷ 法律上，無効な融資ですから国の力を借りて債権を回収することはできません。したがって，直ちに，ねばり強く融資先と折衝を重ね任意に回収するしかありません。

実務解説

(1) 融資の審査と資金使途

融資の審査にあたっては，企業の収益状況や財務内容，経営者の資質や人柄なども勘案し，仮に倒産などの不測の事態が発生した場合でも，融資金が回収できるよう債権保全が図られているかを精査します。

これに加え，銀行の持つ重い社会的責任と公共的使命の観点から，融資金の使途についても注意を払う必要があります。

したがって，違法な営業はもちろん，融資の公共性や公序良俗に反する事業に資金を供給しないように，十分注意する必要があります。

銀行が公序良俗に違反した融資を行うと，その融資契約は無効となります。さらに，銀行が融資という形で犯罪行為に加担した，あるいは違法行為を助長したとして，刑事上の責任を問われることもあります（p.89）。

さらに，銀行が風評リスクにさらされたり，マスコミから批判を受け，銀行の信用に大きなダメージを与えることになります。

したがって，「公序良俗に反する融資は絶対に採り上げない」という覚悟を厳しく貫く必要があります。もちろん，最初からこうした融資の申込

みは謝絶しなければなりません。

　このような問題が起きるのは，そうではない通常の健全な融資だと思って融資を実行した後で，提出された書類の資金使途と実際の資金使途がくい違い事故が発生するというケースが多いのです。融資の審査について再検討を加え，このようなことが二度と起きないようにすべきです。

(2) **債権回収の方法**

　このような融資は，無効となりますから，訴えを提起して，国の力を借りた法的回収はできません。

　したがって，融資先が倒産しても，債務者とまだ交渉の余地が残っていれば，早急に折衝を続け，任意回収により弁済を受ける方法しかありません。

　なお，暴力団排除条例がすべての都道府県で施行されていることを理解しておいてください。この条例が禁止しているのは，暴力団への利益の供与，暴力団組織の活動の助長・支援，暴力団との交際，暴力団の利用などであり，銀行の職員としても各都道府県の暴力団排除条例の内容を十分に理解して日頃の融資業務処理にあたる必要があります。

　公序良俗違反の融資は，無効であり，この無効は，追認しても有効とはならない絶対的無効であることを銘記して対応し，相手方にスキを与えないよう組織一丸となってコンプライアンス上の問題が生じないように注意することが肝要です。

> **法的根拠**　民法90条の公序良俗違反の法律行為は無効とする規定，中小監督指針，暴力団排除条例などが法的根拠となります。

Q2　実質金利が利息制限法の金利を超えてしまった

A2

❶　制限を超えた利息・損害金を元本とともに任意に支払ったとしても，不当利得による返還を請求できることとされました。
❷　即時両建預金を徴収したため，実質金利が利息制限法に違反し，利率及び損害金の約定が一部無効とされた判例があります。

実務解説

(1)　実務上の問題点

　貸付金利を規制する法律として，銀行を含めすべての業態に適用される法律として利息制限法があります。この法律は，一定の制限利率を超える利息・損害金の徴求を私法上無効として，経済的弱者である借主の立場を保護したものです。

　一方，出資の受入れ，預り金及び金利等の取締りに関する法律（以下「出資法」という）による規制も受けています。本法では，金銭の貸付を行う者が，所定の上限利率を超えた利息・損害金の契約をしたり，受け取ったしたときは，5年以下の懲役または1,000万円以下の罰金（法人は3,000万円以下の罰金）に処せられ，または両方を併科するという高金利を取り締まるため刑事罰を加える法律です。

　平成18年の改正貸金業法が施行される前は，利息制限法の制限利率を超え，出資法の制限利率を超えない，いわゆるグレーゾーンの高金利部分は，受け取っても何ら制限を加えられることもなく，罰則を科せられることもありませんでした。そのため消費者金融やノンバンクなどがこの高金利を徴収し，経済的弱者である借主がますます困窮するに至ったのです。

　そこで，判例は，元本への充当により，計算上元本が完済となったときは，善意で弁済を続けた債務者は過払分を不当利得を原因として返還請求

できるとし（最判昭43・11・13金判135号5頁），さらに制限を超えた利息・損害金を元本とともに任意に支払った場合にも，不当利得による返還請求を認めるに至りました（最判昭44・11・25金判194号2頁）。

また，みなし弁済についても，債務者が，事実上にせよ強制を受けて利息の制限額を超える額の金銭の支払をした場合には，超過部分の利息を自己の自由な意思によって支払ったものということはできず，みなし弁済の適用要件を欠くと解されています（最判平18・1・13金判1243号20頁他）。

法改正と本最高裁判決がきっかけとなり，借主が消費者金融会社を相手どり，過払い金返還請求訴訟を提起する事案が急増しました。

したがって，銀行としては，超過部分を越えてしまった時は，直ちに契約を変更したり，既に受け取っていたときは返還すべきです。ノンバンクや消費者金融のように訴えを提起されないよう迅速に対応してください。

(2) 即時両建預金

両建預金とは，①融資にあたって銀行が要求する担保預金，見返預金，見合預金，②融資と同時にその融資金の一部でつくられる拘束性預金，③融資前に受け入れた定期預金または定期積金で，融資に関連して何らかの形で払戻しが拘束されている預金のことです。

判例は，利息制限法に抵触し，即時両建預金を徴収したため，実質金利が，利息制限法に違反し，利率及び損害金の約定が一部無効とされたものがあります（最判昭52・6・20金判523号7頁）。

また，独禁法19条では「事業者は，不公正な取引方法を用いてはならない」と規定しています。さらに同法2条9項2号では，不公正な取引方法として自己の取引上の地位が相手方に優越していることを利用して，正常な商慣習に照らして不当に一定の行為を行うことを禁止しています。両建預金は，同法2条及び19条に違反するおそれがあります。融資先の自由な意思に基づかない預金は受け入れないという対応を徹底することが必要です。

> **法的根拠** 利息制限法1条以下，独禁法2条，19条，最判昭44・11・25などが法的根拠となります。

Q3 多額の融資申込みがあり，同一人に対する信用供与限度額を超過した

A3

❶ 大口信用供与規制とは，銀行の融資債権が1つの先に集中することに伴うリスクを分散しなければならないことが目的で銀行法13条，信用金庫法89条，労働金庫法94条などに規定されています。

❷ 銀行などの健全性を確保するための規制ですから迂回融資などにより限度額を超過することは厳禁です。

実務解説

(1) 大口信用供与規制とは

銀行の融資が特定先に集中すると，効率性，収益性は高まるものの，その特定先が破綻した場合，銀行はきわめて危険な状況に陥るため，銀行の健全性を確保する目的から，融資が特定先に集中することを規制する必要が生じます。

銀行法13条は，自己資本の合計額に政令で定める比率を乗じた金額を信用供与限度額とし，同一人に対する信用供与がこれを超えてはならないものとしています。これを大口信用供与規制といいます。

この規制は，従来，通達でなされていたものが昭和56年の銀行法全面改正の際に織り込まれ，法律上の規制となったものです。

信用金庫などの中小金融機関に対する大口信用供与規制についても信用金庫法89条，協同組合による金融事業に関する法律6条，労働金庫法94条などでこれを準用しています。

また，平成10年の銀行法改正において，グループ規制の観点から，銀行単体とグループに分けてとらえるとともに，融資先についても，同一人自身とそのグループに分けてとらえる規制が導入されました。

なお，大口信用供与規制の分母となる自己資本の範囲については，自己資本比率規制（銀行法14条の2）に従い算出される額に，必要な調整を加えた額とされ（同法施行規則14条の2第2項），資本金，資本準備金，利益準備金，任意積立金，未処分利益，繰越利益の合計に，この合計を上限として土地再評価額と直前の帳簿価格の差額の45％相当額，一般貸倒引当金，劣後債務などを加えた額とされています。

(2) **迂回融資などによる限度額逸脱は厳禁**

銀行や当該銀行に係る子銀行または大口信用供与先の関連会社などを迂回する等により，実質的に信用給与限度額または合計信用供与限度額を逸脱するような行為を行ってはなりません（同法施行規則14条の2第3項）。罰則規定はありませんが，法令違反（同法13条）となりますから注意が必要です。

これらの規制は，銀行の健全性確保が目的ですから，銀行の役職員は，この大口信用供与規制を守り，銀行業務の健全な運営に努力しなければなりません。迂回融資などにより，実質的に信用供与限度額を逸脱するような行為をしてはならないのは当然です。

なお，その迂回融資の規則（同法施行規則14条の2第3項）では「何らの名義によってするかを問わず」と規定されており，銀行などの関連会社経由の融資だけではなく，融資先の関連会社を迂回させる方法も禁止されています。かつて，バブル経済時代に，ノンバンクの資金供与が地価高騰の一因でしたがその原資は銀行のノンバンクに対する融資であり，ノンバンクを通じた銀行の迂回融資であると言われています。

信用供与の範囲から，預金や公共債を担保とする融資，国及び地方公共団体に対する信用供与，政府の保証のある信用供与などは控除されます。

> **法的根拠** 銀行法13条，14条の2，同法施行規則14条の2第3項，信用金庫法94条，協同組合による金融事業に関する法律6条，労働金庫法94条などが法的根拠となります。

Q4 導入預金の疑いがある融資の申込みがあった

A4

❶ 導入預金とされないように，預金を担保に徴求する折衝をするか，預金者に連帯保証人になってもらうよう対応します。

❷ 導入預金の構成要件を検討することが必要で，その構成要件をはずすことを検討します。

実務解説

(1) 実務上の問題点

一般に導入預金という場合に，法による規制の対象は，銀行の融資と結びついたもので2つの形態が考えられます。

1つは，預金者が裏利など特別の金銭上の利益を得る目的で特定の第三者と結託し，銀行との間で預金を見合いに，しかもそれを担保にしないで，関係する第三者に融資（または債務保証）することを約する形態です。

もう1つは，いわゆる導入屋と称する媒介者が介在する形態で，導入屋が預金者に特別の金銭上の利益を得させる目的で，銀行に預金者を紹介し，銀行はその預金を見合いに，しかもそれを担保にしないで，導入屋自身または導入屋が結託している第三者のために融資（または債務保証）することを約束させることです。

銀行がこの種の預金者と関係すると，暴力団と結びついた悪質な導入屋などにつけ込まれることになり，大口情実不良融資によって銀行が経営不安に陥るリスクがあります。昭和31年にある銀行がこの種の預金によって経営不安に陥ったため，昭和32年に「預金等に係る不当契約の取締に関する法律」（以下「預金不当契約取締法」という）が制定されました。

(2) 導入預金の成立要件

① 預金者が，その預金について，預金利息以外に裏利など特別の金銭

上の利益を得る目的があること。
② 預金を受け入れた銀行が，その預金を担保にとらないこと。
③ 預金者の指定する第三者に融資または債務保証をすることを約束すること。
④ 預金者がその第三者と通じていること。

融資と預金との間に因果関係があり，当事者間に裏利など金銭上の特別の利益の目的があれば，たとえそのことを銀行が知らなくても，処罰規定にふれる危険性がないとはいえません（預金不当契約取締法5条2項）。

導入預金の取締法規は刑法など通常の罰則規定より銀行に対し厳しい規定であることを前提に，実務上，とくに次の問題点を正しく理解しておくことが肝要です。
① 導入預金の構成要件である「特定の第三者と通じ」の解釈
② 導入預金契約の私法上の効力
③ 導入預金による融資の効力

(3) **判例の考え方**

① 「特定の第三者と通じ」の解釈

媒介者がある場合では，その者を介して意思の連絡があればよく，特定の第三者が誰か，預金者が誰かについて，具体的に認識することがなくても，媒介者を介して意思の連絡があると解する考え方です（最決昭46・4・9金判269号14頁）。

② 導入預金契約の私法上の効力

判例（最判昭49・3・1金判404号2頁）は導入預金の私法上の効力について有効説をとりました。

③ 導入預金による融資の効力

融資そのものを公序良俗違反ということはできないと判示しています（大阪高判昭39・12・16金法398号6頁）。

(4) **実務処理の仕方**

① 導入預金は預金不当契約取締法2条に定める違法な預金ですから，

民法708条による不法原因給付として，銀行は預金を返還する必要がないのではないかという問題があります。しかし，導入預金契約は，私法上無効ではないので，導入預金を受け入れた銀行には，預金を返還する義務があります。

② 導入預金による融資は，融資実行後，預金を担保にとらないため払戻しされるので，融資が不良債権として残ることになります。

このように銀行の経営状態を悪化させる他，社会経済上も望ましい融資とはいえません。

預金の帰属をめぐって，真の預金者が現われ，銀行が二重払いを余儀なくされることもありますから，預金者からこの種の融資の申込みがあった場合には慎重に対処しなければなりません。

> 法的根拠

預金不当契約取締法2条，5条2項，最決昭46・4・9，最判昭49・3・1，大阪高判昭39・12・16などが法的根拠になりますから検討しておいてください。

6 融資に関する法的規制の基礎知識

Q5 融資を拒否された取引先に私的に融資を行いたい

A5

❶ このような行為を行うと出資法3条のいわゆる浮貸しに当たります。場合によっては刑法247条の背任罪が成立するおそれもありますから、絶対に貸してはいけません。

❷ 金銭の貸借を媒介したり、債務保証などの行為も行ってはいけません。

実務解説

(1) 浮貸し

　出資法3条は、銀行の役職員が、その地位を利用して不正行為を行うことにより私腹を肥やすなど、銀行の信用失墜を招くのを防止する規定です。

　したがって、取引先から銀行に対して融資の申込みがあった場合に、その役職員が自己の金銭を貸し付ける行為は、「浮貸し」として刑事罰の対象となります。

　本来、銀行で回収困難と認めて謝絶した先に貸し付けるということは、何らかの不正な目的から実行しようとするものと認められます。

　いずれにしても、銀行の信用を害するリスクがあることは事実です。

　回収の見込みが確かでないのに、個人的な情実や義理にからんで行う貸付を、俗に情実貸付といい、刑法上の背任罪（刑法247条）、または会社法960条の特別背任罪が成立するおそれもあります。

　情実貸付を含めて不良貸付は、不純な要素が入りこんだものとはいっても、銀行の資金を貸し付けたのですから、債権・債務関係は銀行と融資先との間で適法に生じます。

　それに対して、本貸付は銀行の帳簿に記載されません。帳簿から浮いた貸付ですから「浮貸し」といわれているようです。銀行宛の借用書を取ることもありますが、あくまで銀行の役職員個人と相手方との間の貸借で、

104

銀行の融資ではありません。

(2) **債務保証も禁止**

① 出資法3条は，金銭の貸付ばかりでなく，金銭の債務保証も禁止しています。銀行の役職員が自己資金の貸付をする代わりに，第三者から融資先が借り入れる場合に保証人となる行為も処罰されます。

② 金銭の貸借の媒介についても，銀行預金は，概して利息が安いため，もっと有利な条件で運用したいと考える金主が一方におり，他方に，担保不足や取引停止処分中で銀行から正式に融資を受けられないため，いくらか高利でも何とか借りたいと思っている者がいるとします。

　銀行の支店長や渉外担当者などがその仲立ちになり，銀行員が貸主と借主を引き合わせて，直接取引させたり，銀行員自身が契約当事者となって，一方から借り，他方に貸して利ザヤを稼ぐタイプとがあります。

　このように，銀行の資金でなく，個人的に依頼された資金を運用することも出資法3条の禁じる「浮貸し」にあたります。

　出資法3条に違反すると，3年以下の懲役もしくは300万円以下の罰金に処せられたり，またはこの両方を併科されます。ただし刑法に触れる場合は，刑法が優先的に適用されます。

　なお，銀行が与信基準を満たない取引先を他の親密銀行などに紹介して金銭貸借を媒介することがあります。このようなケースは，①役職員がその地位を利用して個人的に媒介を行うものではなく，銀行の業務の遂行として行われていること，②役職員にも自己または第三者の利益を図る目的はないので，「浮貸し」しは成立しません。

> **法的根拠**　出資法3条の浮貸し等の禁止，刑法247条の背任罪，会社法960条の特別背任罪などが法的根拠になります。

Q6 優越的地位の濫用になるケースとはどのような場合か

A6

❶ 独禁法は優先的地位の濫用を不公正取引として2条9項に基づき指定しています。

❷ 銀行は一般的に融資先に対して優越的地位にあるとみられています。

実務解説

(1) **不公正取引**

独禁法は、優越的地位を利用して、正常な商慣習に照らして不当に行う行為を「不公正な取引方法」としています（同法2条9項）。

不公正な取引方法とは「共同の取引拒絶」「抱き合わせ販売等」「排他条件付取引」「優越的地位の濫用」など16の行為類型がこれにあたります。

独禁法は、優越的地位の濫用として、次の行為を禁止しています。

① 継続的な取引先に対し、取引の対象外の商品やサービスを購入させること（いわゆる押しつけ販売）

② 継続的取引先に対し、自己のための金銭、サービスなどの経済上の利益を提供させること（協賛金の負担要請など）

③ 相手方に不利益な取引条件の設定または変更（買い叩き、不当返品など）

④ その他取引条件や取引の実施により相手方に不利益を与えること

なお、取引上優越した地位にある場合とは、取引先にとって、取引の継続が困難になると事業経営上大きな支障を来すため、著しく不利益な要請が行われても、これを受けざるを得ないような場合をいいますが、自行への取引の依存度（取引シェア）、自行の市場シェアなど総合的な観点から判断されます。

第1章　まず押さえておきたい融資の基本的な法律知識

(2) 優越的地位の濫用

　銀行は，一般的に融資先に対して優越的地位にあるとみられています。

　したがって，取引において，合理性・相当性を欠く取引条件を求めることは，優越的地位の濫用になる可能性が高いといえます。特に，融資にあたり，弱い立場にある借入申込人に不当な要求を行うことは許されません。

　過去の事例として，経営介入が問題となった興銀事件（昭28・11・6勧告審決），三菱銀行事件（昭32・6・3勧告審決）などがあります。

　また，過剰担保及び即時両建預金により実質金利が17％を超過した事案について，判例は「かかる取引条件は，不当に高い金利を得る目的の下になされた優越的地位の濫用である」と判示しています（最判昭52・6・20金法827号23頁）。

　本件のように，融資取引の条件として，子会社や関係会社の利用を求めたり，自己の子会社・関係会社と競争関係にある者と取引しないことを求め，競争関係にある者と取引する場合に，融資条件を不利にすることを示唆すれば「拘束的条件付取引」及び「優越的地位の濫用」となります。

　不公正な取引方法に対しては，課徴金制度や罰則はありませんが，公正取引委員会は排除措置を命ずることになります。

　また，取引の相手方から差止め請求や損害賠償請求が行われたり，さらに法令違反行為として，金融庁から業務改善命令がなされることもあります。

> **法的根拠**　独禁法2条9項，即時両建預金についての最判昭52・6・20金法827号23頁などが法的根拠です。

Q7 融資取引にあたって取得した個人情報を他取引に利用できるか

A7

❶ 利用目的の明示はできるだけ具体的に特定しなければなりません。
❷ 融資担当者は，個人情報の取扱いに習熟し，トラブルが生ずることのないように慎重に対応することが求められています。

実務解説

(1) 利用目的の特定は不可欠

融資取引では，預金業務といった他の業務よりも多くの個人情報を取得することになります。したがって，融資担当者は，その取扱いに習熟し，トラブルの生じないよう慎重に対応することが求められています。

融資担当者も，個人情報を取り扱うにあたっては，その利用目的をできる限り特定しなければなりません（個人情報保護法15条1項）。

利用目的を変更する場合には，変更前の利用目的と相当の関連性を有すると合理的に認められる範囲を超えて行ってはならないことになっています（同条2項）。そして，あらかじめ本人の同意を得ないで，特定された利用目的の達成に必要な範囲を超えて個人情報を取り扱ってはならないものとされています（同法16条1項）。

ただし，以下のように金融分野における個人情報保護に関するガイドライン（以下「個人情報保護ガイドライン」という）5条3項に掲げられているような場合には，これらの制限は適用されません。

① 所得税法に基づく質問検査，収税官吏などの行う犯則事件
② 刑事訴訟法に基づく捜査関係事項照会に応じる場合
③ 組織的犯罪の処罰及び犯罪収益の規制等に関する法律に基づき疑わしい取引を届け出る場合などです。

第1章　まず押さえておきたい融資の基本的な法律知識

(2) 顧客からの個人情報の取得

　融資担当者が顧客から個人情報を取得した場合には，あらかじめ利用目的を公表している時を除き，すみやかにその利用目的を本人に通知し，または公表しなければなりません（個人情報保護法18条1項）。

　利用目的を特定するときは「銀行の与信判断，与信後の管理に使用します」と明確にすべきで，「銀行の所要の目的で使用します」といった抽象的なものでは，利用目的を「できる限り特定したもの」とはなりません。

　このように利用目的を明示しておきながら金融商品販売のダイレクトメールに本人の同意なく使用することはできません（同ガイドライン3条3項）。

　なお，本人の同意があったことを明確にするため，他の契約条項と明確に分離して記載しなければなりません。例えば債権譲渡をすると，債務者や保証人などの個人情報が譲渡先の第三者に提供されますが，この場合，債務者や保証人などの同意が必要かという問題が生じます。債権譲渡は民法466条で認められており，債務者は，譲渡禁止の特約がない限り，借入をした時点で，債権譲渡を黙示的に同意しているものと考えられますので個別に同意書を徴求する必要はありません。

(3) 違反と罰則

　主務大臣は，銀行に対して，個人情報の取扱いに関し，報告を求め，これに対し報告を怠ったり，虚偽の報告を行った場合は30万円以下の罰金に処せられます。また，主務大臣の勧告に，正当な理由がなく措置をとらないと，措置をとるよう命令し，この命令に違反しますと銀行及び行為者に懲役6ヵ月以下または罰金30万円以下が科せられます。

> **法的根拠**　個人情報保護法15条1項，2項，16条1項，18条1項。個人情報保護ガイドライン3条3項，5条3項，民法466条の債権譲渡。また，罰則については，個人情報保護法32条，33条，34条，56条，57条などが法的根拠となります。

Q8 不振先への追加融資は特別背任になるか

A8

❶ 十分な担保を徴求しないで融資を実行することは、背任罪または特別背任罪が成立する可能性があります。

❷ 追加融資によって、企業の業績が回復し、当該資金はもとより、従来の融資債権も回収可能となるものと認識して行った場合には、背任罪や特別背任罪が成立しないこともあります。

実務解説

特別背任罪の成立要件は、図利・加害目的のあること、任務違背があること、財産的損害が発生したという3点です。

(1) 図利・加害目的

「図利」目的とは、自己または第三者の財産的利益を図る利欲的動機をいいます。銀行の利益を図る目的でしたときは、図利目的は否定されます。他方救済融資によって企業の倒産を防止することは、累積した融資金の貸倒れを防止し、さらに連鎖的倒産の防止にも役立つ点から、もっぱら銀行の債権保全の目的で行ったとみられる余地があります。したがって、その行為者と融資先との個人的利害関係、融資先の資産状態、融資に際してとった債権保全のための各種の措置（融資先の経営への関与など）などの客観的事実が、重要な判断資料になります。「加害」の目的とは、利欲的動機を欠き、もっぱら銀行に損害を与える毀棄的な意図をいいます。

なお、図利・加害目的については、図利ないし加害の事実についての積極的な意図を必要とし、未必的な認識では足りないと解されています。図利、加害につき、必ずしも意欲ないし積極的認容までは要しないとする判例もあります（最判昭63・1・21刑集42巻9号1251頁）。未必的認識で足りるとすると、ほとんど大部分の財産処分行為については、加害ないし図利

について未必的認識があることになり，正当な企業的冒険が失敗したときはすべて絶対的責任を課す結果になるからです。判例では，①自己の地位保全のみを図る場合（新潟地判昭59・5・17判時1123号3頁など），②銀行の利益を図りつつ自己の地位保全を図る場合（最決昭35・8・12刑集14巻10号1360頁他）などは銀行に対する加害目的があったものと判示しています。なお，未必の認識とは，積極的にそのような事態の発生を希望はしないが，生じてもかまわないという心理的態度をいいます。

(2) 任務違背

任務違背とは，その事務の処理者として，当該の事情の下で当然すべきものと期待される行為をしないことをいいます。その具体的内容は，法令，契約，信義誠実の原則などを考慮のうえ，事務の性質，内容，行為者の権限その他諸般の事情を総合的に考慮のうえ，判断されます。行内の意思決定ルールに従わずに融資を実行すれば，十分な検討をしなかったものとして任務違背となるおそれがあります。

(3) 財産上の損害

財産上の損害は，金銭に見積りうるものでなければなりませんが，具体的に実害が発生した場合ばかりでなく，財産上の権利の実行を不確実とし，経済的価値を低落させることをいいます。すなわち，財産上の実害発生の危険もまた，財産上の損害と解すべきものと解されています。しかし，単に債権回収不能となる懸念があるというだけで，経済的評価を低落させるまでに至らないときは，背任罪は未遂にとどまります。銀行の役職員が自己または第三者の利益を図り，または銀行に損害を与える目的で，その任務に背いた行為をすると特別背任罪となります（会社法960条）。普通銀行，信託銀行の役職員は特別背任罪が適用され，信用金庫などの民法上の組合役職員の行う背任は「普通背任罪」とされます。

> **法的根拠** 回収が懸念される救済融資を実行せざるを得ない場合は，特別背任罪とされないよう検討のうえ対応すべきです。背任罪（刑法247条），特別背任罪（会社法960条）が法的根拠です。

7 融資に関する法的疑問点

Q1 なぜ手形貸付では金銭消費貸借契約を締結しなくてもよいのか

A1

❶ 銀行取引約定書は手形取引約定書を兼ねています。融資先から既に銀行取引約定書を徴求している場合は手形だけ徴求します。

❷ 手形貸付を実行する際に、金銭消費貸借契約証書を徴求しなくても、銀行と融資先との間で金銭消費貸借契約がなされ、加えて手形を徴求しますので、銀行は手形債権と貸金債権の両債権を有します。

実務解説

(1) 銀行取引約定書と手形取引約定書

銀行取引約定書を徴求のうえ、融資先に手形貸付を実行した場合には、銀行取引約定書が手形取引約定書を兼ねていますので、手形貸付が金銭消費貸借契約であっても、同契約書を徴求しなくてもかまいません。手形貸付の融資先から既に銀行取引約定書を徴求している場合は、再度、融資取引の際に徴求することなく、手形だけ徴求すればよいのです。

(2) 貸金債権と手形債権の関係

手形貸付と貸金債権の差異は、どちらも融資の申込みがあり、それに対して、銀行が承諾して融資を実行するという点では、同じ金銭消費貸借債権なのですが、手形貸付は、この金銭消費貸借に基づく債権（貸金債権）の他に手形債権を同時に取得するところが違っています。取引先から融資の申込みがあり、銀行がそれを承諾すること、さらに金銭を取引先に交付することによって、金銭消費貸借契約が成立します（要物契約）。

銀行が取引先に対して、金銭を融資することを承諾のうえ、金銭を交付

第1章　まず押さえておきたい融資の基本的な法律知識

すると，銀行は債権者となり，金銭を借りた取引先は債務者となります。そして，申込と承諾により成立する契約を諾成契約といいますが，金銭消費貸借契約は民法587条に規定されているように，相手方に金銭を交付する契約ですから要物契約といわれています。

(3) 銀行取引約定書旧ひな型の廃止

「銀行取引約定書旧ひな型」は，公正取引委員会から「銀行間の横並びを助長するおそれがあり，その示し方について検討すべき」旨の指摘を受け，全国銀行協会の通達により平成12年4月18日に廃止されました。

廃止されたといっても，既に使用されている約定書が無効になったわけではなく，銀行が自らの判断で，これまで使用していたものをベースに一部修正が加えられたものを使用しています。

その際，銀行取引約定書を新しく作成する場合には，旧ひな型で特約されている手形取引に関する条項である旧ひな型2条，6条，8条などは必ず規定しておくべきです。

手形貸付について必要とされる特約はすべて銀行取引約定書旧ひな型に盛り込まれています。これは，手形貸付が銀行の最も基本的な融資の形態であり，頻繁に利用されるために，個別の手形貸付を実行するたびに別途約定書の徴求をしないよう手当てがなされているためです。

> **法的根拠**　金銭消費貸借契約については民法587条に，手形取引については，銀行取引約定書旧ひな型2条，6条，8条などが法的根拠です。

図表5　金銭消費貸借契約の法的性質

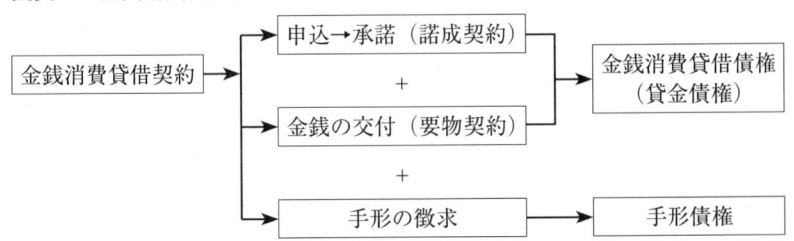

```
金銭消費貸借契約 ─→ ┌─ 申込→承諾（諾成契約） ─┐─→ 金銭消費貸借債権
                    │         ＋             │    （貸金債権）
                    ├─ 金銭の交付（要物契約） ─┘
                    │         ＋
                    └─ 手形の徴求 ─────────→ 手形債権
```

Q2　なぜ手形貸付は利息前払いにしているのか

A2

❶　利息の徴求時期については、前払いとなっており、元本から利息を控除した額を借主に交付しています。これは、銀行では手形貸付による融資と手形割引が融資の多くを占めており、手形割引と同様の手続と利息計算がなされるため、通常は利息前払いの方法がとられています。

❷　利息相当額の現金授受はありませんが、取引先は現金授受と同等の経済的利益を受けていることになり、金銭消費貸借契約は成立します。

実務解説

(1)　利息前払いと「おどり利息」

　利息前払いの方法だと、利息が確実にしかも早期に徴求できますし、その利息として徴求した資金を他の資金需要に向けられるので、経済的効率性と銀行の利益向上にもつながります。

　手形貸付を実行するとき、実行日から手形の満期日までの日数にかかわる約定利率による利息額を徴求します（両端入れという）。そして、手形書替の場合、新手形の振出日と満期日までの利息を徴求すると、旧手形の満期日と新手形の振出日が重複し、利息を重複して徴求することとなり、これを「おどり利息」といい、銀行が「もうけ過ぎ」であるとの批判があり、おどり利息は徴求しないこととなっています。

(2)　契約成立の合理性

　利息の徴収時期をずらして、いったん手形貸付金の全額を取引先に引き渡し、その後に別途取引先から利息の支払を受ければ、形式的には消費貸借の要物性を満たしていることになります。

　このような取扱いと、手形貸付実務の取扱いである利息の天引ないし実行と同時の徴求とを、別々に考える合理的根拠はありません。

実務の取扱いでは，利息相当額の現金授受はありませんが，取引先は現金授受と同等の経済的利益を受けていることになり，金銭消費貸借契約が成立することに問題はありません（大判大11・10・25民集1巻621頁）。

> 法的根拠　金銭消費貸借の要物性に関する大判大11・10・25の判例などが法的根拠となります。

7 融資に関する法的疑問点

Q3 なぜ手形書替の際に旧手形を返却してもよいのか

A3

❶ 手形書替をすると、旧手形債務と新手形債務との間に、同一性があるか否かの問題が発生します。この点について、さまざまな考え方があります。

❷ 判例の考え方が実務にも影響するので、参考になる判例について知っておく必要があります。

実務解説

(1) 旧手形債務と新手形債務との同一性

手形貸付では、手形の書替をしますが、手形書替により旧手形債務と新手形債務との間に、同一性があるか否かという点が問題となります。同一性が認められないと、旧手形債務につけられていた担保・保証は消滅することになるからです。

この点については、次の考え方があります。

① 更改説

更改とは、債権者、債務者、債権の目的のいずれかを変更して、新しい債権を成立させると同時に、旧債権を消滅させる契約のことです（民法513条）。手形書替の法的性質は、更改に該当するという考え方です。

この説によれば、旧手形債務は消滅し、新手形債務が新たに生じることになると考えられますから、新・旧手形債務に同一性はなくなります。したがって、旧手形債務につけられていた担保・保証は消滅するということになります。

② 代物弁済説

手形書替は、民法482条の代物弁済に該当するという考え方です。したがって、旧手形債務は弁済によって消滅し、新手形債務が新たに生じるこ

とになりますから，更改説と同様に新・旧手形債務には同一性がなく，旧手形債務につけられていた担保・保証は消滅するということになります。

③　支払延期説

この説は，手形書替の新手形は単に旧手形の支払期日を延期したものと考えますから，新・旧手形債務には同一性があることになり，旧手形債務につけられていた担保・保証は消滅せず，そのまま新手形に存続することになります。

(2)　判例の考え方と銀行実務

判例は，手形書替の法的性質について，当初，新・旧両手形に実質関係の継続があることを認め，更改になるか，期限を延期したものなのかは，当事者の意思によるが，当事者の意思が明らかでないときは，期限の延長とみるべきであると判示しました（大判大12・6・13民集2巻410頁）。

しかしその後の判例は「…旧手形を債務者に返却しないで新手形を徴求した場合には，旧手形債務の支払を延期するためになされたものと解すべきである」と判示しています（最判昭29・11・18民集8巻11号2052頁，金判529号17頁）。つまり，旧手形を債務者に返却してしまうと，支払を延期したものではないと解されるのです。

実務上，旧手形債務との同一性に疑念がある場合には，別紙で「念書」を徴求し「…更改や代物弁済契約をしたものではなく…新・旧手形債務には同一性がある…」旨の特約をすることも考慮すべきでしょう。

もっとも，手形自体に関する法的な問題は，以上の説明のとおりですが，手形貸付を実行している場合における銀行実務では，手形書替をすると，旧手形を返却することが多いといえます。これは，次のような理由があるからです。

①　銀行取引約定書旧ひな型2条で，手形貸付を行った場合には，金銭消費貸借契約に基づく貸金債権と手形債権の両債権を銀行が持つことが特約されており，銀行は，この貸金債権について担保・保証を徴求しているのであって，手形はこの貸金債権の履行を確保するために徴

求しているにすぎないと考えられます。

したがって，手形書替をして，旧手形を返却しても差し支えないということになります。

② 銀行が手形貸付を実行する場合に徴求している担保は，根抵当権であり，保証は根保証になっているのが一般的ですから，新・旧手形債務に同一性がないと認められたとしても，債権保全上支障はありません。

> **法的根拠**　民法513条の更改，民法482条の代物弁済，判例では，大判大12・6・13，最判昭29・11・18，銀行取引約定書旧ひな型2条などが法的根拠となります。

Q4 なぜ金銭消費貸借契約日と代り金受領日の間隔をあけてはいけないのか

A4

❶ 金銭消費貸借契約は、要物契約ですから、契約の成立時点は、借主との合意に基づき銀行が借主に金銭を交付したときということになります。つまり、合意のみで契約は成立せず、要物性を満たしたときに成立するため、金銭消費貸借の契約日と金銭の交付日の間に間隔をあけてはいけないということです。

❷ 要物性を厳格に解釈すると、契約証書日付と実際の金銭授受の日が離れていると、契約は成立しないことになり、実務上は問題が生じます。そこで判例や学説は要物性を緩和する解釈をとっています。

実務解説

(1) 要物性の問題点

融資取引の実務では、取引内容の交渉があり、基本的な合意が成立すると、事務処理の都合上、多くの場合、証書貸付の実行予定日前に、実行予定日付の金銭消費貸借契約証書が作成されて、銀行に差し入れられ、銀行は契約証書の内容を精査するとともに、融資の条件となった担保の徴求手続を同時に準備したりします。

しかし、抵当権設定登記関係書類が不足するなどの理由で、予定日より遅れて借主に金銭を交付することもあります。すると、この契約の有効性の要物性に問題が生じます。

(2) 要物性の緩和

消費貸借の要物性を厳格に解釈されてしまうと、銀行実務に支障が生じます。

そこで、判例・学説とも、消費貸借契約の要物性を、緩和する方向で解

7　融資に関する法的疑問点

釈がなされています。

　この問題点については，判例は公正証書金銭消費貸借契約証書について，公正証書を作成した後に金銭の授受があっても，公正証書が債務名義としての効力を有するとして要物性を緩和する解釈をとっています（大判昭11・6・16民集15巻1125頁）。

　ただし，契約証書日付と実際の金銭授受の日が余りにかけ離れていると，両者の関連性に疑問が生じますので，極力間隔をあけないように注意が必要です。

(3)　**取引上の注意点**

　金銭消費貸借契約証書作成日から，相当の期間経過した後に融資を実行したとか，その借主に何口もの融資債権があるような場合には，トラブルが発生するおそれもありますから，このような場合には，借主から金銭の領収証を徴求し，融資金の授受を明確にしてください。

> **法的根拠**　　要物性の緩和についての判例大判昭11・6・16などが法的根拠となります。

Q5 なぜ抵当権設定登記手続後に貸付を実行してもよいのか

A5

❶ 金銭消費貸借契約は，金銭の授受が現実に行われたときに成立する要物契約です（民法587条）。したがって，同契約と同一書面になされた抵当権設定契約の日付が，金銭消費貸借の要物性を充足する貸付実行日より前であるときは，抵当権の付従性の考え方からすると，抵当権の被担保債権は存在しないことになるため，抵当権は無効という考え方があります。

❷ 一方で，金銭消費貸借の要物性や抵当権の付従性の理論を厳格に解釈すると金融取引の円滑性を阻害することになりますので，判例・学説は緩和の立場をとっています。

実務解説

(1) 抵当権の付従性

抵当権は，特定の債権を担保することを目的としているわけですから，抵当権によって担保される債権の存在が前提となります。

どの債権を担保とするかを定め，抵当権の債権に対する付従性を明確にしておかなければなりません。なお，付従性とは，被担保債権の存在を前提にしてのみ担保物権が存在し得るという性質をいいます。

(2) 金銭消費貸借の要物性

金銭消費貸借は，現実に金銭の授受が行われたときに成立する要物契約です。したがって，いかに契約証書があっても現実に金銭の授受がなければ債権の返還請求権はありません。金銭消費貸借契約証書には金銭の授受を明記していますが，それを補充する措置として，預金口座に振り込んだ事実や金銭の授受を証する受領書などが，後日の立証のために必要となります。

(3) 付従性・要物性の緩和

　抵当権を設定して融資を行う場合には，設定登記を行い，その登記事項証明書により登記を確認してから，融資金を交付するのが通常です。

　すなわち，抵当権設定契約がなされたときには，金銭の授受がないことが多いわけで，この事実からすると，消費貸借の要物性に反するのみならず，抵当権の付従性にも反しており，無効となってしまいます。

　しかし，このような要物性，付従性を厳格に解釈することは，円滑な金融取引を阻害することになるので，学説・判例は消費貸借の要物性に関連して抵当権の付従性理論を緩和する方向にあり，将来債権の成立することの法律的原因が設定契約時に存する限り，その債権を担保するための抵当権は付従性を充足しているとして，有効とされています。

　法的根拠　抵当権設定の手続は，必ずしも債務の発生と同じでなくてもよいとする判例（大判明38・12・6民録11輯1653頁），金銭交付前に作成された公正証書の債務名義としての効力を認めた判例（大判昭5・12・24民集9巻1197頁）があり，学説は，消費貸借の要物性を緩和し，意思の合致だけで成立する諾成的金銭消費貸借を認めればよい（我妻栄・債権各論（中巻1）362頁）としているものもあります。また，3,000万円の貸付限度を定め，何回かに分けて融資金を交付する場合も，その契約締結時点で，貸付限度額3,000万円を債権額とする抵当権を設定できる（枇杷田泰助＝満田忠彦・銀行取引法講座（下）29頁）と解しています。

　したがって，これらの法的根拠により，資金交付前の抵当権設定についての問題は，現在では，ほとんど解決していると考えてよいでしょう。

Q6 なぜ証書貸付の条件変更は債務の同一性がなくなり，契約更改とみなされることがあるのか

A6

❶ 変更の内容によって，金銭消費貸借契約の同一性を保ったままで，契約内容についての変更の合意がなされたにすぎないとの考え方と，契約の要素の変更にあたるので，同一性はなく，契約が更改されたとする考え方があります。

❷ 実務上は条件変更契約証書を徴求し，更改とみなされないようにしておくべきです。

実務解説

(1) 条件変更と更改

民法513条には，「①当事者が債務の要素を変更する契約をしたときは，その債務は更改によって消滅する，②条件付債務を無条件債務としたとき，無条件債務に条件を付したとき，又は債務の条件を変更したときは，いずれも債務の要素を変更したものとみなす」と規定されています。

条件変更には，利率変更，弁済条件の緩和，分割弁済金額の減額，分割弁済間隔の拡大，弁済期限の延長などがあります。

債務が更改されたと解されるときには，新旧債務の同一性がなくなり，旧債務についていた旧債務の担保権・保証債務は当然には新債務に及ばないこととなります。為替予約付インパクトローンの弁済期限の延長について，インパクトローンと期限延長のために締結した円貨建債権の同一性が否定された判例もみられます（福岡高判平7・3・31金法1424号40頁）。

(2) 実務上の取扱い

実務上，期限の延期を行うためには，融資先と融資条件変更の契約を行い，保証人などの関係人全員の承諾を求めてください。また，条件変更契

7 融資に関する法的疑問点

図表6　条件変更契約証書の例

条件変更契約証書 　　　　　　　　　　　　　　　　　　　　　　　　　平成　年　月　日 株式会社　　　銀行　殿 　　　　　　　　　　債務者　　　住所・氏名　　　　　　印 　　　　　　　　　　連帯保証人　住所・氏名　　　　　　印 　債務者の平成　年　月　日付金銭消費貸借契約（以下「原契約」という）に基づく貴行からの借入金（現在残高　　　円）について，次のとおり変更契約を締結します。 　本契約に定めるものを除き原契約及び本日までの変更契約の約定に従います。 　1．借入元金弁済条件の変更 　2．利払条件の変更

約証書（図表6）を徴求し，更改とみなされないようにしておくべきです。

　融資を実行した後で，長期の期限を短期に変更したりする場合があります。この場合は，融資先にとって，返済条件が厳しくなりますので，債務の履行にとって利害関係をもっている保証人や連帯債務者などに承認を求めておかなければなりません。

　期限を長期に変更するには，融資条件を緩和することとなりますので，融資先と弁済期延長の変更契約をしておけば，その効果は，保証人にも及ぶと解されています（大判明27・12・13民録10輯1591頁）。

　したがって，保証人などの利害関係人の承諾は不要と考えられるのですが，期限の延期をしたために，融資先がその後，無資力となり，保証人に請求したところ「自分は期限が延期されたのを知らなかった」，「期限の延期については，自分は承諾していない。期限を延期しなければ回収できたはずだ」などと抗弁されトラブルとなることもありますので，実務上は承諾をとるべきです。

　期限を延期する融資債権が抵当権付の場合，期限は，登記事項ではありませんので，融資条件変更契約書を徴求し，関係者全員の承諾を求めてお

く必要があります。

　根抵当権の場合は，個々の融資債権の変更には影響されませんのでそのままでよいでしょう。

> **法的根拠**　金銭消費貸借契約は条件変更しても，同一性ありとする判例・学説もありますが，同一性なしとして更改になるとの判例もありますので，銀行実務上では債権保全の立場に立ち，更改とみなされないように対応することが重要です。

Q7 なぜ取引先からの「過振り」要請に応じなくてもよいのか

A7

❶ 「過振り」は，取引先に対して，債務を負担しているわけではなく，銀行の裁量に基づく非義務的な取扱いですから，要請に応じても応じなくてもかまいません。

❷ 当座貸越は，当座勘定取引先との契約に基づく銀行の債務の履行として行うもので，その差異について理解しておくことが必要です。

実務解説

(1) 過振りの意味

支払呈示された手形・小切手の金額が当座預金の残高を超える時は，銀行はその支払義務を負いません（当座勘定規定ひな型9条1項）が，銀行の裁量により立替払いをすることがあります。過振りとは，この立替払いのことを意味します。過振りを行った銀行は，取引先に対して即時に過振り金の返済を請求することができ，請求を受けた取引先は，直ちに弁済すべき義務を負っています（同ひな型11条1項）。

過振りの法的性格は，銀行の裁量により過振りを行うことがあることを予想して，銀行と取引先間の当座勘定契約において，特約を設けています（同ひな型11条）ので，包括的かつ委任に基づく事務処理になります。

過振りの一種に他店券過振り（「他手過振り」ともいう）があります。他店券過振りとは，取引先の当座預金に入金された未決済の他店券を決済されたものとみなして，銀行の裁量により立替払いすることです。

入金された未決済の他店券もなく当座預金の残高を越えて行う過振りは，他店券過振りと性質が違いますので「赤残過振り」ともいいます。

なお，他店券過振りの未決裁の他店券は，銀行に担保として譲渡されたものとして取り扱われます（同ひな型11条5項）。

過振りはあくまで，銀行の裁量に基づくものですから，取引振り，担保，他の預金の有無などを総合的に判断して，謝絶するか否かを判断すればよいでしょう。

(2) **当座貸越**

当座勘定取引契約に付随して，当座勘定貸越契約を取引先と締結することにより，取引先の当座預金の残高が支払呈示された手形・小切手の金額に不足する時も，銀行は一定限度（極度額）まで支払義務を負います。

過振りとは異なり，銀行は貸越を行った事実だけをもって，即時に貸越金の弁済を取引先に求めることはできません（当座勘定貸越約定書5条，6条3項）。

ただ，この極度額を超えて手形・小切手の支払いをした時は，過振りと同じであり，銀行は取引先に対して即時に超過支払額の弁済を請求することができ，請求を受けた取引先は，直ちに弁済する義務を負います（同約定書1条2項）。

判断を誤って，赤残過振りや他店券過振りを行った後で，不足金の入金もなく，また，他店券が不渡りになると，立替金が回収不能になる危険性がありますので，十分に検討して対応することが必要です。

> **法的根拠** 当座勘定規定ひな型9条1項，11条，当座勘定貸越約定書1条2項，5条，6条3項などが法的根拠です。

7　融資に関する法的疑問点

Q8　なぜ手形割引は融資ではなく手形の買取りなのか

A8

❶　手形割引の法的性質については，消費貸借とする説と手形の売買であるとの説が対立していました。
❷　判例の考え方と実務の取扱いはどうなっているのかがポイントです。

実務解説

(1) 消費貸借説と売買説

　消費貸借説は，手形を割り引くと，銀行は割引依頼人に金銭消費貸借債権（貸金債権）を持つことになるとする考え方です。

　手形売買説は，手形割引は，銀行が割引依頼人から手形を買い取るものと考える説です。

　それぞれの説により，①買戻請求権について，消費貸借説では，貸金返還請求権にすぎませんが，売買説では，担保責任による請求権，再売買の代金，売買契約の解除による現状回復請求権などと解しています。

　買戻請求権とは，広義の買戻しは，一度売ったものを再び買い取ることをいいますが，手形割引では，銀行がいったん買い取った手形を再び割引依頼人が買い取ることを請求する権利のことをいいます。銀行取引約定書旧ひな型6条に規定されています。②買戻請求権の発生時期については，消費貸借説では，手形割引の当初から存在していると解していますが，売買説では一定の発生要件が必要です。③買戻請求権と預金債権の相殺についても見解が分かれています。すなわち，民法511条によれば「支払の差止めを受けた第三債務者は，その後に取得した債権による相殺をもって差押債権者に対抗することができない」と規定されています。消費貸借説では，手形割引の当初から，割引依頼人に貸金返還請求権をもっていますから，問題なく相殺できます。これに対して，売買説では，銀行が相殺しよ

うと思っている預金債権が第三者から差押えされる前に買戻請求権を発生させておかないと，差押後では相殺できないということになります。④割引料や遅延損害金に利息制限法の適用があるか否かについても差異が生じます。割引料については，売買説によれば，利息制限法の適用はないと解されています。

(2) 判例の考え方と実務の取扱い

判例は，「手形の授受は，手形自体の価値に重点をおいてなされたものであり，手形以外に借用証書の交付や担保の提供はなされなかった」場合について，「約束手形の授受はいわゆる手形の割引として手形の売買たる実質を有し，金員の交付は手形の売買代金の授受にあたる」と判示しました（最判昭48・4・12金判373号6頁）。

このように銀行が行う典型的な手形割引について，手形割引は手形の売買であると解されるようになりました。

しかし，具体的事情により手形割引を消費貸借であるとみる判例もみられます。

例えば，割引手形の振出人の資力等を十分調査せず，手形の実質よりも割引依頼人の資力を重視し，手形の銘柄のいかんにかかわらず，一定率の割引料を割り引いていた事例で，これを「消費貸借である」と判示したものです（最判昭41・3・15金判7号6頁）。

このように，判例の大勢は手形割引を手形の売買と解しています。そこで，銀行実務では，以上の諸点を勘案して融資債権の保全に支障がないように銀行取引約定書旧ひな型では売買説に基づき，すべて特約が規定されています。

> **法的根拠** 最判昭48・4・12，銀行取引約定書5条，6条と別に規定されている理由などを検討して，その法的根拠を考えてみましょう。

ⓠ 9　なぜ融通手形を割り引いてはならないのか

A9

❶　融通手形とは，商取引の実態がないのに，銀行から資金を調達するために振り出された手形のことで，金融を得ることを目的とした手形のことをいいます。

❷　資金繰りが逼迫している者が，資金調達のために振り出す手形ですから，信用力の裏付けのない場合が多く，不渡りが生じるおそれが高いので，銀行が割り引くにあたっては警戒しなければなりません。

❸　融通手形の発見は倒産兆候の１つですから，その発見方法を研さんすることが大切です。

実務解説

(1)　**融通手形とは**

商業手形は，本来商取引の対価の支払手段として振り出されるもので，手形振出の原因としての商取引が存在しているのが通常です。

しかし，実際の商取引の実態がないにもかかわらず振り出される場合があり，その目的は資金調達のため，手形の受取人が銀行に持ち込み，割引を受けることによって目的を達するものです。受取人が資金調達するために振出人が協力するもので，もっぱら金融を得ることを目的として振り出されたものですから，この手形を融通手形といいます。

お互いに，相手方の手形が決済されることを前提に手形を書き合う「落々手形」のように手形制度を濫用して振り出される融通手形については，不渡りとなるおそれが高いので，銀行は警戒しなければなりません。

(2)　**融通手形の発見方法**

倒産を予知するために，融通手形の発見が大切です。融手操作を行っているということは，融資先が非常に危険な状態になっている証明となりま

す。
　① 資金の流れに逆行する手形はないか
　割引手形の申込みがあった場合に，融資先の仕入先の手形がないかを調べます。その理由は，商取引における資金の流れというのは，融資先が製・商品を販売先に販売し，現金で回収すべきところを手形で回収し，それを資金化するために，銀行に割引依頼するのが一般的です。仕入先に対しては，逆に現金か手形で支払わなければならないはずです。したがって，仕入先の手形を割引依頼するということは，常道に反しているわけです。この仕入先の手形が融通手形ではないかとみます。
　② 当座勘定の入出金状況に異常はないか
　割引した日に，すぐ現金を引き出したり，支払手形を現金入金で決済したり，手形決済資金が本人以外の者から入金されているようなことはないかを調べます。
　また，割引した日に振込送金しているようなことはないか，とくに振込人が割手支払人ではないかを調べます。それから月商に比較して，他行分も含め，月間入金高が多額すぎることはないかを調べます。
　また，逆に融資先の支手決済日近くに第三者から振込がないかなど当座入出金状況に異常はないかも調査します。
　このような事実があれば，融手操作を行っている可能性は非常に高いとみられます。
　③ 商慣習に合わない手形はないか
　季節業種であるにもかかわらず，常時同額程度の割引依頼がないかを調べます。業種からみて，小口販売をしているとみられる融資先から大口手形の割引依頼はないかも調べます。
　④ その他
　ア．手形支配人が同一で，ほぼ同額の手形が期日決済されるつど割引依頼されていないかを調べます。
　イ．受取手形と支払手形の金額や期日が一致しているかあるいは似てい

7 融資に関する法的疑問点

るようなことはないかを調べます。

ウ．信用照会が増加していないかを調べます。融手操作を行っていると，新しく割引依頼を受けた銀行から信用照会されることが多くなります。さらに融手操作が拡大すると，手形乱発の状態になり，ますます信用照会が増加するということになります。

エ．割引にあたっては，手形の成因を確認することが必要です。そのためには，手持手形の計算や仕入・販売高の実績などから推計するとよいでしょう。

また，親会社と子会社間などでは，融手化しやすいので，親会社と子会社に対する手形割引金額を含めた融資全体の保全状況を考えて対応することが肝要です。

法的根拠　融通手形の振出人は，所持人（銀行）が当事者間で「振出人に手形上の責任を負わせないなどの合意」を知って取得した場合以外は，銀行が融通手形であることを知っていたか否かを問わず，支払いを拒絶できないとする判例がみられます（最判昭34・7・14民集13巻7号978頁）。

Q10 なぜ手形割引は手形貸付より債権回収上有利と言われるのか

A10

❶ 手形割引は,手形債務者が手形貸付よりも多いので債権回収手段が多くなるメリットがあります。

❷ 手形割引は,振出人が支払銀行に預託した異議申立預託金から債権回収がしやすくなったなどのメリットがあります。

実務解説

(1) 手形債務者

　手形貸付の債務者は通常,振出人のみです。そのため手形貸付の手形は別名「単名手形」ともいわれています。これに対し,手形割引の場合は,少なくとも支払人（約束手形の振出人,為替手形の引受人）と裏書人（割引依頼人）の2名の手形債務者が存在します。その他,受取人,割引依頼人以外の裏書人や手形保証人なども加わっている場合もあります。ここから,商業手形は「複名手形」ともいわれています。このように,手形割引では,手形債務者が複数いるために,債権回収手段が多くなるメリットがあり,手形貸付よりも債権保全上有利であるといえます。

　したがって,新規に相手方と融資取引を始めようとするときは,まず商手割引から入り,手形の振出人,裏書人など手形債務者を調べると,販売先の質のよさや,債権保全上支障がないか否かなどがわかります。また,新しく融資先となった当座勘定の1カ月の入出金状況から月商もわかり,平残も知ることができ,金融資産の内容も知ることができます。

　その次に手形貸付を実行し,優良先であることがわかれば証書貸付を実行し,その際,根抵当権を設定登記し,自店の優良取引先へと進めるのが常道といえます。

133

(2) 債権回収手続

債権回収の相手方は、保証人や担保担供者からの回収を除いて考えると、手形貸付では融資先だけですが、手形割引の場合には、すべての手形債務者に対する手形上の債権の行使と、割引依頼人に対する買戻請求権の行使ができます。手形債務者としては、主債務者である約束手形の振出人と為替手形の引受人、裏書人、手形保証人があります。割引手形が不渡りとなった場合、銀行はまず割引依頼人に買戻請求するのが通常です。不渡手形と同一手形支払人の他の割引手形についても、買戻債務が発生します（銀行取引約定書旧ひな型6条1項）ので、当該手形の満期日が未到来であっても割引依頼人は買い戻す義務がありますが、実際の買戻時期を不渡手形と同時に行うかどうかは銀行の判断によります。

割引依頼人が買戻しに応じない場合は、銀行は一般の延滞貸付債権の回収と同じく、割引依頼人あるいは保証人の預金との相殺や担保権の実行などの強制的な回収手段をとることができます。

(3) 異議申立預託金からの回収

手形所持人が契約不履行などで不渡りとされた場合には、異議申立預託金に対して差押・転付命令を執行することも考慮すべきです。

従来の手形交換所規則・細則によると、転付命令のなされた後、支払銀行が自己の融資債権と預託金とを相殺すると、「手形事故解消届」とされ、結局手形所持人に手形金が支払われないところから、相殺権の濫用ではないかという批判がありました。

そこで、東京銀行協会は、東京手形交換所規則・細則並びに関係様式などの一部改正を行い（実施は平成2年7月2日から）、異議申立預託金に対する転付命令執行が不渡事故解消事由から除かれ、手形所持人に手形金が支払われるようになりました。その手続については、以下のとおりです。

① 手形所持人から持出銀行を通して、手形交換所に差押命令送達届か支払義務確定届を提出します。

② 手形交換所は、異議申立提供金を支払銀行に返還します。

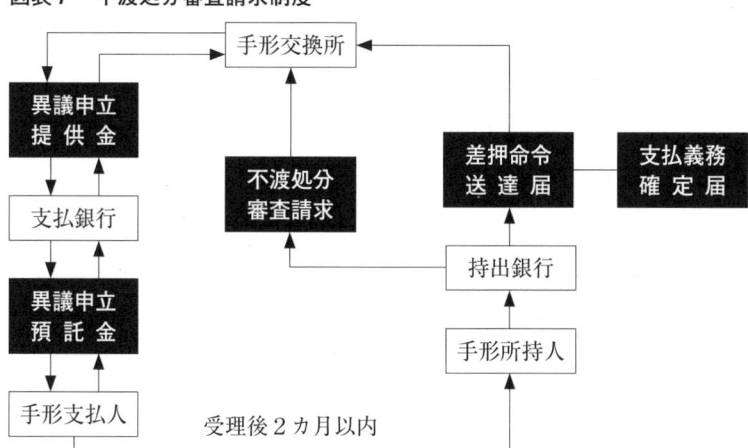

図表7　不渡処分審査請求制度

```
                  手形交換所
      ┌──────────→        ←──────────┐
      │                                │
  異議申立                          差押命令    支払義務
  提供金         不渡処分          送達届      確定届
      │         審査請求              │
  支払銀行          ↑                 │
      │            │              持出銀行
  異議申立          │                 │
  預託金            │              手形所持人
      │            │
  手形支払人 ──受理後2カ月以内──────────┘
```

③　支払銀行は異議申立預託金を手形支払人に返却します。

④　手形支払人は，差押命令送達届か支払義務確定届が手形交換所に持出銀行から提出された後2カ月以内に手形金を手形所持人に支払わなければなりません。

⑤　2カ月以内に支払われない時は，持出銀行から手形支払人を不渡処分にするか否かを審査するよう手形交換所に請求することができます。

このような不渡処分審査請求制度が設けられています。

その結果，支払銀行は，従来のように安易に相殺することができず，また，手形の支払人は，転付命令が執行されたりすると，結局は，手形の所持人に手形金を支払わなければならなくなりました。

この制度を利用して，銀行も債権回収に努めてください。

法的根拠　手形法9条の振出人の担保責任，32条の保証人の責任，78条の約束手形の振出人の責任，東京手形交換所規則，同施行細則80条，80条の2，80条の3，80条の4，規則67条，67条の2，67条の3，細則82条の2，82条の3，82条の4。銀行取引約定書旧ひな型6条などが法的根拠となります。

第2章
融資の相手方と借入申込みについての法律知識

1　個人融資先の時に知っておきたい法的知識

Q1　融資の申込みがあったが被保佐人であった

病院で入院加療中の被保佐人で預金取引もある人から融資の申込みがありましたが，どうすればよいでしょうか。

A1

❶　被保佐人の融資には保佐人の同意が必要です。
❷　被保佐人の確認方法は登記事項証明書で行います。
❸　保佐人と被保佐人の利益が相反する取引か否かに注意します。

実務解説

(1)　被保佐人とは

　被保佐人とは，精神上の障害により事理を弁識する能力が著しく不十分である者で家庭裁判所から審判を受けた者をいいます。被保佐人も未成年者や被後見人と同様に法律上，制限行為能力者とされ被保佐人の行った法律行為は，追認されれば有効となりますが，取り消されたときは無効となります。したがって，被保佐人に融資する場合は，無効となり回収不能となるおそれがありますから，以下に述べる手続に留意します。

(2)　保佐人の同意が必要

　本ケースのように預金者からの申出であり，採り上げる必要のあるときは，保佐人の同意書を徴求して，被保佐人本人と取引を行います。被保佐人は，未成年者や成年被後見人と異なり，自分で法律行為をすることができるのが原則ですが，借財または保証行為については，保佐人の同意が必要とされています。本ケースは，これに該当しますから保佐人の同意が必

(3) 被保佐人の確認方法は登記事項証明書で

被保佐人であるかどうかは登記事項証明書によって確認します。

融資を行う場合は，戸籍謄本，登記事項証明書，印鑑証明書（本人及び保佐人），保佐人の同意書を徴求します。

(4) 保佐人と被保佐人との利益相反取引

保佐人と被保佐人の利益が相反する取引は，家庭裁判所の選任した臨時保佐人の同意を必要としますから注意して下さい。

法的根拠

① 被保佐人の確認

被保佐人については，民法11条に「精神上の障害により事理を弁識する能力が著しく不十分である者」と規定されています。そして民法12条に「保佐開始の審判を受けた者は，被保佐人とし，これに保佐人を付する」と規定されています。被保佐人の行為能力については，民法13条に被保佐人が保佐人の同意を得なければならない行為を規定しています。

② 保佐人の権限

保佐人に代理権を付与する審判がなされている場合には，銀行は保佐人と取引すればよいことになります（民法876条の4）。保佐人は同意権と取消権を持っています。

③ 利益相反行為

保佐人と被保佐人の利益が相反する取引は，民法第876条の2第3項に規定されています。

図表6　被保佐人が相手方の場合の金銭消費貸借契約証書（例）

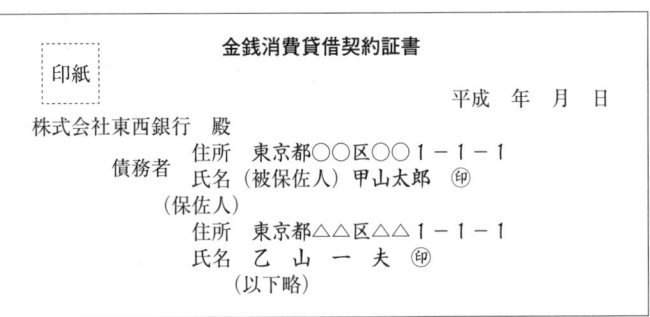

```
                金銭消費貸借契約証書
  ┌──┐
  │印紙│                              平成　年　月　日
  └──┘
  株式会社東西銀行　殿
        債務者　住所　東京都○○区○○1－1－1
              氏名（被保佐人）甲山太郎　㊞
        （保佐人）
              住所　東京都△△区△△1－1－1
              氏名　乙山　一　夫　㊞
              （以下略）
```

139

1 個人融資先の時に知っておきたい法的知識

Q2 債務者が制限行為能力者になってしまった場合はどうするのか

精肉店を経営している山本さんと融資取引を継続していましたが，後日になって，被保佐人となったことがわかりました。どうしたらよいでしょうか。

A2

❶ 行為能力者が制限行為能力者になった場合には，保佐審判の内容を登記事項証明書により確認します。
❷ 保佐人の同意のもとで，本人との取引を継続する。審判開始の事実を看過していた時は，その間の取引の追認を受けます。
❸ 融資実行後に，融資先が制限行為能力者になったとしても，既実行分については，影響を受けません。

実務解説

(1) **制限行為能力者との融資取引**

未成年者，成年被後見人，被保佐人，被補助人を民法上制限行為能力者といいます(p.33)。

① 被保佐人

被保佐人とは，精神上の障害により事理を弁識する能力が著しく不十分な者をいいます（民法11条）。

被保佐人には，申立に基づき家庭裁判所による保佐開始の審判により保佐人が付されます（民法12条）。被保佐人が，民法13条に規定されている行為を行うには保佐人の同意が必要です。この行為の中には，借財すること，不動産その他重要な財産に関する権利の得喪を目的とする行為も含ま

れます。

被保佐人との融資取引は，銀行と被保佐人が直接取引し，保佐人の同意書を徴求することになりますが，保佐人に代理権を付与する審判がなされている場合には，銀行は保佐人と取引すればよいことになります（民法876条の4）。

② 被補助人

被補助人とは，精神的な障害により事理弁識能力が不十分な者をいいます（民法15条）。軽度の認知症などはこれにあたります。被補助人には申立により家庭裁判所による補助開始の審判により補助人が付されます（同法16条）。被補助人との融資取引については，補助開始の審判と同時に行われる審判により，補助人が代理権と同意権を個別に持つのか，その範囲はどこまでかについて確認することが必要です。

制限行為能力者であることを放置して，そのまま融資取引を行うと，その融資取引を取り消されるおそれがあります。制限行為能力者の行為は「取り消し得る行為」（同法13条4項，17条4項）で取り消されると融資実行の時に遡って融資取引は無効になりますので取り消されないように保佐人・補助人などの同意書を徴求するなど手続に遺漏のないようにすることが肝要です。

(2) 融資取引継続中に，制限行為能力者となった場合

融資先が融資取引継続中に制限行為能力者となった場合，その前に行った融資取引は無効になるか否かという問題があります。

この点については，融資取引を行ったときには，意思能力があったわけですから，その後制限行為能力者となっても，融資取引が無効になったり，取り消されたりすることはありません。しかし，その後の融資は，以上に述べた手続をとることが必要となりますので注意してください。

> 法的根拠　　民法11条～14条の被保佐人，民法15条～19条の被補助人などが法的根拠となります。

Q3 外国人から融資の申込みがあった

> 外国人医師から最新の設備を購入したいので，融資をしてもらえないかとの申出がありました。

A3

❶ 申込人が，どこの国の人かを確認するために「在留カード」の提示を求め，国籍，氏名，生年月日，職業，住所等を確認します。

❷ その医師が法律上の行為能力者であるかどうかは，日本の民法によって判断します。

❸ その医師が永い間，わが国に在住し，借入期間が在留期間内であり，かつ有力な保証人が得られれば，その申込みに応じてもよいでしょう。

実務解説

(1) 在留カードで確認

外国人とは「日本国籍を持っていない人」のことをいいます。

外国人がわが国に在住する場合には，在留カードが国から交付され，住民基本台帳法により住所のある市区町村が住民票を日本国民と同様に作成します。したがって，この在留カードの提示を求めれば，国籍，氏名，生年月日などが確認できます。

(2) 行為能力を持っているか確認

次に，その医師が法律上の行為能力を持っているかどうかを確認しなければなりませんが，それは日本の民法の規定によって判断することになります。

外国人が新規上陸の際，入国審査官が中長期在留資格のある外国人であれば在留カードを交付します（出入国管理及び難民認定法19条の6）。中長

第2章　融資の相手方と借入申込みについての法律知識

期在留者は住居地の市区町村に在留カードを提出して住居地を届け出なければなりません（同法19条の7第1項）。

(3) **融資実行における留意点**

　医師からの融資申込みに応ずるか否かについては、在留カードまたは住民票により、借入期間が証明書に記載されている在留資格、在留期間に照らし、適当であるか否かを検討します。

　その他、融資申込みの判断には、営業の現況、将来性、取引上のメリットなど通常の判断以外にも、急に外国に帰ってしまうと債権回収上問題が起こることもありますので、日本人の有力な保証人を徴求するなど債権保全上の注意が必要です。

> **法的根拠**　外国人登録法は廃止され、平成24年7月9日から出入国管理及び難民認定法19条の3により中長期在留者に対し、在留カードが交付されます。

　そして、在留カードの交付対象となる外国人は、改正された住民基本台帳法に基づき、住所のある市区町村で住民票が作成され、現在の日本国民と同様、市区町村の窓口で住民票の写しの交付を受けることができるようになりました。

図表8　在留カードの例

（カード表面）　　　　（カード裏面）

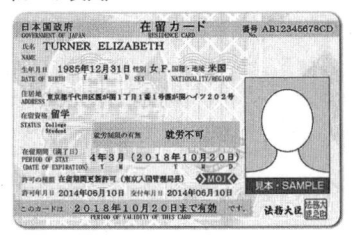

> 在留期間更新許可申請・在留資格変更許可申請をしたときに、これらの申請中であることが記載される欄です。
>
> ※申請後、更新又は変更の許可がされたときは、新しい在留カードが交付されます。

Q4 妻から夫名義で融資を申し込まれた

取引先の歯科医師の妻から，夫名義で融資してもらいたい，との申出がありました。

A4

❶ 妻が夫名義で借入する行為は，日常家事の範囲に入るか否かを借入金額などから慎重に検討します。
❷ 夫の借入意思を確認し，取り扱うことが必要です。

実務解説

(1) **日常の必需品購入資金かどうかを確認**

夫婦の代理権については，民法761条に「夫婦の一方が日常の家事に関して第三者と法律行為をしたときは，他の一方は，これによって生じた債務について，連帯してその責任を負う。ただし，第三者に対し責任を負わない旨を予告した場合は，この限りでない」と規定されているところから，一般にその範囲内で代理権もあるとされています。

本ケースの妻の借入行為が，この規定にいう「日常の家事」に入るかどうかということが問題です。夫婦及びその子供の共同生活のために，日常必要とされる必需品を購入するための借入は，日常家事に関する法律行為となると解されますが，多額の借入などは，日常家事の範囲外と解されます。つまり，資金使途，借入金額の大小などによって日常家事の範囲内となったり，ならなかったりするわけですから，銀行としては，この規定にのみ依存するわけにはいきません。

(2) **夫の意思を確認**

そこで，やはり夫の借入意思を確認することが必要です。夫が海外旅行

第2章　融資の相手方と借入申込みについての法律知識

中とか，夫が入院しているから来店できないという申出を安易に信じて，夫の意思を確認しないで，多額の融資を行うと，後日，夫からその借入を否認されたり，取扱いについてトラブルとなり，せっかくの取引が解消するということにもなりかねません。したがって，訪問するなどして夫の意思を確認することが大切です。

次に，表見代理（民法110条）が成立しないか検討してみます。判例は「…夫婦の一方が日常家事に関する代理権の範囲を超えて第三者と法律行為をした場合においては，その代理権を基礎として一般的に民法第110条の表見代理の成立を肯定すべきではなく，第三者が夫婦の日常の家事に関する法律行為の範囲内であると信ずるにつき正当の理由があるときに限り第三者を保護すべきである…」（最判昭44・12・18民集23巻12号2476頁）と述べています。

銀行としては，実務上本人の意思確認をしたうえで取り扱うべきです。

法的根拠　日常家事債務の夫婦の連帯責任については民法761条，表見代理については民法110条にそれぞれ規定されています。

Q5　入院患者から融資の申込みがあった

> 取引先の病院を訪問していたところ，入院患者の代理人と称する人から，患者名義の定期預金を担保として融資してもらいたいとの申出がありました。

A5

❶　入院患者にも，正常の意思能力を持っている人から，判断能力に支障がある人までさまざまですから，その点をよく確認することが大切です。
❷　成年被後見人であれば，成年後見人を代理人とし，また被保佐人であれば保佐人の同意を得て取り扱います。
❸　精神保健及び精神障害者福祉法（以下「精神保健障害者福祉法」という）の保護者は法定代理人ではないので，取引の相手方として取引はできません。

実務解説

(1)　入院患者の意思能力を確認

　入院患者といっても，日常生活に支障なく，意思能力も正常な人から，意思能力がなく，他人から保護を受けている人までさまざまですので，法律上の観点から，場合によっては意思能力があるのか，あるいは登記事項証明書などにより行為能力があるのかどうか判断しなければなりません。

(2)　制限行為能力者であればその規定に従う

　入院患者が法律上の制限行為能力者であれば，それぞれの規定に基づき取り扱えばよいわけです。
　すなわち入院患者が成年被後見人であれば成年後見人を代理人として取引を行えばよいわけですし，また被保佐人であれば保佐人の同意書を徴求

して取引を行えばよいわけです（p.140）。

　民法上の制限行為能力者ではなく，病気のため，判断力が弱ってきてはいるがまだ判断力を喪失していない人のときは，代理人を選任してもらっておき，以後その代理人を相手方として取引を行えばよいわけです。この場合は，必ず「代理人届」を徴求します。

(3) 保護義務者は法定代理人ではない

　問題は，入院患者が精神に障害があり，精神保健障害者福祉法上の保護者（同法20条）がいる場合です。

　すなわち，同法22条1項には，「保護者は，精神障害者の財産上の利益を保護しなければならない」と規定されています。そのため，保護者が本人を代理して本人の預金を担保とし，本人に対して融資してほしいとの申出が往々にしてあります。

　しかし，保護者は法定代理人ではありませんから，成年被後見人の後見人と同じような取扱いはできません。この場合は，本人に判断能力があるか否かを医師に相談するなどして，判断能力があれば代理人を選任してもらい，その代理人を取引の相手方として取り扱います。判断能力がないと思われるときは，法律上の制限行為能力者の手続をとってもらったうえで取り扱うこととなります。いわゆる「植物人間」のような状態のときも同様の取扱いをすることとなります。

> **法的根拠**　制限行為能力者については，民法4条以下に規定があります。また，精神保健障害者福祉法20条に保護者について，また同法22条第1項に保護者の精神障害者に治療を受けさせ，及び精神障害者の財産上の利益の保護義務などについて規定があります。

2 法人融資先の時に知っておきたい法的知識

Q1 法人融資の時に一般的に注意すべきこと

> 当店の近くに移転してきたというA株式会社を訪ねた時，A社から当座取引と貸付取引を開始したい旨申出がありました。取引開始に際し，留意すべきポイントはなんでしょうか。

A1

❶ 登記事項証明書のうち現在事項証明書，定款等を徴求し，会社の存在，本店所在地，権利能力の範囲，代表者などを確認します。
❷ 代表者の印鑑証明書により，取引の相手方としての代表取締役の確認を行います。

実務解説

(1) 法人取引には根拠法の調査が必要

株式会社をはじめとする法人と取引を行うには，まず法人の存在と能力を確認し，さらに相手方に代表者としての資格があるかどうか確認しなければなりません。

法人には営利法人と非営利法人とがありますが，営利法人（会社）は根拠法が会社法であるのに対し，非営利法人では民法または特別法となっています。いずれにしても，法人と取引するには，当該法人の根拠法をよく調査することが大切です。

(2) 法人の存在は登記事項証明書で確認

法人と有効に取引するには，まずなによりもその法人が存在していることが前提です。

法人は，原則として設立の登記があって初めて成立するので，その法律上の存在は登記事項証明書のうち現在事項証明書を徴求し，登記のあることを確認します。また，渉外係による訪問等により，事実上も法人が実在していることを確認します。これは信用調査上の意義もさることながら，法的存在の基礎という意味からも当然必要となります。

(3) 営利法人と非営利法人との違いに注意

　法人の権利能力は，定款その他の基本約款で定められた目的の範囲内に限られます（民法34条）。

　かつて判例は，営利法人（会社）の権利能力の範囲も定款に記載された目的たる事項に厳格に限定しようとしましたが，漸次態度を改め，目的の範囲内というのは，目的として定款に記載された事項に限るのではく，この目的を遂行するのに必要な範囲内の全般にわたると広く解釈するようになりました。このようにして，通常の営利法人（会社）の銀行取引などは，当然，法人の目的の範囲内にあると解釈されます。

　なお，非営利法人については，その存在目的の特殊性により，法人の目的の範囲が比較的厳しく解されているようですので，注意を要します。

(4) 登記事項証明書による代表者の確認が必要

　法人が取引行為をするには，自然人が法人を代表して行うことになるので，法人と取引をするには，その者が代表者であることを確認する必要があります。法人の代表者は，法人の種類によって差異があるので，取引にあたっては当該法人の設立根拠となる法律により調べることが大切です。そして，いずれの場合も，登記事項証明書により代表者を確認することが必要です。

> **法的根拠**　株式会社は，本店の所在地における設立の登記により成立します（会社法49条）。

　会社の代表者の代表権に関する登記事項で現に効力を有するものを確認するためには登記事項証明書のうち代表者事項証明書を徴求して調べます（商業登記規則30条1項4号）。

Q2　代理人との取引の時に一般的に注意すること

　　Ｂ株式会社との融資取引は、Ａ経理課長を相手として進められてきました。ところが、Ａ経理課長が権限を超えて借入を行い着服したことが判明しました。
　　銀行の融資は無効になってしまうのでしょうか。

A2

❶　銀行が正常な取引先の借入行為でないことを知っていたか、知らなかったことに過失がある場合を除いて、経理課長が借入金を着服しても、融資契約は取引先会社との間に有効に成立します。
❷　無権代理、表見代理について注意します。

実務解説

(1)　代理制度とは

　代理とはＡ（経理課長）がＢ（会社）のためにすることを示して、会社の名において、Ｃ（銀行）に対して意思表示（融資の申込み）をし、またＣ（銀行）から意思表示（融資の承諾）を受けることによって、その法律効果が直接Ａ（経理課長）を経ないでＢ（会社）に帰属するという制度です。
　今日のように、社会取引関係が複雑・多岐となり、その規模や範囲が拡大・発展してくると、到底、自分ひとりでは、そのすべてを処理できないことが多くなるため、他人の助力・協力が必要となります。
　したがって、本人の代わりとして他人に事務を処理させ、本人がその結果を享受するという制度が社会的に要請されることとなり、この要請に応えるのが代理制度です。
　本ケースでは、銀行が経理課長に融資取引について会社から代理権を与

えられていなかったことを知っていたか、その知らないことに過失があったとき以外は、会社が責任を負うとされています（民法109条）。

つまり、銀行がその取引について、善意（経理課長に権限のないことを知らないこと）、無過失であれば、本人（会社）が責任を負い、銀行は保護されることとなります。

(2) **無権代理・表見代理とは**

① 無権代理とは

無権代理とは、ある者に代理権がないにもかかわらず他人の代理人として行った法律行為のことをいいます。

表見代理が認められる場合を除き、無権代理については、本人が事後に追認する場合には、他の理由で無効とならない限り、契約時に遡って有効な代理行為となります（民法113条、116条）が、追認が得られないときは無権代理であることを過失なく知らなかった相手方は、無権代理人に対して履行を請求するか、損害賠償を請求するしかありません（同法117条）。

② 表見代理とは

本人から代理権の授与がない代理行為のうち、行為の相手方を保護し、取引の安全を図るべき場合に、本人に代理行為の効果の帰属を認めるのが表見代理の制度です。

民法は、表見代理について、ア．代理権授与の表示による表見代理（同法109条）、イ．代理権超越による表見代理（同法110条）、ウ．代理権消滅による表見代理（同法112条）の3種を規定しています。

(3) **実務上の注意**

表見代理によって銀行が保護されるためには、銀行が善意・無過失であることが要件です。善意については、さほど問題がありませんが、銀行が無過失であったか否かという点については、問題が生じ、多くの判例もみられます。

そのため、銀行員としては、善管注意義務をもって、事務処理を行い、銀行の不注意によって過失責任が認められ、銀行が損害賠償責任を負わな

いよう十分注意すべきです。なお，善管注意義務とは，民事責任の成立要件である過失の前提となる注意義務について，取引上一般に要求される注意をいいます。銀行員として一般に要求される注意義務を怠ったときは，「過失あり」とされますので注意が肝要です。

法的根拠 　民法99条の代理の要件，民法113条の無権代理，民法117条の無権代理人の責任，民法109条，110条，112条の表見代理の規定などが法的根拠です。

Q3　代表取締役が何人もいるが法的効力はどうなるか

　再三の取引勧誘が実を結び，A社から融資を受けたいとの申出がありました。ところで，A社では会長のB氏，社長のC氏，専務のD氏の3人が代表取締役となっています。A社と取引契約を結ぶ場合，1人の代表取締役と取引すればよいのか，それとも代表取締役3名連名で取引しなければならないのでしょうか。

A3

❶　代表取締役は何人いてもかまいません。
❷　代表取締役の1人と取引すれば，その効力は会社に及びます。

実務解説

(1)　登記事項証明書で代表取締役の権限を確認

　株式会社の業務執行機関として取締役があり，会社の意思決定は原則として取締役会で行われます。

　しかし，会社法は取締役の中から代表取締役を選任させ（同法362条3項），取締役会の意思決定に基づき対外的業務執行の実行にあたらせ，外部に対して会社を代表させることにしています（同法349条）。選任される代表取締役の員数には制限がないので，1人以上何人でもかまいません。

　なお，代表取締役の住所及び氏名は，登記事項ですので，株式会社との取引開始にあたっては，登記事項証明書のうち現在事項証明書並びに代表者事項証明書及び代表取締役の印鑑証明書を徴求し，代表取締役の代表権限を確認すべきです。

　代表取締役は，会社を代表して会社の営業に関するいっさいの裁判上及び裁判外の行為をなすことができます。このように，代表権限の範囲は会

社営業の全般に及ぶ包括的なものであり，たとえその権限に制限を加えたとしても，その制限を知らない善意の第三者に対しては，制限があることを主張することはできません。

代表取締役が数名ある場合にも，原則として各代表取締役がそれぞれ代表権限を有し，各自単独で会社を代表して営業に関するいっさいの行為を行うことができます。

法的根拠 取締役が2人以上ある場合には，取締役は，各自株式会社を代表します。しかし，代表取締役その他株式会社を代表する者を定めた場合はこの限りではないとの規定があります（会社法349条1項，2項）。なお，共同代表の制度は廃止されました。

代表取締役は，会社の営業に関するいっさいの裁判上または裁判外の行為をなす権限を有し（同法349条4項），これを制限しても，善意の第三者に対抗できません（同法349条5項）。

代表取締役の員数については法律上の規定はなく，1人または数人であることも可能です。

Q4　支店長から融資を申し込まれた

訪問先のA社B支店の支店長より融資申込みを受けました。このような場合に注意すべき点はどのような事項でしょうか。

A4

❶ まず支店長が支配人かどうかを登記事項証明書でチェックします。
❷ 登記された支配人でない場合は，会社の代表権者から銀行取引等について代理人届の提出を受けます。

実務解説

(1) 支配人かどうか確認

　商人が営業活動を行う拠点すなわち営業所は，必ずしも1つとは限らず，むしろその規模に応じて数個の営業所を有する場合が少なくありません。このように同一営業について数個の営業所がある場合，それらの間に主従の関係があり，その主たるものを"本店"といい，従たるものを"支店"といい，いずれも登記事項とされています。

　出先機関が支店と認められるかどうかは，その名称いかんではなく，実質によって判断すべきです。すなわち支店の要件は，①支店は本店と同一の営業（法人格）に属すること，②一定の範囲において営業活動上の指揮が統一的に発せられ，その成果がそこに統一される中心的な場所として，独立的に営業を継続することのできる程度の人的・物的及び会計的組織と施設などを備えていること，③支店は本店に対して従たる地位にあって，本店において決定された全般的な指揮に服すべき地位にあるが，営業所としての独立性を有する場所でなければならないことなどです。

　そして，支店名義の行為は，支店そのものの行為ではなく会社の行為で

あり，その効果は直接会社に帰属します。

(2) **支店長が支配人である場合とそうでない場合の貸付手続**

一般に"支店長"は支店の首長であり，営業の主任者ですが，会社法は支店には"支配人"を置くことができるとしています（同法10条）。支配人は，特定の支店の営業に関するいっさいの裁判上及び裁判外の行為をする権限（代理権）を有するとされ，登記事項となっています（同法918条）。

一方，支配人登記がなされていない支店長（支店の営業の主任者たる名称を付した使用人）は，裁判外の行為について支店の支配人と同一権限を有するものとみなされます（同法13条の表見支配人）。ただし，これは相手方が善意の場合に限られます。

このように支店長の権限は，その者が支配人に選任されている場合と，選任されていない場合とでは大きな差異があります。したがって，支店長と取引する場合は，まず登記事項証明書（会社支配人区の記載のあるもの）によりその者が支配人登記がなされているかどうかを確かめることが必要です。

支店長が支配人であることが確認できれば，銀行取引を含む広範な権限を有する代理人ですから，その支店長名義で取引しても差し支えありません。一方，支配人登記がなされていない場合は，支店長の実際上の権限は支配人の法的権限よりかなり狭いのが通例であり，その具体的内容を定めた社内規定などは部外者からはうかがい知れないので，原則として銀行取引約定書等の基本約定書は本店の代表取締役から徴求するとともに，代表取締役から銀行取引について支店長を代理人とした委任状（代理人届）を徴求したうえ，取引を開始すべきです。

> **法的根拠** 本店及び支店の定義や両者の関係については，法律に明文の規定はありません。判例・学説の解釈によれば上記のように解されます。本店及び支店が登記事項であることは会社法911条3項3号に，支配人登記については同法918条に，表見支配人については同法13条にそれぞれ規定されています。

Q5　合資・合名・合同会社から融資を申し込まれた

　従来より取引のある乙氏（自営業）より「自分が出資しているＡ合資会社に運転資金を貸してほしい」との申出がありました。乙氏は有力な取引先でもあり，借入申込みに応じたいと思いますが，取引名義人は「Ａ合資会社，社員甲氏」となるとのことです。乙氏を通して貸付の手続を進めてよいでしょうか。

A5

❶　乙氏が会社代表権及び業務執行権を有するかどうか，定款，登記事項証明書により確認することが必要です。

❷　甲氏が代表社員であれば，甲氏に借入意思を確認して，甲氏との間で手続を進めます。

❸　乙氏に業務執行権が定めてあれば，甲氏に借入意思を確認して，乙氏との間で手続を進めます。

実務解説

(1)　合資会社は持分会社

　持分会社には，合名会社，合資会社及び合同会社があります（会社法575条）。

　合資会社は，明治32年の商法制定当時から存在する会社ですが，会社法は，合同会社の創設を機に，合名会社，合資会社，合同会社の3つの会社形態を「持分会社」と総称して，その内部関係の規律などの統一を図りました。

　合資会社の社員は，無限責任社員1人以上，有限責任社員1人以上からなり，いずれの社員も法人でもよいとされています。

合資会社の無限責任社員は，会社財産をもってその債務を完済することができない場合，または会社の財産に対する強制執行が効を奏しなかった場合には連帯して，会社の債務を弁済する責任を負います（会社法580条1項）。

　合資会社の有限責任社員は，その出資の価額（既に会社に対し履行した出資の価額を除く）を限度として，会社の債務を弁済する責任を負います（同条2項）。

(2) 業務執行と会社代表

　各社員は，定款に別段の定めがある場合を除き，原則として会社の業務を執行する権限を持ちます（会社法590条1項）。

　社員が2人以上いる場合には，持分会社の業務は，原則として社員の過半数で決定します（同条2項）。

　会社の常務については，原則として各社員が単独で行うことができます（同条3項）。

　業務執行社員は，原則として合資会社を代表します（会社法599条1項）。会社を代表する業務執行社員が2人以上いる場合には，業務執行社員は，各自，合資会社を代表します（同条2項）。

　合資会社は，定款または定款の定めに基づく社員の互選によって，業務執行社員のなかから会社を代表する社員を定めることもできます（同条3項）。

　代表社員は，会社の業務に関するいっさいの裁判上または裁判外の行為をする権限を有し，この代表権に加えた制限は，善意の第三者に対抗することはできません（会社法599条4項，5項）。

　合資会社は，代表社員その他の代表者がその職務を行うについて，第三者に加えた損害を賠償する責任を負います（会社法600条）。

　社員の業務執行権または代表権の消滅については登記をしなければなりません（商業登記規則83条，84条，90条）。

(3) 誰と取引を行うか

　したがって，本ケースの乙氏について，会社代表権及び業務執行権の有

無は，定款，登記事項証明書によって確認します。

① 甲氏が代表社員であれば，乙氏から甲氏を紹介してもらい，甲氏に借入意思確認のうえ，甲氏との間で手続を進めます。
② 乙氏が定款などで業務執行権が定めてあれば，甲氏に借入意思を確認のうえ，乙氏との間で手続を進めます。
③ 乙氏の会社代表権，業務執行権が認められれば乙氏との間で手続を進めてもよいのですが，取引名義人は「A合資会社，社員乙氏」とすべきです。

甲氏が会社代表権及び業務執行権を持っていることが確認できれば本ケースのように「A合資会社，社員甲氏」とすべきです。

法的根拠 持分会社については，会社法575条以下に規定があります。

合資会社の定款の記載については同法576条3項に，社員の責任については，同法580条以下に，業務執行権については，同法590条以下に，代表権については，同法599条に，登記については，商業登記規則83条，84条，90条にそれぞれ規定されています。

Q6 社会福祉法人から融資を申し込まれた

社会福祉法人「万寿園」と貸付取引を行うことになりました。社会福祉法人は公益法人の一種だということですが，公益法人にはどんなものがあるのでしょうか。また，この社会福祉法人「万寿園」とはどのような点に注意して取引をすればよいのでしょうか。

A6

❶ 登記事項証明書によって当該法人が有効に成立していること，代表者（理事）は誰か，代表権の制限がないかを調べます。
❷ 取引が定款により定められた目的の範囲内であることを確認します。
❸ 相手に，その取引が目的の範囲内にあることの確認を求める意味から，理事会の承認決議の議事録を徴求します。

実務解説

(1) 民法改正と公益法人制度改革

平成18年の民法改正により，民法上には法人に関する最低限の通則のみが残され，他は「一般社団法人及び一般財団法人に関する法律（以下「一般社団・財団法人法」という）」と「公益社団法人及び公益財団法人の認定等に関する法律（以下「公益法人認定法」という）」に移行しました。また「中間法人法」も一般社団・財団法人法に取り込まれ廃止されました。

平成20年12月に公益法人制度改革3法が施行され，一般社団法人・一般財団法人は，非営利の社団・財団で登記をすることにより法人格を取得した団体を指し，公益社団法人・公益財団法人とは，一般社団法人・一般財団法人のうち，公益を目的とする団体として行政庁から認定を受けたものを指し，これらをまとめて「公益法人」と言います。これらの他に，各種

の特別法に基づき設立された社会福祉法人，学校法人，医療法人，宗教法人，特定非営利活動法人，更生保護事業法による更生保護法人などの法人も広義の公益法人と言われています。

さらに，平成20年12月1日から平成25年11月30日の5年間は新制度への移行のための暫定期間として，明治以来，平成20年11月30日までに公益法人として設立された法人も存続しており，新制度への移行を済ませていないものは特例民法法人と言われています。これらは移行期間が終了する平成25年11月30日までに移行手続を終了させなければなりませんので，同年12月1日以降，公益法人は，公益社団法人及び公益財団法人，一般社団法人及び一般財団法人の4種類となります（広義の公益法人を除く）。

なお，公益法人との融資取引については，p.162を参照してください。

(2) 法人の存在，目的の範囲，代表権の制限を確認

例えば本ケースの社会福祉法人は，社会福祉事業を行うことを目的として，社会福祉事業法の定めるところにより設立される法人で，所轄庁の認可を受け主たる事務所の所在地において設立登記することにより成立します。社会福祉法人は本来の目的の他に，その収益を社会福祉事業経営に充てるために収益事業を行うことができるので，目的の範囲を考える上で注意が必要です。また，定款によって定めた代表権の制限は登記されます。社会福祉法人においてはこの代表権に加えた制限が善意の第三者に対抗できるため，登記上，その制限を明らかにするわけです。所轄庁は都道府県知事や市長（社会福祉法30条）ですが，平成25年4月1日から所轄庁は都道府県，市，区長になります。ただし，事業が2以上の都道府県の区域にわたるものは厚生労働大臣です。

> **法的根拠** 社会福祉法人の所轄庁については社会福祉法30条，定款の変更は，所轄庁の認可を受けなければ効力を生じません（同法43条）。

Q7　医師会から融資を申し込まれた

社団法人Ａ医師会より預金担保で1,000万円の借入申込みを受けたので，定款や法人の登記事項証明書，代表者の印鑑証明書等を要求しましたが，「預金担保の借入に，そんなもの必要ない」といって応じません。このまま徴求せずに融資を行ってもよいのでしょうか。

A7

❶　医師会は公益社団法人です。
❷　定款，登記事項証明書を徴求のうえ対応します。

実務解説

(1) 公益社団法人とは

公益社団法人とは，公益目的事業を行う一般社団法人のうち行政庁の認定をうけた法人のことです（公益法人認定法2条，4条）。これを「公益認定」といいます。行政庁とは，2以上の都道府県の区域内に事務所を設置するもの，2以上の都道府県の区域内で公益事業を行うもの，国の事務や事業と密接な関連を有する公益目的事業などは内閣総理大臣，それ以外の公益法人は都道府県知事です。公益認定の申請には，名称及び代表者の氏名，公益目的事業を行う都道府県の区域，主たる事務所などの他，定款，事業計画書などを行政庁に提出することになっています（同法7条）。そして，公益認定を受けた場合は，必ずその名称中に公益社団法人または公益財団法人という文字を用いなければなりません（同法9条3項）。

一般社団法人か一般財団法人か，それとも公益社団法人か公益財団法人かは，その名称中に必ず，一般社団法人か一般財団法人という文字を用いなければならないとされています（一般社団・財団法人法5条1項）から平

成25年12月１日以降は名称で判断できます。

　公益法人は，公益目的事業を行うにあたっては，その目的事業の実施に要する適正な費用を償う額を超える収入を得てはならないとされています（公益法人認定法14条）。そして，公益目的事業比率が100分の50以上となるように公益目的事業を行わなければなりません（同法15条）。なお，公益目的事業とは，学術，技芸，慈善その他の公益に関する種類の事業（学術及び科学技術の振興を目的とする事業，公衆衛生の向上を目的とする事業など同法の別表各号に掲げる種類の23の事業）をいいます（同法２条４号）。

　なお，中間法人法が廃止され，これらの法律や特別法に規定されていない法人は，法人とは認められませんので，権利能力なき社団・財団か任意団体ということになります。特定非営利活動を行う団体にも法人格が認められました。つまり，ボランティア活動を行う団体も「特定非営利活動法人」と法律上認められる（特定非営利活動促進法１条，２条，３条など）など法人について，大幅な法改革が行われています。

(2) 定款，登記事項証明書の徴求

　本ケースの預金は，公益法人の公益目的事業財産と考えられ，その財産を担保提供することや借入行為を行うことは，公益目的事業財産は，公益目的事業を行うために使用したり，処分しなければならないとの規定（公益法人認定法18条）や，資金使途の確認，定款の定めなど，法の目的から対応してよいか否かを慎重に考えなければなりません。定款を確認し，必要であれば承認決議議事録の写しを徴求し，銀行に過失責任を問われることのないよう取り扱うべきです。

> **法的根拠**　公益社団・財団法２条，４条，７条，９条３項，15条など，一般社団法人・財団法人法５条１項，また，特定非営利活動促進法１条，２条，３条などが法的根拠となります。なお，実務上法人か否か対応が難しい場合は登記事項証明書を徴求すればわかります。法人でない団体であれば，登記事項証明書の提出ができないからです。登記事項証明書で法人の種類が確認できます。

Q8　医療法人から融資を申し込まれた

　大口預金先であるＴ総合病院から借入の申込みがありました。以前に個人経営の診療所に対して融資を行ったことはありますが，今度のＴ総合病院は医療法人として登記されているといいます。
　医療法人との取引は初めてです。どのような点に注意しなければならないでしょうか。

A8

❶　一般社団及び一般財団法人に関する規定等が準用されます。
❷　登記事項証明書，定款または寄付行為により代表者を確認します。
❸　借入については，理事会または社員総会（社団法人の場合）の承認決議が必要となります。

実務解説

(1)　**一般社団法人及び一般財団法人に関する規定などが準用**

　医療法人とは，医療法により設立される社団またはは財団で，都道府県知事の認可を受けて主たる事務所の所在地で登記することによって成立する法人です。
　医療法人には一般社団法人及び一般財団法人に関する規定及び会社法の規定が準用されます。

(2)　**定款等による代表者の確認**

　医療法人には，役員として理事3人以上及び監事1人以上を置かなければなりません。ただし，理事について都道府県知事の認可を受けた場合は，1人または2人の理事を置くだけでよいとされています（医療法46条の2第1項）。

そして、理事のうち1人は理事長とし、定款または寄付行為の定めるところにより、医師または歯科医師である理事から選出します。ただし、都道府県知事の認可を受けた場合は、医師または歯科医師でない理事のうちから選出することができます（同法46条の3第1項）。また、理事長が医療法人を代表し、その業務を総理します（同法46条の4第1項）。

(3) **理事会または社員総会議事録の徴求**

法人の行為は、定款その他の基本約款で定められた目的の範囲内であることが必要です（民法34条）。

したがって、その借入が目的の範囲内か、あるいはその目的を達成するのに直接必要な行為にあたるかどうかを確認する必要があります。

そして、非営利法人の目的の範囲は、営利法人と異なり限定的に解されています。そこで、以上のことを確認するために借入についての理事会または社員総会（社団の場合）の決議を求め、その議事録を徴求することが原則です。

(4) **1人医師医療法人**

医療法が改正され、昭和61年10月から常勤の医師が1人または2人しかいない診療所でも法人になれるようになりました。

> **法的根拠**　医療法人には、一般社団法人・財団法人法の規定が全面的に準用され（医療法68条）、登記により成立することを除いては、一般社団法人及び一般財団法人と同様に考えることができます。

なお、借入、保証、重要資産等の処分については、学校法人や宗教法人と異なり、法令上の制限（評議員会の決議や信者への公告等）は設けられていません。ただし目的の範囲による制限には注意が必要です。

Q9 管理組合法人からマンションの修繕資金の融資を申し込まれた

　Ａマンションの管理組合法人から塗装工事費の借入申込みがありました。管理組合法人のＢ理事長の話ですと，マンションの50所帯のうち２～３所帯の反対もあるようですが，問題はないでしょうか。また管理組合法人との取引で注意すべきことは，なんでしょうか。

A9

❶　管理組合法人の登記事項証明書を徴求し，目的及び業務，名称，事務所，代表権を有する者の氏名，住所，共同代表の定め等を確認します。

❷　管理組合法人の意思決定機関は集会であり，集会の決議には多数決主義が採用されています。議長及び集会に出席した区分所有者の２人が署名・押印した議事録（写し）を徴求します。

❸　管理組合法人の規約は管理者が保管し，利害関係人の請求があった時は，正当な理由がある場合を除いて規約の閲覧を拒んではなりません。

実務解説

(1) 管理組合法人の成立要件は

　建物，敷地並びにその附属施設を区分所有する者は，当然にそれを管理する団体の構成員となります。そしてこの区分所有者の団体は，区分所有者及び議決権の各４分の３以上の多数による集会の決議で法人となる旨決議し，名称及び事務所を定め，主たる事務所の所在地で登記することによって法人となります（建物の区分所有等に関する法律（以下「区分所有法」という）47条１項）。この管理組合法人の設立の手続に関しては主務官庁の許可，認可を必要としません。

(2) 管理組合法人の代表

　管理組合法人は1人または数人の理事を置き，理事は原則として集会の決議に基づいて業務執行権，代表権を有します。理事が数人あるときは，規約に別段の定めがないときは，管理組合法人の事務は，理事の過半数で決します。原則として各理事がそれぞれ代表権を有しますが，規約または集会の決議によって代表理事（理事長）を定め，または共同代表を定めることができます（同法49条1項～5項）。

　管理組合法人には行政上の監督が加えられないことを考慮し，財産の状況及び理事の業務執行の状況を監督する内部機関として監事を置かなければなりません。監事はその職責に鑑み，理事または管理組合法人の使用人とを兼ねてはなりません（同法50条1項～4項）。

(3) 理事の代表権と議事録を確認

　本ケースの場合，理事長B氏が代表権を有する旨確認のうえ，今回塗装工事に係る借入についての集会の決議の議事録（写し）を徴求します。議事録に署名押印した議長並びに2人の区分所有者の印鑑証明書は不要です。

　また，5分の4以上の多数で建替え決議まで認められているので，2～3人の反対者は問題ないと考えられます（同法62条1項）。

> **法的根拠**　　管理組合法人については，一般社団・財団法人法4条，78条の規定が準用されます（区分所有法47条10項）。

　なお，一般社団・財団法人法4条とは管理組合法人の住所はその主たる事務所にあるものとの規定で同法78条とは管理組合法人の代表者がその職務を行うにつき第三者に加えた損害を管理組合法人が賠償しなけらばならないという規定です。また破産法16条2項の規定が準用されて，管理組合法人の存立中は，法人一般と異なり，債務超過は破産原因とはなりません。区分所有者は，管理組合法人の財産をもって，その債務を完済することができないときは，各区分所有者の持分は，その持っている専有部分の床面積の割合ですから，その割合でその債務を弁済しなければなりません。ただし，規約に定めがあれば，それによります（区分所有法53条1項）。

Q10 権利能力なき社団から融資を申し込まれた

A商店会から，商店街の街路灯が古くなったため，これを取り替えるための資金を貸してほしいとの申出を受けました。

A商店会は，駅前商店街の大半の商店が加入しており，歴史も古く組織もしっかりしています。今回の借入についても規則で定められているとおり，総会を開きその決議がなされているということです。

A10

❶ 権利能力なき社団としての実体を備えているか否かを調査します。
❷ 権利能力なき社団は，社団法人に準じて取り扱うことができます。

実務解説

(1) 権利能力なき社団とは

代表の方法，総会の運営，財産の管理方法等の組織が確立し，社団としての実体を有しながら法人格のない団体を権利能力なき社団といい，次のような内容を備えていることが必要とされます。

① 一定の目的をもち，その目的を実現するための総会・大会等の意思決定機関を有すること。
② 決定された団体の意思を執行する理事会・幹事会等の執行機関を有すること。
③ 理事長等の代表機関を有すること。
④ 財産の管理方法が定められていること。
⑤ 以上のような事項が文書による規則で明確にされていること。

(2) 権利能力なき社団の確認手続

権利能力なき社団は，法人格を有しないことから登記等により公示され

ていません。したがって，規則の提出を求め当該団体が前記の要件を満たしているか否かを実態的に確認することが必要となります。

(3) 権利能力なき社団との取引上の留意点

借入がその団体の目的の範囲内であることを規則により確認するとともに，総会理事会等の決議を要するものであればその決議がなされているかを議事録謄本により確認します。そして代表者やその他の有力者を連帯保証人とする等債権保全に留意します。なお，登記実務上，権利能力なき社団名義の登記は認められないので，社団所有の不動産は理事等の名義か社団員全員の共有名義で登記されています。したがって，これらの不動産を担保徴求した場合は，社団として担保差入れをした旨の念書を徴求することが望ましいといえます。

> **法的根拠** 法人格を有する団体は公益または営利を目的とするものに限られ（民法33条），公益も営利も目的としない団体は，特別法によらない限り法人となることができません。しかしこれらの団体で社団としての実体を有するものについては，社団法人に関する規定が類推適用され，社団自体を取引の相手方とすることができます。

2 法人融資先の時に知っておきたい法的知識

Q11 任意団体からの融資の申込みにはどう対応するか

渉外係のK君が担当先のA産業㈱を訪問したところ，経理課のB氏から，B氏が会長をしている社内の囲碁同好会では社内には適当な碁会所がないため，アパートの一室を碁会所として賃借することになったので，その権利金の支払いにあてるため同好会名義で借入をしたいとの申出を受けました。

A11

❶ 権利能力なき社団と認められるかどうかを確認します。
❷ 権利能力なき社団に該当しない場合は，B氏個人または会員全員を相手方とします。

実務解説

(1) 任意団体とは

「任意団体」という言葉は法律上の用語ではなく，したがってこれを法律的に厳密に定義することはできません。

しかし，一般には個人ではないが法人格を有する団体（登記された法人）とも異なるもの，すなわち法律上その性格が不明確な団体を意味する言葉として用いられます。法人格を有しない団体というところから，広義では権利能力なき社団をも含めた意味に用いられますが，通常は法人格を有しない団体のうち，権利能力なき社団としての要件を満たさない団体を，いわゆる任意団体と呼んでいます。

(2) 同好会は権利能力なき社団か任意団体か

囲碁同好会が権利能力なき社団としての要件を満たしているか否かについては，その規則を徴求し実態的に確認することが必要ですが，一般にこ

の種の会は団体としての組織が確立しておらず，権利能力なき社団とは認められないことが多いといえます（権利能力なき社団の要件については，p.168）。囲碁同好会も同様に社団性の弱いものであれば，権利能力なき社団ではなく任意団体にすぎません。

(3) 任意団体との取引上の留意点

権利能力なき社団と認められない場合は，団体自体を取引の相手方とすることはできません。したがって，会長等の代表的な構成員個人かまたは全員を相手方とする他はありません。なお，権利能力なき社団とは認められないが民法上の組合に該当する場合は，業務執行者を取引の相手方とすることができます。

> **法的根拠** 法律上権利能力を有するのは個人と法人に限られますので，法人格を有しない団体は権利能力なき社団と認められる場合を除き，団体自体として貸付取引の相手方（法律的には金銭消費貸借契約の当事者）とすることはできません。代表的な構成員個人か全員（各個人として）を相手方とするしかありません。

3 異例ケースでの申込みに役立つ法的知識

Q1 一見客から融資を申し込まれた

お客さまが店頭に来て，融資をしてほしいと言われました。聞いたところ，自分の担当地域に住んでいることしかわからない一見客でした。どのような対応をすればよいでしょうか。

A1

❶ 一見客であっても，大切なお客さまです。消費者ローンで対応できるか一般貸付で対応するのかを検討します。

❷ 一般貸付で対応する場合には，貸借対照表などの財務諸表（ケースにより確定申告書の写し）を提出してもらいます。

❸ 同業者，町内会などから情報を集めて一見客の信用調査を行い，申込みに応ずることができるか否か慎重に検討します。

実務解説

(1) 一見客の考え方

渉外担当者の任務の中核は地域経済情勢の把握，新規取引先の開拓，既取引先の深耕，営業店間の情報連絡などです。特に，新規取引先の開拓は最も重要であり，常に優良取引先の獲得を念頭におきながら行動しなければなりません。営業店の業績の進展は渉外担当者の双肩にかかっているといっても過言ではありません。

この意味で，一見客であっても，将来営業店の重要な顧客になる可能性を秘めているわけです。すなわち，現在の重要なお客さまも，初めはすべて一見客であったわけです。

(2) **相手方の確認，信用調査を迅速に**

　さて，一見客からこのような申出があった場合は，資金需要を消費者ローンで賄えるのであれば所定の手続を経て取り扱えばよいわけです。一般貸付で対応する場合には，貸借対照表などの財務諸表（ケースにより確定申告書の写し）を提出してもらい，信用調査を行います。

　一方，同業者，町内会，ケースによっては興信所の調査などを行い，できる限りの情報を集めて，申込みに応ずることができるか否かを慎重に検討します。

　一見客から融資の申込みがあったということは，新規開拓の端緒が開かれたということですから，一見客だからという理由だけで融資を拒否すべきではありません。

　これらの信用調査は迅速に行い，すみやかに結論を出すことが肝要です。

> **法的根拠**　　信用調査にあたっては，個人情報保護法並びに全銀協自主ルールに基づき慎重な取扱いに注意を要します（p.15）。

3 異例ケースでの申込みに役立つ法的知識

Q2 電話で手形割引を申し込まれた

> 電話で割引手形をしてほしいとの申出があり，融資担当代理から至急訪問して事情を報告するようにといわれたのですが，どのようにしたらよいでしょうか。

A2

❶ 割引依頼人の信用を十分に調査します。
❷ 手形の成因，手形上の債務者の信用調査を行い，申込みに応ずることができるか否か慎重に検討します。

実務解説

(1) 割引依頼人の信用を調査

　手形割引は，手形の所持人の依頼により，手形金額から支払期日までの利息（割引料）を差し引いた金額で，手形所持人からその手形を買い取るもので，法的には手形の売買といわれています（p.128）。

　しかし，その手形が不渡りとなった場合には，割引依頼人が手形の買戻しをするよう特約しています（銀行取引約定書旧ひな型6条）。

　すなわち，手形の売買といっても，最終的には割引依頼人の信用に依存するところが多いのです。そこで，手形割引は，割引依頼人に対する消費貸借であるとする考えもあります。

　したがって，本ケースのように電話で一見客から手形割引の依頼を受けても，すぐその場で応ずるわけにはいかないのが原則です。

　このような場合は，融資担当代理からいわれたように，すぐに訪問し，割引依頼人の信用を十分に調査します。その方法についてはp.172を参照して下さい。

(2) 手形成因の調査

手形割引の場合は、一般貸付の調査の他に、その手形が正当な商取引によって振り出されたものか否かの調査もしなければなりません。商取引の裏付けのない手形（融通手形または金融手形ともいわれる）は支払期日の決済に不安があるからです。

(3) 手形上の債務者の信用調査を行う

そのほか、手形上の債務者の信用調査も行わなければなりません。その理由は、手形の決済の確実性をみるのに必要であるとともに、仮にその手形が不渡りになり、割引依頼人も買戻しができない場合、手形に裏書人がいれば手形上の遡求権を行使して手形金を回収することができるからです。

このような調査を行い、最終的に割引の申込みについて諾否を決定することになりますが、渉外担当者としては、自分のできる範囲の調査事実を正確に把握し、すみやかに融資担当代理が結論を出せるように努力すべきです。

> **法的根拠** 融資担当行員が個人情報を取得するにあたっては、融資判断と与信管理という利用目的に即した情報に限るとともに、目的を明らかにして、関係者の同意を得るなど個人情報保護法や全銀協自主ルールに基づいた慎重な取扱いが必要です。

Q3　定期預金をするから友人に融資してほしいと頼まれた

> Ａ商店を再三訪問し，取引勧誘をしていたところ，1,000万円の定期預金をするから，友人に融資してもらえないかとの申出がありました。調査したところ，その友人にはあまり資産・信用がないようなのですが，融資してもよいでしょうか。

A3

❶　預金不当契約取締法に違反するおそれがないか検討します。
❷　Ａ商店の預入した定期預金を担保に差入れしてもらうことを交渉します。
❸　債権回収上懸念があると認められるときは，残念ながらこの申出に応じてはいけません。

実務解説

(1)　法律違反の導入預金

　預金をする者が銀行に預金するので，特定の人に融資してほしい，ただしその預金は担保に差し入れないという申出は預金不当契約取締法に違反する導入預金になる可能性がありますから，特に注意を要します。

　この場合，預金をする人が融資を受ける人から裏日歩等の利益を得ているかもしれません。したがって，特定の人に対する融資が回収不能となっても，預金は担保となっていませんから，銀行には焦付き債権だけが残るということとなる危険な融資の申出ですから注意してください。

　融資をしてほしいと申し出られたその友人は，自己の信用力では銀行から借入ができませんので，裏日歩を払ってまで融資を受けられるように信用力のあるＡ商店に依頼したという事情があるかもしれません。

(2) 確実な担保か保証を徴求

　紹介により融資したとしても，確実な担保や保証を徴求して，債権保全上支障がなければよいわけです。したがって，A商店の定期預金を担保として差入れてもらうように交渉するか，保証人になってもらうように努力することが肝要です。銀行として，導入預金の疑いがあると認めたときは，この申出に応じてはいけません。

> **法的根拠**　預金不当契約取締法2条及び3条に預金等に係る不当契約の禁止について規定があります。

　同法2条の規定に違反した預金者は，3年以下の懲役もしくは30万円以下の罰金に処し，またはこれを併科され（同法4条），同法3条に違反した銀行の役員または職員にも同様の罰則規定が適用される（同法5条）こととなっていますから注意してください。

　判例は，導入預金禁止の趣旨は，「銀行の経営の健全化，ひいてはその一般預金者の保護を図ることを目的とする取締法規であって，その主眼とするところは，銀行が特定の第三者に対してする不当融資等の禁止にある」と判示しています（最判昭49・3・1民集28巻2号135頁）。

Q4 受取人と第一裏書人が異なっている手形の割引を頼まれた

> B卸売業者の取引先を訪問したところ，手形を割り引いてもらいたいとの申出がありましたが，よく見ると受取人と第一裏書人が異なっていました。この手形を割り引いてもよいでしょうか。

A4

❶ この手形は，裏書の連続がない手形です。

❷ 取引先に事情をよく説明し，第一裏書人，受取人を通じて振出人の了解を得て，裏書が連続するように交渉させます。

❸ 裏書の連続のない手形は，期日決済が得られない可能性が高いので，手形割引には応じられません。

実務解説

(1) 手形裏書の連続の重要性

A→B，B→C，C→Dのように手形の裏書がなされているときは，裏書の連続があるといわれます。

手形裏書の連続がなぜ重要かというと，裏書が連続しているとその手形の所持人は適法な所持人と推定されている（手形法16条）からです。

したがって，本ケースのように裏書が連続していない手形を割り引くと，この規定の適用がありませんので，手形の支払義務者から支払いを受けるという期待が持てません。

(2) 裏書不連続のときは連続するよう交渉させるのが原則

このため，裏書が不連続である理由を取引先に尋ねます。裏書の不連続があっても相続，合併，債権譲渡など実質的権利を証明すれば，手形上の権利を行使できる（最判昭31・2・7民集10巻2号27頁，最判昭33・10・24

民集12巻14号323頁）とされてはいますが，そのような場合でも，第一裏書人，受取人を通じて振出人の了解を得て，裏書が連続するように交渉させます。

(3) 裏書不連続手形の割引は危険

このように，裏書が不連続でも，例外的に実質的権利を証明すれば，手形上の権利を行使することはできますが，銀行がこの手形を割り引き，所持人となっても，裏書の不連続について実質的権利を証明することは時間と費用がかかることと，裏書不連続の手形を期日に交換呈示しても「裏書不備」の事由で支払いを拒否されますから，このような手形を割り引くことはやめるべきです。

法的根拠　手形法16条に裏書の資格授与的効力，手形の善意取得についての規定があります。手形の善意取得については，「……裏書が形式的に連続しており，被裏書人に悪意・重過失がなかったときは，被裏書人は振出人に対し手形上の権利を行使できる……」とする判例（最判昭35・1・12民集14巻1号1頁）があります。

なお手形法16条1項の「看做ス」とは「推定する」との意味に解すべきであるとの判例があります（最判昭36・11・24民集15巻10号2519頁）。

◎5 裏書日付が振出日前の手形の割引を頼まれた

卸売商をしている取引先に取引拡大のため再三訪問していたところ，社長から手形を割り引いてほしいとの申出がありました。その手形の中に1枚だけ裏書日付が振出日前のものがあったのですが，どのように対応すべきでしょうか。

A5

❶ 裏書日付は裏書の要件ではありませんので，仮に記載がなくても裏書の効力には影響しません。

❷ 裏書の日付が振出日より前の日付でもこの裏書は有効と解されており，裏書の連続も認められますので，通常の手形と同様に割り引くことができます。しかし，実務上は訂正権限のある人に訂正してもらったうえで割引に応じたほうがよいでしょう。

実務解説

(1) 裏書日付は裏書要件ではない

手形用紙の裏書欄には，日付を記載する個所がありますが，裏書の日付は，裏書の要件とはされていません。したがって，裏書に日付の記入がなくても，裏書が無効になることはありません。

また本ケースの手形のように，裏書の日付が振出日より前の日付であっても，裏書は有効ですから裏書は連続していることとなり，手形の善意取得の面からみても問題はありません。

この点については，旧法では，裏書の日付を記載することが要件とされており，振出日より前に裏書がなされることには理由がないとして，その裏書は無効とされていました。その結果，その裏書が無効となり，当然裏

書の連続を欠くこととなり割り引くことはできないこととされていました。

現行法ではこのようなことはなく，割り引いてもよいこととなります。しかし，実務上は訂正権限のある人に訂正してもらったうえで割引に応ずるほうがよいでしょう。

(2) 裏書人の行為能力や代表権の判断は裏書の日付が基準

なお，裏書人が行為能力を持っていたかとか，代表権を持っていたか等の判断は真実に裏書のなされた日付を基準としてなされます。手形に記載された裏書の日付によって決定されるわけではありません。

ただ，この場合，裏書欄に記入される日付をもって裏書がなされた日と推定されますので，実務上は，裏書日付は真実の裏書日付を記載すべきです。なお，期限後裏書の場合は，必ず真実の裏書日付を記入しなければなりません。期限前に裏書がなされたとしますと，裏書人は被裏書人に対して担保責任を負いますが，支払拒絶証書作成後の裏書または支払拒絶証書作成期間経過後の裏書は，指名債権譲渡の効力しか認められませんので，裏書人は，被裏書人に対して担保責任を負わなくてもよいからです。

> **法的根拠** 手形法13条の規定から，裏書の日付は法律上の要件ではないことになります。なお裏書の日付が振出日より前であっても，その裏書は有効とする判例（東京地判昭36・6・19下民集12巻6号1396頁）もあります。

現行法でも無効とする判例（大阪地判昭36・5・26下民集12巻5号1201頁）もありますから注意してください。しかし，通説，判例は，本ケースのような裏書は有効と解しています。

181

Q6 手形1,000万円のうち500万円だけの割引を頼まれた

木材加工店を訪問したところ，1枚の手形を出されて，手形金額1,000万円のうち500万円だけ割り引いてほしいと言われたのですが，割引に応じてもよいでしょうか。

A6

❶ 一部割引を行うことは原則として行いません。
❷ その手形を担保として，500万円だけ手形貸付なり証書貸付を行えばよいでしょう。

実務解説

(1) 一部割引には応じない

取引先によっては，手形金額の全額を割り引く資金上の必要はなく，その一部だけ割り引いてもらえばよいということがあります。こういう意味から本ケースのような申出がなされることもあるわけです。

手形の一部割引を行う銀行もあるようですが，割引額と割り引かない額の区別をしたり，その勘定をどうするかなど複雑な手続を必要とします。また，手形法12条2項の「一部ノ裏書ハ之ヲ無効トス」との規定から割引金額のみの裏書をするということもできません。

したがって，一部割引には応じない方がよいでしょう。

(2) 手形担保により貸付実行

しかし，取引先の経済的要求を満たせばよいのですから，一部割引と同様の経済的効果を達するために，その手形全額について銀行に譲渡裏書をしてもらいます。つまり，その手形を担保として差し入れてもらい，必要な額（本ケースでは500万円）だけ手形貸付なり証書貸付を行えばよいわけ

です。

(3) **手形の一部割引と同様の効果が期待される「でんさい」分割**

　現在，稼動に向けて開発が進められている「でんさいネット」サービスが開始されると（平成24年6月1日現在は未稼働），「でんさい」を分割することによって，上記のように従来はできなかった手形分割と同様の効果が期待されます。

　本ケースのような時，「でんさい」を分割することによって「でんさいネット」サービス導入企業は，保有する債権をより効率的に活用することができるようになります。

> **法的根拠**　手形法12条に，「裏書は単純なることを要す。裏書に附したる条件は記載しないものとみなす」と規定され，また一部の裏書はこれを無効とする旨の規定もあります。

　なお，当座勘定規定（ひな型）9条2項には，手形，小切手の一部支払はしませんと規定されています。

3　異例ケースでの申込みに役立つ法的知識

Q7　他行の特定線引がある手形の割引を頼まれた

取引先の電気器具店を訪問したところ，他行の特定線引のある手形を割り引いてほしいとの申出がありました。この割引に応じてもよいのでしょうか。

A7

❶　小切手の線引と手形の線引との差異を理解することが必要です。
❷　手形の線引には，法律上の効力はありません。
❸　他行の特定線引のある手形をなぜ所持しているのかの原因を調べます。
❹　所持人が正当な権利者であれば，その特定線引を抹消してもらい割引に応じてもかまいません。

実務解説

(1)　**特定線引小切手は指定された銀行かその取引先のみに支払う**

線引小切手については，小切手法37条，38条に規定があります。特定線引については小切手法38条2項に「特定線引小切手ハ支払人ニ於テ被指定銀行ニ対シテノミ又被指定銀行ガ支払人ナルトキハ自己ノ取引先ニ対シテノミ之ヲ支払フコトヲ得……」と規定されています。つまり，特定線引小切手は指定された銀行か指定されている銀行の取引先に対してのみ支払わなければならないということです。

(2)　**手形上の線引は法律上の効力なし**

この線引の効力が，手形にも認められるのかどうかということですが，手形法にはこのような規定はなく，また，この規定が手形法に準用されるという規定もありませんので手形面に特定線引がなされても法律上何ら効力はありません。

手形上の特定線引は，手形交換所に持ち出す場合，この特定線引をしておけば，万一手形を紛失しても，無権利者による不正行為ができなくなるなどの実務上の必要から行われているのです。

(3)　**手形の線引を抹消してもらう**

　したがって，特定線引のある手形を割引依頼された時は，その手形がどうして特定線引した銀行から返却されて所持人が持っているのか，その事由をよく調査・確認する必要があります。

　手形の所持人が正当の権利者であることが判明すれば，手形割引に応じてもよいことになります。

　実務上は，特定線引を抹消してもらい割引に応ずることになります。所持人が正当な権利者であることに疑義がある場合は，この申出に応じてはなりません。

> **法的根拠**　手形の特定線引については，特に規定はありません。
> 　特定線引小切手については，小切手法37条と38条に規定があります。

3　異例ケースでの申込みに役立つ法的知識

Q8　ローン条件不適格だが提携枠は残っている場合融資を拒否できるか

> 不動産会社（提携先）とマンション販売について提携先保証付ローン契約を結びました。ところが，提携先から送られてきた先にローン条件不適格のものがあった時に提携枠が残っている場合は，銀行は融資を拒否できるのでしょうか。

A8

❶　提携先保証付ローンの制度をよく理解して，ローン条件不適格であれば，融資を拒否できる契約になっているかを検討します。

❷　通常は，提携先の審査に合格しても，銀行の審査に不合格となれば，融資を拒否することができることとなっています。

❸　ローン条件適格の場合，資金事情を理由として融資は拒否できません。

実務解説

(1) 提携ローン制度とは

　提携ローン制度というのは，提携先の販売商品の購入資金を提携先が保証することを条件に，銀行が一定の極度まで融資する消費者金融の一方式です。

　マンションの販売を例にとると，まず不動産会社がマンションを販売します。次に購入者が，不動産会社にマンション購入資金の借入を申し込みます。そして不動産会社が購入者の収入，返済能力等の信用調査を行い適格と認めれば銀行に融資を斡旋します。最後に，銀行はあらかじめ提携先との間で，銀行の貸出金について提携先が保証することのほか，ローン枠の極度額，ローン条件，保証債務の履行方法などの契約を結んでいますか

ら，ローン条件が適格であれば，銀行は債権保全上，支障がありませんので融資を実行するということになります。

(2) **ローン条件不適格なら拒否**

しかし，通常はローン条件不適格であれば，銀行に融資を拒否することができる契約になっています。

提携先も，ローン枠の極度額まで銀行に融資してもらえることを前提にして販売方針をたてています。したがって，ローン条件が適格であるにもかかわらず，銀行の資金事情を理由として融資を拒否することはできません。もちろん，提携先との契約の中で，銀行に資金事情により融資を拒否することができる旨の特約があれば拒否できることは当然です。

法的根拠 民法446条の保証債務の内容の規定，447条の保証債務の範囲の規定などが法的根拠となります。

また，貸付金は購入者でなく，提携先の預金口座に振り込まれますが，これが消費貸借契約の要物性を満たすかどうか問題があります。この点については，判例（大判大11・10・25民集1巻621頁）は要物性を満たすとしています。

Q9 会社から多額の借入を申し込まれたが取締役会の決議がない

A社訪問時に代表取締役B氏より融資申込みがありましたが、その金額が同社の規模や既応借入金額に比べてかなり多額です。このような場合、どういう点に留意すべきでしょうか。

A9

❶ 多額な借財は取締役会決議が必要です。
❷ 多額な借財か否かは当該企業の規模や営業状況等を勘案して判断しなければなりません。
❸ 取締役会議事録謄本を徴求しておいた方がよいでしょう。

実務解説

(1) 会社法の「多額の借財」の範囲

会社法362条4項には、一部の取締役の独断専行を抑制する目的で「取締役会は、次に掲げる事項その他の重要な業務執行の決定を取締役会に委任することができない」と定め、その2号には「多額の借財」を挙げています。このことは、株式会社が多額の銀行借入、保証、債務引受け等の債務負担行為を行う場合、代表取締役の単独の判断だけで行うことは許されず、必ず取締役会の決議を得なければならないことを意味しています。

同条にいう「多額の」という基準は必ずしも明確ではありませんが、その借財が会社の業務執行についてもつ意味とか、果たす役割などを考慮したうえで、当該会社の規模や営業・財産の状況などに応じて個別具体的に決定せざるを得ないと解されています。

次に、同条にいう「借財」の概念は必ずしも明確ではありませんが、借

入，保証，債務引受け等の債務負担行為を指すものと解されています。そして，銀行取引についていえば，手形貸付，証書貸付，当座貸越，保証などが，原則としてこれに該当することは異論のないところです。ただし，ここにいう「借財」は実質的な借入を指すというべきですから，手形貸付や証書貸付でも，単なる書替・継続は該当せず，また，会社にとって販売代金の資金化にすぎない手形割引や商手担保貸付もこれには該当しないとするのが通説です。

本ケースの借入が会社法362条4項2号に該当するかどうかは，上記のような諸般の事情を勘案して判断すべきです。

(2) **取締役会の決議がない借入行為は相対的無効**

株式会社の借入行為が会社法362条4項2号に該当し，取締役会の決議を要する行為であるにもかかわらず，代表取締役がその決議なしに行った場合，その借入行為の効力はどうなるかについては，説が分かれています(p.194)。すなわち，「原則として無効であるが，その無効を主張するためには相手方が悪意または重過失があるときに限られる。相手方の悪意または重過失があることの立証責任は，代表取締役の行為の無効を主張する者が負う」とするのが多数説であり，実務上はこの説に従うのが妥当と思われます。

(3) **取締役会決議の存否を調査する義務はなし**

融資取引の相手方である株式会社の代表取締役の行為が取締役会決議を要するとの認識を銀行がもった場合に，銀行は取締役会決議の存否を調査する義務があるかどうかについては，これを消極的に解するのが多数説ですが，決議のないことを知らなかったことに過失ありとされると無効になります(p.194)。

したがって，本ケースのような通常の取引では，銀行は，当然相手先会社で取締役会決議を経ているものとみなし，特にそれを確認する手続は不要ですが，実務としては，倒産のおそれがある会社との融資取引については，万一倒産した場合，決議のないことを知らなかったことに重大な過失

3 異例ケースでの申込みに役立つ法的知識

ありと管財人等からクレームがつくおそれがあるので，少しでも「多額」性に疑念があれば，取締役会議事録謄本を徴求するなどして取締役会決議の存在を確認することが，予防法学的見地から必要です。

法的根拠 株式会社において多額の借入をするような場合，取締役会決議を要することについて，会社法362条4項2号に規定されています。

第3章

担保の法律知識

1 担保について知っておきたい法的知識

Q1 株式会社の代表者の個人的融資に会社の物件を担保にできるか

取引先A社を訪問したところ、代表取締役B氏より個人として融資を受けたいとの申込みがありました。融資条件等を聞いてみると、当該融資の担保として会社所有の建物に抵当権を設定することにしたいとの意向です。このような場合、どういう手続が必要でしょうか。

A1

❶ 利益相反行為となるので株主総会の承認が必要です（会社法356条1項）。
❷ 取締役会設置会社では、取締役会の承認が必要です（会社法365条1項）。

実務解説

(1) **利益相反行為と会社法356条1項**

株式会社の取締役が自己または第三者のために会社自体と取引（財産上の法律行為）をする場合のように、当事者の利益が相反する行為を"利益相反行為"といいます。会社と取締役の利益が相反する取引を自由にさせておくと、取締役が会社の犠牲において自己または第三者の利益を図るおそれがあるので、会社法は、このような取引自体を禁止はしていないものの、このような取引をする場合は株主総会の承認を受けなければならないとしています（会社法356条1項）。

承認を受けるべき取締役は、代表取締役だけに限らず、すべての取締役が該当します。

承認を受けなければならない取引行為は、取締役・会社間のいっさいの

財産上の法律行為を指し，必ずしも有償行為のみに限らず，会社が取締役の債務を免除するような単独行為も含まれます。しかし，取締役会の承認を要する行為は，裁量によって会社を害するおそれがある行為に限られ，したがって運送契約，保険契約，預金契約など普通取引約款に基づく定型的な取引や，債務の履行や相殺など性質上このようなおそれのない行為は含まれないと解されています。

(2) 間接取引も株主総会の承認が必要

株主総会の承認を必要とする取引は，取締役と会社間の直接取引のみであるのか，あるいは間接取引（例えば，取締役の債務につき会社が保証したり，物的担保を提供する行為や，取締役の債務を会社が引き受ける行為など）も含むかについて，かつては学説上議論がありましたが，間接取引も含まれる旨明文で規定されるに至っています（会社法356条1項3号）。

したがって，本ケースの場合も，A社の取締役会において，当該担保提供につき承認を得ることが必要であり，そのことを取締役会議事録謄本を徴求して確認したうえで，融資に応ずるべきです。

> **法的根拠** 取締役・会社間の取引について株主総会の承認を受けることを要することは会社法356条1項に規定されています。なお，取締役会設置会社では，取締役会の承認が必要です（会社法365条1項）。したがって，会社が取締役会設置会社か否かを確認のうえ対応することが必要です。

Q2　会社が本社工場を担保に入れたいと申し出た

> A社を訪問したところ，代表取締役B氏より本社工場を担保にして新工場建築資金の融資を受けたい旨の申込みがありました。このような場合，どういう点に留意すべきでしょうか。

A2

❶　本社工場の担保提供は，取締役会の決議を要する「重要な財産の処分」に該当します。

❷　銀行は，原則として，取締役会決議の存否を調査する必要はありません。しかしケースにより確認する必要があります。

実務解説

(1)　本社工場の担保提供は「重要な財産の処分」に該当

会社法は，一部の取締役の独断専行を抑制する目的で，同法362条4項に「取締役会は，次に掲げる事項その他の重要な業務執行の決定を取締役に委任することができない」と定め，その第1号に「重要な財産の処分及び譲受け」を挙げています。

このことは，株式会社が重要な財産の処分や譲受けをする場合，代表取締役の単独の判断だけで行うことは許されず，必ず取締役会の決議を得なければならないことを意味しています。

同条にいう「重要な」という基準は必ずしも明確ではありませんが，その事項が会社の業務執行について持つ意味や，果たす役割などを考慮したうえで，会社の規模や行為の性質，営業・財産の状況などに応じて，個別具体的に決せざるを得ないと解されています。

そして，「重要な財産」には，①特定の用途に供されている不動産のよ

うにそれ自体重要なもの，②重要な額の金銭や有価証券のように量的に重要なもの，の双方を含むとされています。また，「処分」には出資，貸与，貸付，担保提供，債権譲渡等が該当するとされています。

以上から判断すると，本ケースのような"本社工場の担保提供"は，当然「重要な財産の処分」に該当し，A社の取締役会の決議を要する事項であると考えられます。

(2) 取締役会の決議なしで行われた場合の効力

会社法362条4項に該当し取締役会の決議を要する行為について，代表取締役がその決議なしに行った場合の第三者に対する効力については，おおよそ次の4説があります。

① 原則として無効であるが，その無効を主張できるのは相手方が悪意または重過失があるときに限られる。相手方の悪意または重過失があることの立証責任は，代表取締役の行為の無効を主張する者が負う。

② 原則として無効であって，相手方に権限ありと信ずべき正当な理由がある場合は有効。正当な理由があることの立証責任は，表見代理成立を主張する相手方が負う。

③ 原則として有効であって，相手方が悪意の場合のみ無効を主張できる（相手方の過失の有無は問わない）。悪意の立証責任は無効を主張する者が負う。

④ 会社法362条4項は，あくまでも代表取締役の会社に対する忠実義務の具体例にすぎず，代表取締役がこれに違反し，相手方が悪意の場合でも，当該取引行為の効力には影響がない。

以上のうち①または③説が現在のところ多数説となっています。実務上は①の説によった方がよいと思われます。

(3) 取締役会決議の存否の調査義務はなし

融資取引の相手方である株式会社の代表取締役の行為が取締役会決議を要するとの認識を銀行がもった場合に，銀行は取締役会決議の存否を調査する義務があるかどうかについては，①取締役会決議の存否を確認すべき

とする積極説と，②通常の取引では，当然相手方会社では取締役会決議を経ているものとみなし確認は必要としないとする消極説とがあります。

　以上のうち②説が多数説となっているので，実務上は原則としてこの説によるべきであると思われます。

　しかし，例外として，倒産のおそれがある会社や内紛のある会社などとの融資取引については，万一倒産した場合，決議のないことを知らなかったことに重大な過失ありと管財人等からクレームがつくおそれがありますので，少しでも「重要」性に疑念があれば，取締役会議事録謄本を徴求するなどして，取締役会決議の存在を確認することが，予防法学的見地から必要です（p.188）。

| 法的根拠 | 株式会社において重要な財産を担保提供するような場合，取締役会決議を要することについて，会社法362条4項1号に規定されています。 |

196

Q3 どのような条件がそろっている会社が担保提供者になれるのか

取引先A社から運転資金として1億円の借入申出がありました。担保提供を条件に応諾する旨の回答をしたところ，A社の親会社の所有する本社物件を担保提供すると言ってきました。

A3

❶ 権利能力があることを確認します。
❷ 目的の範囲内の確認を必ず行います。
❸ 利益相反行為に該当しないかを判断します。
❹ 担保提供は重要な財産の処分に該当するので，ケースにより取締役会の決議を求めます。

実務解説

(1) **権利能力の確認**

法人の権利能力は定款その他の基本的約款で定められた目的の範囲内において制限されます（民法34条）。会社の権利能力についても民法34条の規定が類推適用され，会社も定款その他の基本的約款に定めた目的の範囲内において権利を有し，義務を負います。しかしながら，定款に記載された目的に含まれない行為でも事業遂行上必要な行為も目的の範囲内にあるとされ，目的の範囲を広く解される傾向にあります。

(2) **目的の範囲内の確認**

会社が担保提供する場合，子会社や仕入販売先のために行うのであれば，会社の事業遂行上必要な行為と解される場合が多いと思われます。判例は政治献金についても会社の目的の範囲内の行為としており（最判昭45・6・

24民集24巻6号625頁），営利法人の目的の範囲を非常に広く解しています。具体的ケースごとに事業遂行上の必要な行為といえるか否かを判断すべきです。

(3) 利益相反行為に該当するか否か

本ケースにおいて，親会社の代表者が子会社の代表者を兼ねる場合は，会社法365条1項の取締役・会社間の間接取引に該当します。このような場合は担保提供者である親会社の利益を犠牲に代表者または子会社（第三者）の利益を図るおそれがありますので，取締役会の承認が必要となります（会社法365条1項）。

(4) 重要な財産の処分に該当するか否か

会社法362条4項1号，2号に取締役会決議事項として，重要な財産の処分及び譲受け，多額の借財などが明記されています。したがって，会社の本社事務所や工場など，会社の事業存続上きわめて重要な物件を第三者（本ケースでは子会社）のために担保提供する行為は重要な財産の処分に該当するので，取締役会の決議が必要となります（p.188）。

なお，これら会社の行為のうち取締役会の決議が必要な場合は，決議録の写しなどで担保提供行為が有効になされたか否かを確認すればよいわけですが，それが会社の目的の範囲外の行為であれば無効となるので注意を要します。

2 不動産担保について知っておきたい法的知識

Q1 抵当権設定後，税金を滞納していることがわかった

> 取引先A社の申出により，A社所有の不動産に抵当権を設定し貸付を行いました。しかし，その後，抵当不動産に対して滞納処分による差押えがなされました。

A1

❶ 抵当権を設定するときには，登記事項証明書で必ずその内容を確認します。

❷ 場合によっては，担保提供者の納税状況についての調査が必要です。

❸ 納税証明書を徴求します。

実務解説

(1) **登記事項証明書から担保価値余力を把握**

不動産の登記記録は表題部，甲区，乙区からなっています。

登記記録から物件の所在地，地目，構造，面積等を確認します。甲区には所有権についての登記がされており，誰が現在この物件を所有しているか確認します。さらに乙区には所有権以外，すなわち抵当権等の担保権の登記がされており，物件そのものの評価から，これら乙区の優先する担保権合計を差し引いて一応の担保価値余力を把握します。

(2) **"税未納"の場合は，相当分を担保評価から差し引く**

抵当権を設定している物件に対して，税金滞納による差押えがあった場合，税金の法定納期限等以前に抵当権が設定登記されていれば，その租税債権に対して優先して弁済を受けることができます。しかし差押税金の法

定納期限等が抵当権の設定登記日の前に到来していれば，租税債権が優先することとなります。したがって抵当権を設定する場合，すでに納期限の到来した未納の国税等があればその分も物件そのものの評価から差し引く必要があるわけです。

また滞納処分による差押えなどがありますと。根抵当権の場合は被担保債権が確定してしまうこともあり，担保提供者の納税状況についても調査しておくことが大切です。

(3) **納税証明書から納税状況を知る**

担保提供者に提供を求める納税証明書には所得税，法人税関係及び固定資産税関係があります。そして納税証明書より，本人の納税状況について未納額はないか，もし未納があればその法定納期限等はいつかが調査のポイントとなります。

ただ，これらの納税証明は本人の秘密を守るため，本人以外には交付されないのが原則ですので，本人から提出を求めることとなります。

> **法的根拠** 国税徴収法16条，地方税法14条の10，11によって法定納期限等以前に設定された抵当権は国税，地方税に優先することが規定されています。

Q2 （根）抵当権が設定できるものに何があるか

取引先Ａ社に対して，総額10億円までの貸付を許容する見返りとして，Ａ社の資産に対して根抵当権を設定することとなりました。ただＡ社の不動産だけでは評価が足りないので，他の資産も共同担保として設定したいのですが，どのようなものが（根）抵当権の目的物となるでしょうか。

A2

❶ 動産でも登記・登録することにより抵当権の目的物となります。
❷ 商品・有価証券・債権等は，質権・譲渡担保を設定します。

実務解説

(1) 抵当権の目的物となる物

抵当権の目的となる物は，登記または登録によって帳簿上の公示方法を認められた一定の財産に限ります。すなわち不動産である土地，建物以外に土地に設定された地上権（主に建物の所有や植林のために利用する権利）や永小作権（耕作・放牧のために利用する権利）も抵当権の目的物となります。さらには，土地・建物・工作物・機械等を集合体として１つのものに組成することによって，法的に１つの物件とした工場財団等各種の財団，その他立木，自動車，航空機，建設機械，船舶も本来そのものは動産ですが，登記・登録されることによって抵当権の目的物となります。ただ，商品・有価証券・債権については抵当権の目的にはなり得ず，したがって，これらを担保にとる場合は質権や譲渡担保を設定することとなります。

(2) 土地に抵当権を設定する場合の注意点

一般に抵当権を設定する場合は不動産（土地・建物）を徴求するのが通

2 不動産担保について知っておきたい法的知識

常ですが，土地にもいろいろな種類があります。すなわち一般に銀行が担保設定するもので大きく分けると，宅地，農地（田・畑），山林，道路（私道，公衆用道路）があります。ただ農地の場合は農地法により農地の権利移転や転用について，厳重に統制されており，特に市街化調整区域内の農地は厳しい規制があり処分が難しいので注意を要します。

また山林は農地に比べて生産性が低く，起伏の多い土地であることに留意を要することはいうまでもありませんが，境界線が不明確であったり，登記記録上の面積と実際の面積が大きく相違することが多いということです。また公衆用道路や登記記録上が宅地であっても現況が道路として供されている土地（私道）については一般に評価からは除くべきです。

> **法的根拠** 抵当権の目的物には不動産（土地・建物）の他，地上権及び永小作権も認められています（民法369条2項）。

さらに「工場抵当法」による工場財団，「立木ニ関スル法律」による立木，「自動車抵当法」による自動車，「航空機抵当法」による航空機，「建設機械抵当法」による建設機械，商法848条による船舶等も抵当権の目的物となります。

Q3　抵当建物の増築の申出を受けた

取引先B社を訪問した際，近々本社事務所を増築するという話を聞きました。ただ，この本社事務所はすでに根抵当権の設定を受けています。

A3

❶　増築部分が独立した建物にならないかどうかを確認します。
❷　構造上及び利用上，独立性ありと判断される場合は，必ず増築登記をしてもらいます。

実務解説

(1)　増築内容を調査する

　一般に既存の建物を建て増しし，床面積が増加する場合や，既存建物に対して用途不可分の別棟の建物（母屋に対する車庫や物置等）を建てることを「増築」と称しています。

　抵当建物が増築される場合，抵当権者はまずその増築部分が構造上及び利用上，独立性を有していないか調査する必要があります。通常，仕切壁，天井，床等で，相接する他の部分及び上下の階層と遮断されていれば構造上の独立性があります。

　また建物の一室が独立して住居，店舗，事務所，倉庫，その他建物として用途に供し得るときは利用上の独立性があるといわれます。例えば，ある建物の居間に接着して子供部屋を建増しするとか，住居用の木造平家建を単に2階建にする場合などは，増築部分が構造上及び利用上の独立性を有しません。

　また同敷地上に別棟の建物を建てても，車庫や物置等で従前の建物と用

203

途不可分なものであれば，利用上の独立性を有しているとはいえません。

ただ平家建の建物を２階建にし，しかも外階段を作り，２階部分専用の出入口を作ったような場合，この２階部分の増築は構造上及び利用上独立性を有していることになり，このような増築の場合は，増築部分を１つの独立した物件（建物）として保存登記（区分所有登記）することになります。

(2) 抵当権の増築部分への効力

増築部分が構造上及び利用上，独立性を有しなければ，従前の建物に対する抵当権の効力は増築部分にも及び，担保価値も増加することとなるので問題はありません。

しかし独立性のある増築については抵当権の効力は及びません。抵当権として，ただ増築部分に効力が及ばないというだけでなく，この増築部分について区分所有建物として登記されますと，従前の担保価値が減少し，また処分が難しくなることもありますので問題です。

したがって構造上及び利用上，独立性があると判断される増築については，必ず区分所有登記をしたうえで，それに抵当権を追加して設定すべきです。

> **法的根拠**　民法242条より，ごく一般に行われる増築では，増築部分は既存の不動産に付合し，その増築部分の所有権は既存の不動産の所有権に吸収されます。したがって，増築登記の有無を問わず，抵当権の効力は増築部分に及びます。しかし区分所有法１条によると，一棟の建物でも，内部の部屋が構造上，利用上独立していれば，その部屋を１つの所有権の目的となし得るとされており，構造上，利用上独立した増築がなされた場合は，抵当権の効力は増築部分には及びません。

Q4 抵当建物が焼失してしまった

債務者丙に対する貸付金を担保するために丙所有の土地・建物に第1順位で抵当権を設定していました。ところが，この建物が全焼してしまいました。抵当権はどうなるのでしょうか。

A4

❶ 抵当建物が焼失した場合，抵当権の効力は，その火災保険金にも及び，その請求権に対し権利を行使できます。
❷ 火災保険金請求権に対して質権を設定し，優先権を確保しておきます。
❸ 新築した場合は，旧建物の滅失登記を行ったうえ，新築建物の保存登記を求め，担保の設定を行います。

実務解説

(1) 抵当権の物上代位を受ける

抵当権は，抵当不動産の売却や火災などで物件の所有者などが物件の購入者や火災保険会社などから金銭等を受けとる権利にも効力が及びます。これを抵当権の物上代位といいます。

例えば抵当建物が焼失した場合，抵当権の効力はその火災保険金にも及ぶことになり，その請求権に対して権利を行使できます。ただこうした物上代位によって権利を行使する場合は，金銭その他の物の払渡しまたは引渡しにより債権が消滅する前に差し押えなければなりません。

(2) 火災保険金に質権設定する理由

抵当建物が焼失しても物上代位権により，火災保険金から貸付金を回収できますが，火災保険金が支払われるまでの間に差押えしなければならず，もし差押えするまでに支払われると，もはや物上代位権によっての回収は

できません。したがって火災保険金請求権に対して質権設定することによって優先権を確保しておく必要があります。また債務者の他の債権者より優先して弁済を受けるためには保険会社に対して通知し、または承諾をとり、この通知書または承諾書に確定日付を徴求することが必要です（民法364条，467条）。

(3) 保存登記と担保の設定

焼失後に新築された建物と旧建物の構造，床面積などが同一であったため，旧建物の登記を流用し，旧建物登記に抵当権設定手続をしても，新旧建物の同一性が認められないことから，担保権の効力は新築建物には及びません。

したがってこのような場合は，旧建物の滅失登記を行ったうえ，新築建物の保存登記を求め，これに担保権の設定登記を行います。

法的根拠 抵当権は担保物の交換価値を把握し，これによって優先弁済を受ける権利であることから，目的物が売却，賃貸，滅失等にて金銭その他の物に転化しても，これらに抵当権の効力が及ぶとしています。

ただし物上代位の要件として金銭等が支払われる前に差し押えることを必要としています（民法304条，372条）。

Q5　担保物件が更地の場合は何に注意すべきか

自動車整備業を営むAさんに証書貸付を実行し，更地に抵当権を設定していました。ところがAさんが，その更地の上に建物を建てはじめました。どう対応したらよいのでしょうか。

A5

❶　更地に建物を建てられると，土地の担保価値は激減しますので，建物が完成次第，追加担保に差し入れる旨の念書を徴求します。無断で建てられた場合は，直ちに追加担保として徴求します。

❷　建物を追加担保として取得できない場合は，その価値に見合う別の増担保や代り担保を徴求すべきで，それにも応じなければ，期限の利益を喪失させ，融資債権の返済を求めたり，土地と建物を一括競売して，債権回収を図るべきです。

実務解説

(1) 更地とは

更地とは，通常は，「建築物などがなく，宅地として使うことができる土地」，「不動産の鑑定評価基準」では「更地とは，公法的な制約や規制は受けるが，建物その他の定着物がなく，かつ，使用収益を制約する権利の付着していない宅地をいう。したがって，更地は，近隣における建物付土地に比べ，最有効の使用，収益及び処分が期待されるので，より市場性に富むものといえる」と定義しています。

銀行の（根）抵当権設定契約書には「（根）抵当権設定者は，あらかじめ貴行の承諾がなければ，（根）抵当物件の現状を変更し，または第三者のために権利を設定し，もしくは譲渡しません」という特約が締結されて

います。土地の担保価値が激減するのを防ぐためです。しかし，この特約は，債権契約にすぎませんので，これに違反したからといって，建築した建物の取壊しを請求する権利はありません。

(2) 対応策

① 仮登記を命ずる処分の申請

更地は，いつ何らかの目的に使用される可能性があることは十分に了承しておかなければなりません。設定者に建築の予定がある場合には，建物完成と同時に追加担保に差し入れる旨の念書を徴求しておくべきです。無断で建築されたときも直ちに追加担保として取得すべきです。建物完成後，追加担保差入れに応じないときは，建物の所在地を管轄する地方裁判所に「仮登記を命ずる処分の申請」を行い（不動産登記法107条，108条），裁判所から命令が出されたら，仮登記を命ずる処分の正本を添付して，建物の所在地を管轄する法務局（登記所）で抵当権の仮登記を行います。そのうえで，融資先に対して訴えを提起し「抵当権を設定登記せよ」との勝訴判決に基づき，抵当権設定の本登記を行います。すでに，仮登記がしてあるので，抵当権の順位は保全されていますから，勝訴判決を得るまで時間を要しても，債権保全上支障はありません。

② 一括競売

本来，土地と建物は，別の独立した不動産ですから，抵当地上にあっても，抵当権が設定されていない建物を一括競売することはできないはずです。ところが，抵当地だけを競売にかけても，建物の底地のみを買い受ける者は現われないのが実情です。そこで，抵当権設定の後で，設定者及び設定者以外の第三者が建物を建てた場合でも一括競売することができるものとされています（民法389条1項）。ただし，その優先権は，土地の代価についてのみ存在しています。

法的根拠 仮登記を命ずる処分の申請は不動産登記法107条，108条，一括競売は民法389条1項，（根）抵当権設定契約証書などが法的根拠となります。

Q6 借地上の建物を担保にしたい

米穀店に再三取引勧誘に行っていたところ，ようやく話がつき，融資の話も進行し，借地上の建物を担保にすることとなりました。ところが，地主が銀行の制定した承諾書の内容に難色を示して，署名・押印してくれないと米穀店から申出がありました。

A6

❶ 地主の承諾書を徴求します。
❷ 承諾書が徴求できない場合でも融資は実行できます。

実務解説

新借地借家法が平成4年8月1日より施行されていますが，新法の下でも旧借地法による借地権は，引き続き従来どおりの効力を有するものとされています（改正附則4条但書）。

新法施行前の借地契約による借地上の建物の担保取得については，従来どおりの対応で問題はありません。

新法による借地権か否かの判断は，借地契約が平成4年8月1日以後か否かで判別すればよいのです。そのため，契約書の提出を受け，その日付により確認するとともに，地主にもその日付で間違いないか否かを照会すべきでしょう。

(1) 地主から承諾書を徴求する理由

借地上の建物を担保にして融資を実行する際に地主の承諾書を徴求する理由は，第1に本当に賃借権が存在しているのか否かを確認すること，第2に賃借料が滞納していないことを確認すること，第3に建物を処分するときに地主に協力してもらうことなどがあります。

すなわち，第1の理由は，賃借権が存在していないと，いつその建物が収去され，取り壊されるかわからないし，そうなるとせっかく設定登記された（根）抵当権も消滅してしまう危険性があるからです。したがって，賃借権がトラブルなく有効に成立していることを確認するために徴求します。

第2の理由は，賃借料に滞納があると，賃借権は解除され，建物も収去されてしまうので，賃借権を解除するときは，銀行に事前に通知してもらうためです。

第3の理由は，建物を任意処分したり，抵当権の実行をした場合，建物が第三者に移転したときにも，その者に引き続き賃貸してもらうためです。

(2) **承諾書が徴求できない場合の対策**

地主が難色を示すのは第3の，建物が第三者に移転しても，引き続き賃借権を存続する条項の場合です。地主にとって好ましくない人物が借地人になることまで予約できないということです。

しかし，地主の承諾書がなくても（根）抵当権の設定登記はできます。また，地主の承諾書がなくても，借地借家法の規定に基づき賃借権譲渡許可申立を裁判所に行うこともできます。したがって，本ケースのように地主の承諾書が徴求できなくとも，融資を実行してもよいのです。

> **法的根拠** 新法による土地の賃借権の譲渡または転貸の許可については，借地権設定者がその賃借権の譲渡または転貸を承諾しないときは，裁判所は，借地権者の申立てにより，借地権設定者の承諾に代わる許可を与えることができるとされています（借地借家法19条）。

また，第三者が賃借権の目的である土地上の建物を競売などによって取得した場合に，借地権設定者がその賃借権の譲渡を承諾しないときは，裁判所はその第三者の申立により，借地権設定者の承諾に代わる許可を与えることができるものとされています（借地借家法20条）。

3 有価証券担保について知っておきたい法的知識

Q1　株券電子化で担保設定手続はどうなるのか

融資渉外担当のA君が，日頃訪問しているB株式会社の経理部長から，融資を受けたいが，担保は株式にしたいとの申出がありました。株券の電子化により，担保設定手続はどう変わったのでしょうか。

A1

❶　株券の電子化による譲渡や質入れの効力発生要件がどう変わったかを確認します。

❷　質権や譲渡担保の設定手続を理解することが必要です。

実務解説

(1)　株券の電子化

有価証券のペーパーレス化を前提とする証券決済制度の整備として，CP（コマシャルペーパー），国債，社債等の電子化が進められ，「株式等決済合理化法」が平成21年1月5日より施行され，株券の電子化が行われています。

株券電子化の目的としては，株券の発行，流通，決済事務の合理化，迅速化や盗難，紛失，偽造，変造の防止などが挙げられています。

株券の存在する株式の譲渡は，株券の譲受人への交付が効力発生要件（会社法128条1項）であり，株式会社に対しては，株主名簿への記載が対抗要件です（同法130条1項，2項）。株券の占有者はその株券に係る株式の権利を適法に有するものと推定されています（同法131条1項）。

また，株式の質入れは，株券の質権者への交付が効力発生要件であり（同

法146条2項），株券の継続占有が株券発行会社その他の第三者に対する対抗要件となっています（同法147条2項）。

(2) **株式の譲渡・質入れ**

これに対して，株式等決済合理化法による社債，株式等の振替に関する法律（以下「社株振替法」という）7章以下に規定されている上場株式の具体的振替制度においては，振替株式（上場株式）の譲渡，質入れは譲渡人・質権設定者である加入者の振替の申請により，譲受人・質権者が自己の保有欄，質権欄に増加の記録を受けなければ効力を生じないことになっています（社株振替法140条，141条）。

つまり，振替株式の移転は，振替口座簿への増加の記録が発生要件かつ対抗要件となります。そして，振替口座における記録がなされた者は，振替株式についての権利を適法に有するものと推定されます（同法143条）。

振替の申請は，自己の口座において減少の記録がなされる加入者が，その口座の口座管理機関に対し，単独で行います（同法132条2項）。

新振替制度は，振替口座簿を備える振替機関（同法2条2項，株券等の保管及び振替に関する法律に基づき設けられた株式会社証券保管振替機構が振替機関となる）が行います。

質権については，質権者の口座の質権欄に記録がなされなければなりません。

振替株式への担保権設定は，設定者の振替申請により，担保権者がその口座における質権欄または保有欄にその担保権に係る増加の記録を受けなければ効力を生じません。このため，株式に担保権を設定する場合には，①担保権設定合意（担保権設定契約），②設定者の振替申請，③振替記録がなされることにより，初めて担保権が成立します。実際に振替記録がなされたことを確認できるまでのタイムラグが生じることに実務上注意する必要があります。

振替制度上は，銀行が指定する差入先の区分口座により質権なのか譲渡担保なのかを明確に区分しなければなりません。

質権なのに譲渡担保権の口座に入れたり，また，その逆の手続をとったりすると，どちらも無効になるので注意が必要です。
　上場株式はすべて振替株式としてペーパーレスとなりますが，上場株式が非上場化したときにも注意が必要です。
　株券の電子化後は，上場している時は，振替株式として振替口座で管理されています。しかし，非上場になると株主名簿や株券で管理されることになります。
　担保権解除については，株券の電子化前は，担保株券を返却すればよかったのですが，電子化後は，設定の逆のフローで，銀行が解除のための振替，つまり銀行の有する口座の質権口から，設定者の口座の保有口への振替申請を行うことになります。

> **法的根拠**　社株振替法7章以下に株式等の振替制度が規定されています。同法140条，141条に振替株式の譲渡・質入れについての規定があります。

Q2　国債を担保として融資の申込みがあった

> 取引先甲社のA社長より，A社長個人が国債を担保に，借入をしたい旨の申出がありました。
> どのような担保のとり方をしたらよいでしょうか。

A2

❶　社株振替法88条以下の規定に基づき対応します。
❷　振替国債については，証券は発行されません。

実務解説

(1)　**社株振替法とは**

　社株振替法とは，社債，株式，国債などのペーパーレス化に伴い，これらの有価証券の流通，決済の合理化や迅速化，ひいては，盗難，紛失や偽造，変造の防止などにより社債，株式，国債など有価証券の権利の流通の円滑化を図ることを目的として制定されたものです。

　振替国債については，国債証券を発行することができません（国債証券不発行の原則）。

　振替口座簿は，各加入者の口座ごとに区分されます。

(2)　**振替手続**

　特定の銘柄の振替国債について，振替の申請があった場合には，振替機関は，遅滞なく，申請人の口座の保有欄または質権欄に振替金額について減額の記載をしなければなりません。

　申請人は，振替機関に，振替国債の銘柄及び金額，減額の記載の記録がされるのが保有欄であるか質権欄であるか，また振替先の口座で増額の記載がなされるのが保有欄であるかまたは質権欄であるかの別を明確にして

振替の申請をしなければなりません（社株振替法95条）。

　そして，振替国債の質入れは，振替の申請により，質権者である銀行がその口座の質権欄に質入れされた金額の増額の記載または記録を受けなければ，効力を生じないとされています（同法99条）。

　加入者（銀行）は，自己口座に記載または記録がなされた振替国債については，その権利を適法に有するものと推定されます（同法101条）。

　また，振替の申請により，自己口座に特定の銘柄の振替国債について増額の記載または記録を受けた加入者（銀行）は，その振替国債について権利を善意取得することができます。ただし，加入者に悪意または重大な過失があるときは，この限りではありません（同法102条）。

法的根拠　社株振替法１条に社株振替法の目的が，同法88条に振替国債についての権利の帰属は，振替口座簿の記載または記録により定まる旨の規定があります。

　また，振替手続については同法95条に，質権の効力発生要件については同法99条に，加入者の権利推定については同法101条に，善意取得については同法102条にそれぞれ規定があり，それらが法的根拠です。

　なお，有価証券担保とはどういうものかを参照（p.45）してください。

Q3 自己株式を融資の担保にとってもよいか

取引先甲社より当行株式を担保に借入の申込がありました。自己株式の質受けについては制限があると聞いていますが、担保にとっても差し支えないでしょうか。

A3

❶ 商法は、自己株式の取得を原則として一律に禁止していましたが、平成13年6月の商法改正によって、自己株式の取得を認めました。

❷ 会社法は、取得の目的を限定のうえ、自己株式を取得できると規定しています（会社法155条）。したがって、自己株式を融資の担保にとることができます。

❸ 市場取引と市場取引以外の方法による自己株式の取得があります。

実務解説

(1) 自己株式の取得とは

自己株式の取得とは、株式会社が自社の発行した株式を取得することをいいます。平成13年6月に商法が改正されるまでは、自己株式の取得は、原則として一律禁止されていました。

その理由として、自己株式の取得は、出資金の払戻しとなり、会社資産の空洞化が生じること、会社債権者を害することになること、相場操縦やインサイダー取引など不公正な株式取引に利用されるおそれがあることなどでした。

しかし、これらの弊害は、自己株式取得を一律に禁止しなくても、個別に必要な規制を加えることで対処できること、株式市場の活性化を図る必要があること、企業組織の再編が容易になることなどの理由から平成13年

６月の商法改正により，自己株式の取得を認めることとしました（金庫株の解禁）。

(2) **会社法における自己株式の取得**

会社法は，自己株式を取得できる場合を限定して許容しています（同法155条）。しかし，その許容範囲は，非常に広くなっています。

すなわち，①取得条件付株式（同法２条19号）について，その株式取得のために一定の事由が生じた場合（同法107条２項３号イ），②株式会社が譲渡制限株式の譲渡等承認請求を承認しない旨を決定した場合において，譲渡等承認請求者が株式会社または指定買受人にその譲渡制限株式を買い取ることを請求した場合（同法138条１号ハ，２号ハ），③株式会社が株主との合意により自己株式を有償で取得することについて，株主総会の決議があった場合（同法156条１項），④単元未満株主が単元未満株式（同法189条１項）の買取りを請求した場合（同法192条１項），⑤他の会社の事業の全部を譲り受ける場合に他の会社が持っている自己の株式を取得する場合などです。

(3) **市場取引と市場取引以外の方法による取得**

① 市場取引の方法

市場取引による株式の取得とは，株式会社が証券市場において行う取引または公開買付けの方法により自己株式を取得する場合です。この場合は，あらかじめ株主総会の普通決議によって，所定の事項（会社法156条１項）を定めなければなりません。

ただし，取締役会設置会社は，市場取引により自己株式を取得することを取締役会の決議によって定めることができます。

② 市場取引以外による方法

株式会社は，株主との合意により自己株式を有償で取得することができます（同法155条３号）。この場合は，あらかじめ株主総会の普通決議（同法309条２項２号）によって，取得する株式数，株式の取得と引換えに交付する金銭等の内容及びその総額，株式を取得することができる期間（１年

3 有価証券担保について知っておきたい法的知識

を超えることはできない）を定めなければなりません（同法156条1項）。

特定の株主からのみ自己株式を取得するときは，自己株式取得の通知を特定の株主に対して行う旨を併せて定めることになります（同法160条1項）。

株式会社は，自己株式を取得しようとするとき，①取得する株式の数，②株式1株の取得と引換えに交付する金銭等の内容，数，額，③株式を取得するのと引換えに交付する金銭の総額，④株式譲渡しの申込期日などを定めなければなりません（同法157条1項）。取締役会設置会社では上記の①～④の事項の決定は，取締役会の決議によらなければなりません（同条2項）。自己株式の取得の条件は，決定ごとに均等に定めなければなりません（同条3項）。

株式会社は，上記の①～④の事項を通知し，これを受けた株主は，その有する株式の譲渡しの申込みをしようとするときは，株式会社に対し，申込みの株式数を明らかにしなければなりません（会社法159条1項）。

> **法的根拠**　会社法155条で，自己株式の取得ができる旨の規定があります。したがって，取得した自己株式を担保に融資することができます。

自己株式の許容範囲は限定していますが，その許容範囲は非常に広くなっています。会社法2条19号の取得条件付株式の取得，譲渡制限株式の買取り（同法138条），市場取引と市場外取引による取得があること（同法156条1項，155条3号）などを検討しておいてください。

218

4 動産・債権譲渡担保はどう扱ったらよいか

Q1 担保とした動産を登記しないとどうなるか

支店長代理のAさんに渉外担当の若手行員B君から，動産を担保とする方法と登記しないとどうなるのかわからないので教えてくださいと質問されました。

A1

❶ 通常は，動産を担保とする場合は，譲渡担保にします。その第三者対抗要件は「占有改定」という方法での引渡しによります。

❷ 動産にも登記制度が設けられているので，信用補完の手段として，動産担保の活用ニーズが高まることが期待されています。しかし，登記をしないと，第三者が動産を「即時取得」してしまう危険があります。

実務解説

(1) 登記と占有改定の優劣

動産譲渡登記と民法183条の占有改定による動産の引渡しが競合した場合の優劣は，登記がなされた時と引渡しがなされた時の先後によって決まります。

判例は，「動産を売渡担保に供し，債務者が引き続きこれを占有する場合においては，債権者は占有改定により占有権を取得し，その所有権取得を第三者に対抗することができる」としました（最判昭30・6・2民集9巻7号855頁）。

したがって，銀行が動産譲渡登記をしても，先行者の占有改定による「隠れた譲渡担保」に劣後する危険性があることに注意が必要です。

(2) 未登記と即時取得

　銀行が先に占有改定により，譲渡担保権を設定しても，登記をしなかったり，「明認方法」を行わなかった場合，善意の第三者に当該動産を即時取得（民法192条）されてしまいますので，当事者が譲渡担保を設定した後で必ず登記をすることが肝要です。

　なお，即時取得とは，善意無過失で第三者が他人の動産の占有を始めると即時に所有権や質権を取得できる制度のことをいいます。

(3) 動産譲渡登記ファイル

　動産譲渡登記は，譲渡人及び譲受人の共同申請によって，動産譲渡登記ファイルに行われます。

　登記のできる法務局は，動産債権譲渡特例法5条1項に規定されている法務大臣の指定する法務局もしくは地方法務局等に，磁気ディスク（これに準ずるものでもよい）で調整する動産譲渡登記ファイルが備えられています（同法5条，7条）。

> **法的根拠**　動産債権譲渡特例法1条，3条，5条，7条，民法183条，192条，最判昭30・6・2などが法的根拠となります。

Q2 債務者不特定の将来債権への担保設定と第三者対抗力とは何か

> 将来発生する集合債権を一括して銀行が担保にとれるのでしょうか。
> また，債務者不特定の将来債権を目的とする担保権に第三者対抗力はあるのでしょうか。
> 債権の総額の登記は必要なのでしょうか

A2

❶ 将来発生する集合債権を一括して担保にとれます。
❷ 債務者不特定の将来債権の担保にも第三者対抗力があります。
❸ 将来債権の総額登記は必要ありません。

実務解説

(1) 将来債権の担保取得

　将来発生する集合債権を一括して債権担保の目的で銀行に譲渡できるか否かについて，判例は医師の診療報酬債権を債権担保の目的で一括して銀行に譲渡したという事案に関し「現行医療保険制度の下では，診療担当者である医師に対する診療報酬債権は毎月一定期日に1カ月分ずつ一括して支払がなされるものであり，その月々の支払額は医師が通常の診療業務を継続している限り，一定額以上の安定したものであることが確実に期待されるものである。したがって，右債権は，将来生じるものであっても，それほど遠い将来のものでなければ，始期と終期を特定して，その債権の範囲を確定することによって，これを有効に譲渡することができる」と判示しました（最判昭53・12・15金判566号11頁）。

　その後も，将来債権の譲渡担保の有効性を認めた判例が出されています

(最判平12・4・21金判1102号12頁)。

(2) 債務者不特定の将来債権の担保と対抗力

指名債権を目的とする担保権に第三者対抗力を付与する方法としては、民法467条の規定に基づき債務者に対する通知または承諾の方法があります。

債権譲渡の対抗要件に関する民法の特例等に関する法律2条または同法10条1項を準用する同法2条の規定に基づき、債権譲渡登記ファイルに担保権の目的とされた債権の債務者の氏名及び住所を記録することが必要であったため、債務者不特定の将来債権を目的とする担保権については、第三者対抗要件を付与する方法はありませんでした。

その後、前記民法の特例等に関する法律が改正され、動産債権譲渡特例法により債務者不特定の将来債権を目的とする担保権についても第三者対抗力を付与することができるようになりました。

(3) 債権の総額登記の要旨

従来は、既に発生した債権の譲渡・質権設定の場合も将来発生すべき債権の譲渡・質権設定の場合も、譲渡・質権設定にかかる債権の総額が登記事項とされ、さらに将来発生すべき債権の譲渡・質権については、見積額を登録すべきこととされていました（平成10年法務省告示295号）。

しかし、この見積額については、見解が分かれ、債権発生の始期から終期に至るまでの期間内に発生する債権の累計額をいうのか、あるいは、そ

図表9　将来債権への担保設定の要件

債務者不特定の将来債権
- 旧法　第三者対抗力なし
- 新法　第三者対抗力あり

将来発生する債権の担保取得　→　要件
① 債権が継続して発生すること
② 始期と終期が特定し、権利の範囲が確定していること
③ 遠い将来のものではないこと

担保として取得できる　債権の特定については法務省令で定める

の期間内に増減する債権の予想最高残高をいうのか，または限度額か否かなどをめぐり実務上混乱が生じていました。

そこで，現在では，将来発生する債権の譲渡・質権設定については，債務者の特定，不特定を問わず債権の総額（見積額）を登記する必要はないこととされました（動産債権譲渡特例法8条2項3号）。

法的根拠 　最判昭53・12・15，最判平12・4・21，民法467条，動産譲渡特例法の規定などが法的根拠です。

❓❸ 債権譲渡担保の手続を教えてほしい

債権を譲渡担保とする手続と，その第三者対抗要件を備えるには，どのような手続をとったらよいでしょうか。

A3

❶ 債権譲渡担保とは，融資先や保証人が第三者に対して持っている指名債権（売掛債権や工事請負代金債権）を銀行が譲渡担保として徴求することです。担保提供者から債権譲渡担保差入証を徴求します。

❷ 債権譲渡承諾請求書に担保提供者と銀行が連署して，第三債務者に提出します。

❸ 第三債務者の承諾が得られたときは，その承諾書に確定日付を徴求します。法人の有する債権であれば，動産債権譲渡特例法による登記を行ってもかまいません。

実務解説

(1) 債権譲渡担保とは

債権担保とは，融資先や保証人が第三者に対して持っている指名債権（売掛債権や工事請負代金債権）を銀行が担保に徴求することです。

債権は，質権か譲渡担保として徴求します。債権を担保に徴求する場合には，債権の発生原因，現在の債権額，納品完了の有無，第三債務者（融資先や保証人の持っている指名債権の支払人）が担保提供者（融資先など）に反対債権を持っており，相殺されるおそれがないかなどを調査します。その他，第三債務者の信用状態などを調査します。

(2) 債権譲渡担保の手続

担保提供者から債権譲渡担保差入証を徴求し，債権譲渡承諾請求書に担

保提供者と銀行が連署して，第三債務者に提出します。そして，第三債務者の承諾が得られたときは，その承諾書に確定日付を徴求します（民法467条1項，2項）。

　第三債務者の承諾が得られないときは，担保差入人から第三債務者に対し，配達証明付内容証明郵便で，債権を銀行に担保として差し入れた旨の通知をします。

　なお，この第三債務者への通知は，担保権者である銀行が，担保差入人に代理して行っても効果があるとする説もありますが，実務上は必ず担保差入人から通知してもらってください。

　この第三債務者の承諾と，第三債務者への通知の効力には法的に大きな違いがありますので，どちらの方法をとっているかについても確認しておくことが必要です。

　単なる通知をしたにすぎない場合には，第三債務者は通知を受けたときまでに生じた担保差入人に主張できる事由を，担保権者（銀行）に対しても主張できます。

　したがって，銀行としては，はたして，いくら回収できるのか不安が残ります。これに対して，第三債務者が異議のない承諾をすれば，その金額については，第三債務者は銀行に対してこのような主張はできませんので，回収は確実になります。

　銀行としては，債権保全上支障のないようにするためにも，第三債務者の承諾書に確定日付をとっておくべきです（民法468条1項，2項）。

　銀行が担保に徴求する指名債権に譲渡禁止の特約がなされていたり，第三債務者が官公庁のような場合には，承諾がとれない場合もありますので，その場合は，代理受領か振込指定の手続をとり，受け取ったり，振り込まれた資金を返済金にすればよいでしょう。

(3)　**動産債権譲渡特例法の第三者対抗要件**

　動産債権譲渡特例法によると，法人（個人を除く）が金銭債権を譲渡した場合に，債権譲渡登記ファイルに譲渡の登記がなされ，その債権の債務

者以外の第三者には民法467条の規定による確定日付のある証書による通知があったものとみなされ,その登記日付が確定日付とされます(動産債権譲渡特例法4条1項)。

本法の規定する第三者対抗要件は,このように多数の債権を一括して譲渡する場合の他,銀行の有する金銭債権であれば,民法467条による単一債権の譲渡にも利用されます。

> **法的根拠** 民法467条1項,2項,同法468条1項,2項,動産債権譲渡特例法4条などが法的根拠となります。

5 その他の担保の取扱いはどうしたらよいか

Q1 入居保証金は担保にできるか

> A社より，かねてB不動産会社が建築中であった駅前ビルに出店することとなったので，その入居保証金の支払資金を融資してほしい旨の申出がありました。担保としては，他に適当なものがなく，当該入居保証金を差し入れたいとのことです。担保にとるには，どのようにすればよいのでしょうか。

A1

❶ 入居保証金の担保取得は，通常，指名債権質によります。債務者から担保差入証のほか，ビルの賃貸借契約証書，入居保証金預り証などの入居保証金返還請求権を証する書面を徴求します。

❷ ビル所有者に対して，債務者と連署による質権設定承認依頼書を提示し，これに承諾の奥書を受けたうえ，確定日付を徴求します。

実務解説

(1) 入居保証金への担保設定

ビル等の入居保証金は，ビル等の賃貸借に際してビル入居者がビル所有者に対して預託する金銭です。通常，無利息で，一定期間後に賃料等賃貸借関係の債務の延滞額があれば，これを控除のうえ入居者に返還されます。一般に，ビルの賃貸に際して授受される金銭としては，入居保証金の他に権利金，敷金，建設協力金などと呼ばれるものがありますが，入居保証金は敷金と建設協力金の中間的な性格を兼ねたものが多いと解されています。

入居保証金については，ほとんど例外なく譲渡禁止の特約が付されてい

るので、これを質にとるにはビル所有者の承諾が必要です。譲渡禁止の特約のある債権の譲渡・質入は無効と解するのが通説・判例です。もっとも、この特約は善意の第三者に対抗できませんが、銀行がこれによって保護されることはまず無理と考えておいた方がよいでしょう。

次に、ビル所有者の信用力を調査する必要があります。ビル入居保証金の担保価値は、もっぱらその債務者であるビル所有者の信用力にかかっているからです。

(2) 担保設定後の注意点

また担保取得後は、①債務者が賃料等を延滞しているかいないか常時管理します。②ビル所有者の信用状況についても、常に注意します。なおここで注目すべき点は、ビル入居保証金がビルの建設資金に充当されていた場合には、ビルが第三者に譲渡された場合も入居保証金返還債務は当然には第三者に移転しないとの判例があることです（最判昭51・3・4金判407号18頁）。しかし、「ビル入居保証金の法的性質が敷金の性質をもつものであれば、その返還債務は、新所有者に承継される」とする判例もあります（最判昭44・7・17民集23巻8号1610頁）。

つまり、入居保証金の法的性質がどのようなものかによって判断が決まりますので、その点の確認も重要です。

> **法的根拠** ビル所有者の承諾には、入居保証金の譲渡禁止特約の解除と質権設定の対抗要件（民法364条1項、467条1項）

の2つの意味があることに注意します。この承諾は異議をとどめないかたちで行ってもらうのが望ましいのですが（同法468条1項）、ビル所有者の方で「一定の金額の範囲内で」、「賃料等の債権額を控除した金額の範囲内で」等の条件を付けて承諾することが少なくありません。これは、異議をとどめない承諾をすることにより、賃料等の延滞額への充当ができなくなるのを懸念してのものですが、その趣旨の限りではやむを得ないでしょう。

入居保証金に関する債権証書の交付は質権設定の効力発生要件とならなくなりましたが、実務上は徴求しておくべきです（民法363条）。

第3章　担保の法律知識

図表10　ビル入居保証金担保差入証

ビル入居保証金担保差入証

平成　年　月　日

住所
株式会社　　　　銀行　殿

住　　所
債務者兼　　　　　　　㊞
担保提供者

　債務者は，債務者が貴行に対して現在及び将来負担するいっさいの債務の根担保として，別に差し入れた銀行取引約定書及び下記の各条項を承認のうえ，債務者が有する下記に表示した債権に質権を設定し，その債権証書を貴行に差し入れます。

質権の目的たる債権の表示

　債務者，　　株式会社間の，平成　年　月　日付ビル賃貸借契約証書第　　条の規定に基づいて，債務者が　　株式会社に交付したビル入居保証債権金　　　円也

第1条　債務者が前記の債務を履行しなかった場合には，債務者に事前に通知することなく，直ちに質権を実行されても異議はありません。
　②　前項の場合，利息，割引料，損害金などの計算については，その期間を質権実行の日までとし，利率，料率などについては貴行の定めによります。
第2条　前条によって前記債務の弁済に充当し，なお残債務がある場合には，債務者は直ちに弁済いたします。
第3条　本契約により質権の目的となっている債権の全部または一部の弁済期が到来した場合には，前記債務の期限未到来の時でも，貴行において任意に受領され，これを債務者の債務の弁済に充当されても異議はありません。
第4条　債務者は，本契約によって質権の目的となった債権については，無効，取消その他の瑕疵または相殺の原因などのないことを保証いたします。
第5条　債務者は，本契約によって質権の目的となった債権の原契約たる　　株式会社との賃貸借契約を忠実に履行し，貴行の質権に損害を生じさせないことを確約いたします。
　上記契約による質権設定を異議なく承諾いたします。
　平成　年　月　日

確定
日付

住　　所
株式会社　　　　　　　㊞
代表取締役

注）1　指名債権（その譲渡に証書の交付を要しないもの）をもって質権の目的とする場合，証書の交付は質権設定の効力発生要件とはならないものとされた（民法363条）。実務上は債権証書の交付文言は不要であるが，債権証書は必ず徴求する。保証金の受取証も入居保証金の返還を受けるときに必要とされることが多いため，交付を受けておくことが望ましい。
　　2　賃貸借契約が更改された場合には，改めて担保差入してもらう。賃貸借契約更新のつど担保差入を更新しない場合は，1条の前に「ただし，ビル賃貸借契約の更新後の入居保証金債権に対しても本契約による質権の効力は及ぶものとする」の文言を入れる。
　　3　第三債務者の承諾文言は別紙でも差し支えないが，その場合には，質権設定契約上の特約（3条）を第三債務者に了知させておくことが必要。
　　4　被担保債権を限定ないし特定する場合には，前文を適宜修正する。
　　　　譲渡担保方式による場合には，前文後段を，「……下記に表示した債権を貴行に譲渡いたします」と改め，また，各条項のうち質権とあるのを譲渡担保と改める。
　　5　収入印紙は，質権設定，債権譲渡の場合と同じ。

229

Q2　年金・恩給を担保にできるか

　Aさんより厚生年金を担保として当座の生活資金を融資してほしい旨の申出がありました。確か法律上，年金受給権の譲渡・質入れは禁止されていると聞いていますが，担保にはとれないでしょうか。また恩給の場合だったらどうなりますか。

A2

❶　年金受給権は，各年金の根拠法により，譲渡・質入れが禁止されていますので，銀行の一般貸付の担保にはなりません。しかし，独立行政法人福祉医療機構（以下「福祉医療機構」という）が行う年金担保貸付に限り，これを担保に貸付が受けられます。

❷　恩給についても法律によって担保にすることは禁止されています。ただし，実際上の必要から日本政策金融公庫に対してのみ恩給を担保にすることが認められています。

❸　以上のとおり年金・恩給は正式担保にはとれませんが，やむを得ない場合は振込指定によって事実上の担保とすることができます。

実務解説

(1)　年金担保貸付制度とは

　福祉医療機構が行う厚生年金保険，船員保険及び国民年金の各年金の年金受給権者に対する融資制度ですが，その業務の一部は，都市銀行，地方銀行，信託銀行，相互銀行，信用金庫に委託されており，これ以外の金融機関は，年金担保貸付を取り扱えないこととなっています。

　貸付条件は次のとおりです。①貸付対象者は厚生年金保険，船員保険及び国民年金（福祉年金を除く）の年金受給権者，②貸付金額は支払年金額

の1.0倍以内の額以内の額で，10万円以上250万円まで，③貸付金の利率は年1.6％（平成24年6月1日現在），④元利金の返済は福祉医療機構が年金支払額全額を支給庁から直接受領することによって行う，⑤返済期間は，おおむね2年6カ月以内，⑥担保は年金給付の受給権，⑦連帯保証人1名が必要。なお，信用保証機関による信用保証制度もあります。

(2) **恩給担保貸付制度**

恩給担保貸付制度は日本政策金融公庫が「日本政策金融公庫が行う恩給担保金融に関する法律」に基づいて行うものですが，同公庫のみが取扱いの窓口に限られています。また，貸付対象者も恩給法に基づく各種恩給，戦傷病者戦没者遺族等援護に基づく各種恩給，年金及び扶助料等，並びに各種共済組合法に基づく年金の給付者となっています。

このように，銀行は年金・恩給を正式担保として徴求できないのが原則ですが，自行に振込指定してもらうことによって事実上の担保とすることができます。

振込指定とは，融資先が受け取る代金を銀行の指定した預金口座に振り込むことを銀行と融資先との間で契約するもので，振込指定依頼書（図表11）を融資先から徴求し，銀行と融資先が連署し，第三債務者の承諾をとります。

第三債務者が承諾すれば，代理受領と同様の効果がありますが，第三債務者の承諾が得られない時には，債権担保の効果はないので，注意が必要です。

> **法的根拠** ① 厚生年金保険法41条1項は年金受給権の譲渡・質入れ・差押えを原則として禁止していますが，別に法律で定めるところにより担保に供する場合はこの限りでない，と定めています。これを受けて，福祉医療機構は，厚生年金等の受給権者に対する小口の資金の貸付を行うこととされ，福祉医療機構の行う年金担保貸付制度に限って年金受給権を担保とすることが認められています。

5 その他の担保の取扱いはどうしたらよいか

② 恩給の受給権も一種の債権として，担保の目的とはなりますが，恩給はもともと一定の者の生活を保証するために支給されるものですから，法律によって担保にすることは禁止されています（恩給法11条）。ただ実際の必要上から，日本政策金融公庫に対してのみ恩給を担保にすることが認められています。

図表11 振込指定依頼書

```
                        振込指定依頼書
                                        平成　年　月　日

独立行政法人
福祉医療機構　　　御中           住　　所
                                 氏　　名                 ㊞
                                 住　　所
                                 株式会社　　　銀行　　　支店
                                 支店長                   ㊞


　貴福祉医療機構から私に支払わるべき厚生年金を担保とする借入金その他いっさいのお支払いは、平成　年　月　日以降支払分から、株式会社　　　銀行　　　支店における当社普通預金／当座預金口座番号　　　　にお振込みくださいますようお願い申し上げます。
　なお、同行と私との特約により、上記振込金は、私の同行からの借入金返済に充当することになっています。また、この依頼は同行と私双方の同意のうえでなければ変更しないことを確約しておりますので、上記以外のいかなる方法によってもお支払いなきよう、特にご依頼申し上げます。


　上記の件承認しました。
平成　年　月　日
                                 住　　所
                                 独立行政法人
                                 福祉医療機構             ㊞
```

Q3　医師の診療報酬債権は担保にとれるか

> 取引先A医師より医療機械購入資金として借入の申込みがありましたが，担保はA医師が社会保険診療報酬基金より今後受ける診療報酬債権を差し入れることでどうか，ということでした。本当に担保にとれるでしょうか。

A3

❶　診療報酬債権は，法的には指名債権ですので，指名債権担保の方法によって担保にとることはできます。

❷　ただし，実際問題として，社会保険診療報酬基金側で担保に入れることを承諾しない例もありますので，事前に「基金」とよく打ち合わせておく必要があります。

❸　また，担保に入れる目的債権の範囲の特定については，それほど長期にわたらない範囲で月単位でその始期と終期を定めるべきでしょう。

実務解説

(1) **診療報酬債権とは**

　診療報酬債権とは，保険医が医療保険制度に基づいて，被保険者である患者を診療した場合に，保険者から支払の委託を受けている社会保険診療報酬基金または国民健康保険団体連合会に対して取得する社会保険診療報酬債権です。すなわち，診療報酬はもともとは保険の債務ですが，支払の委託がなされた結果，「基金」等が自己の名において支払をする法律上の義務を負うものと解されています。

　診療報酬の請求事務は，毎月10日までに前月中の診療によって得た報酬を計算し，基金に請求します。基金等における審査・確認に約2カ月を要

し，請求月の翌々月に医師の指定する銀行口座に振り込まれます。

(2) **事前に「基金」と打ち合せを**

そこで，特定の個別的な報酬債権ではなくて，むしろ受け皿である銀行口座に振り込まれる診療報酬に着目し，これを一定期間に限って担保の目的とすることができるかどうかが問題となります。判例はこれを肯定していますが，事前に「基金」とよく打ち合わせておく必要があります。

> 法的根拠　　判例によると「診療報酬債権は，将来生じるものであっても，それほど遠い将来のものでなければ，特段の事情がない限り，現在すでに債権発生の原因が確定し，その発生を確実に予測し得るものであるから，始期と終期を特定してその権利の範囲を確定することができる」と判示しています（最判昭和53・12・15金法898号93頁）。

第4章
保証の法律知識

1 保証について知っておきたい法的知識

Q1 代表取締役を兼任する会社間で保証はできるか

A株式会社に対する貸付について，親会社であるB株式会社が保証することになったが，A・B会社の代表取締役は同じです。B社を保証人とすることについて，どのように対応したらよいでしょうか。

A1

❶ 利益相反行為（会社法356条，365条）に該当するかどうかに注意します。
❷ 利益相反行為に該当する場合は，保証についてB社の株主総会または取締役会の承認の決議が必要ですので，議事録の写しを徴求します。

実務解説

(1) 利益相反行為に該当するかどうか注意

利益相反行為とは，例えば，親の借入金について親権者である親が未成年の子の代理人となって子を保証人または担保提供者にしたり，あるいは，会社の取締役が会社から金銭の借入れ，財産の譲受けをするなど，親子間あるいは会社・取締役間の行為で，子あるいは会社に不利益となるおそれのある行為を指します。これらの行為については，子あるいは会社の利益を保護するため，それぞれの法律で代表権を制限し，あるいは代理権を有しないものとしています。

会社の保証が利益相反行為となる例として，次のような場合が考えられます。

① 取締役個人の負担する債務を会社が保証する場合。最も典型的な例です。

② 取締役が他社の取締役を兼ねている場合にその他社が負担する債務を会社が保証する場合。本ケースが該当する場合で，会社法356条でいう「第三者の為に……」とは，「第三者を代表または代理して……」と解釈されているからです。
③ 取締役または取締役が代表者となっている他社が，すでに保証あるいは担保提供者となっている債務を会社が保証する場合。

(2) **取締役会承認の決議の写しを徴求**

保証することによって不利益を被るのはB社ですから，保証についてB社の株主総会または取締役会の承認の決議が必要です。銀行としては，そのことを確認するため，その議事録の写しを徴求しておきます。

法的根拠 会社法356条1項では，「取締役が……自己又は第三者の為に株式会社の事業の部類に属する取引をしようとするときには株主総会の承認を受けなければならない」と規定しています。これは，会社の取締役が自ら当事者として，または他人の代理人もしくは代表者として会社との間で行う取引を規制しているものです。その理由は，このような取引を無制限に許すと会社の犠牲において取締役または第三者の利益が図られる危険があるからです（取締役会設置会社では会社法365条が適用されます）。

なお，利益相反行為に該当する場合の代表権または代理権の制限は，法人の種類によって異なるので，株式会社以外の法人については，それぞれ根拠法令等で確認のうえ手続をとる必要があります。

Q2　保証人を交替したいとの申出があった

> A社との貸付取引について、BとCを連帯保証人としていたところ、A社が来店し、都合で保証人BをDに交替させたい旨の申出がありました。申出を受けるについて、どのように対応したらよいでしょうか。

A2

❶　保証人の加入・脱退契約書のなかでCの同意を求めておくことです。
❷　担保保存義務（民法504条）を念頭においておきます。

実務解説

(1)　事情により応ずる

　保証人の交替とは、新たに保証人が加入し、従来の保証人が脱退することをいいます。銀行は保証人の交替に応ずる義務はないわけですが、正常取引の過程では事情により応じています。特に、貸付先が法人で代表者が個人保証している場合、代表者の変更に伴い従来の代表者が保証人の地位を脱退し、新たな代表者が保証人となる場合に行われます。

　通常、保証人の交替が行われるのは根保証の場合ですが、特定債務の保証についても保証人の交替は可能です。

(2)　担保保存義務との関係

　ところで、信用保証協会保証付貸付など保証条件で保証人が特定されている場合は別ですが、一般に保証人が新たに増える分には特に問題はありません（第三者個人連帯保証 p.67参照）。銀行としては保全が強化されるだけだからです。しかし、脱退する場合は、他に保証人・担保提供者がいる場合は、それらの承諾を得ておく必要があります。

　本ケースでいえば、保証人の加入・脱退契約書のなかでCの同意を求め

ておくことです。

　その理由は，もし銀行が，他の保証人であるCの承諾なしにBの保証人脱退を認めた場合は，将来Cが銀行に対しA社に代わって弁済してもBに対してBが保証人として負担すべき部分を請求できなくなるからです。

　つまり，銀行は保証人や担保提供者が代位弁済した場合に，他の保証人に求償できる権利や担保者に代位する権利を確保しておく義務を負担しているということです。これを債権者の担保保存義務とよんでいます。

図表13　保証人加入及び脱退契約証書（証書貸付の場合）

```
                    保証人加入及び脱退契約証書
                                            平成　年　月　日
(甲)株式会社　　　銀行殿
                            (乙)債務者　　　　　　　　　㊞
                                住　所
                            (丙)保証人　　　　　　　　　㊞
                                住　所
                            (丁)保証人　　　　　　　　　㊞
                                住　所
                                A保証人　　　　　　　　　㊞

　債権者株式会社　　　銀行（以下甲という），債務者　　　（以下乙という），保証
人　　　（以下丙という），同　　　（以下丁という），新保証人　　　（以下Aという）
は，保証人加入及び脱退に関し下記の契約を締結します。
第1条　Aは甲と乙との間に締結した平成　年　月　日付金銭消費貸借契約証書（以
　　　下原契約という）に基づく債務（現在残高　　　円）を，債務者と連帯して保証し
　　　ます。
第2条　Aは，乙の甲に対する預金その他の債権をもって相殺はしません。
第3条　Aは，甲がその都合によって担保もしくは他の保証を変更，解除しても免責
　　　を主張しません。
第4条　Aが，この保証債務を履行した場合，代位によって甲から取得した権利は，
　　　乙と甲との取引継続中は，甲の同意がなければこれを行使しません。もし甲の請求
　　　があれば，その権利または順位を甲に無償で譲渡します。
第5条　Aが乙と甲との取引について他に保証をしている場合には，その保証はこの
　　　保証契約によって変更されないものとし，また，他に極度額の定めのある保証をし
　　　ている場合には，その保証極度額にこの保証金額が加わるものとします。
　　　②　Aが将来貴行に対し他に保証をした場合にも前項に準じて差し支えありません。
第6条　丁は，原契約に基づく乙の債務につき，今後保証の責を免れ，債権関係から
　　　脱退します。
第7条　丙及びAは，丁の脱退にかかわらず，乙の債務全額につき従前どおり保証の
　　　責に任じます。
第8条　甲と乙は，前各条の行為を承諾します。

　　上記契約を証するためこの証書2通を作成し，甲とAがこれを保有するものとします。
                                                    以　上
```

1 保証について知っておきたい法的知識

法的根拠 　銀行が担保保存義務に違反して他の保証・担保を解除した場合は，それによって保証人等（C）が代位できなくなった限度で，保証人は保証債務を免れることになります（民法504条）。しかし，それでは銀行にとってきわめて不都合であり，債権保全上好ましくありません。

　そこで，銀行取引約定書上で担保保存義務免除の特約をしており，この特約の効力も一般に有効であると認められています。しかし，その効力にも一定の限界があり，合理的理由がない場合，銀行の重大な過失がある場合まで認めるものではないとされていますので，実務としてはそのつど他の保証人等の同意を得ておくのが確実です。

Q3 担保保存義務とはどういうものか

> A社に対する貸付金の担保提供者であるBから，根抵当権抹消の申出がありました。この場合，連帯保証人であるCの同意を得ないで，申出に応じてもよいでしょうか。

A3

❶ Cの同意をとらなければなりません。民法では，Cの権利を保護するため，債権者（銀行）に対して他の人的・物的担保を解除ないし抹消してはならない義務を課しています。

❷ Bの申出に応じた場合は，Bから償還を受けられなかった部分につきCは保証責任を免れることができます。

実務解説

(1) 抵当権抹消には保証人の同意が必要

ケースで説明すると，保証人Cは，A社が銀行に対して負担している債務を弁済した場合には，A社に対しては弁済した分の全額を求償することができます（民法459条，462条）。これを保証人の求償権とよんでいます。さらに，弁済した貸付金について銀行が物的担保権を有していた場合には，弁済した保証人は同時にその担保権も取得することができることになっています。これを債権者（銀行）に代位するといいます。いずれも民法で認められているものです。ところが，銀行がCの同意を得ないで勝手にBの根抵当権の抹消を承諾すると，将来Cが保証人として代位弁済しても，Bの根抵当権を取得することができず，Bに対する求償権の確保が図れません。そこで民法では，このような場合のCの権利を保護するため，債権者（銀行）に対して他の人的・物的担保を解除ないし抹消してはならない義

1 保証について知っておきたい法的知識

務を課しています。これが債権者の担保保存義務といわれるものです（民法504条）。したがって，Bの根抵当権抹消については，保証人であるCの同意をとるべきことになります。

(2) 担保保存義務に違反した場合

ところで，債権者（銀行）がCの同意を得ないでBの根抵当権の抹消に応じてしまった場合には，それによって担保から償還を受けられなかった部分につき，Cは保証責任を免れることができることになりますので注意が必要です。

> 法的根拠

しかし，それでは銀行にとってきわめて不都合であり，債権保全が不安定となります。そこで，銀行取引約定書旧ひな型の保証条項の中で「銀行の都合によって担保もしくは他の保証を変更，解除しても免責を主張しません」旨を特約しており，判例・学説も一般にこの特約の有効性を認めています。

なお，担保保存義務免除の特約の有効性について，最判平2・4・12金判883号14頁は「保証人が債権者に対し，その担保保存義務を免除する特約は，その特約の効力を主張することが信義則に反しあるいは，権利の濫用に該当するものとすべき特段の事情がない限り，その効力がある。担保土地の差し換えについて，現地を見分け，銀行にその評価額を尋ね，付近の分譲地の地価を考慮して評価したなどの判示の事実があるときは，たとえ差し換えた土地がその後の競売手続で低く評価されたとしても，債権者に故意または重大な過失があるとはいえず，債権者が担保保存義務免除特約の効力を主張することは信義則に反しあるいは権利の濫用に該当するものとはいえない」と判示しました。

しかし，この特約があっても銀行の担保保存義務の免責を無制限に認めたものでなく，銀行の故意・または重大な過失その他客観的合理性がないのになされた担保の滅失・減少は該当しないものとされています。

したがって，実務としては，特約に頼らずBの根抵当権抹消について前記のとおり他の保証人（C）の同意を得ておいた方がよいということです。

2　保証の種類にはどのようなものがあるか

Q1　民事上の保証と手形保証とは同じ効力を持つのか

Aに対する手形貸付について，Bが手形面上で保証人として自署・押印しているが，これだけでBは，Aの手形借入金という民事上の債務についても保証したことになりますか。
Bは，銀行取引約定書，保証書等で保証人となっていません。

A1

❶　実務上は，民事上の債務について保証したことにはなりません。
❷　民事上の保証は必ず特定の債務の存在を前提とし，これが不明な時は成立しませんが，手形保証の場合は主たる債務が形式的に存在すれば足り，実質的に無効であっても保証は有効に成立します。

実務解説

(1) 保証人の単独行為である手形保証

手形貸付で手形上に保証人の連署を求めることがありますが，それによって保証人は当然に手形上の債務を負担したことになることは明らかです。それでは，手形保証にはどのような特質があるかといいますと，以下のようにまとめることができます。

① 民事上の保証は，債権者と保証人との契約によって成立するのに対して，手形保証は保証人の単独行為であること，
② 民事上の保証は必ず特定の債務の存在を前提とし，これが不存在の時は成立しませんが，手形保証の場合は主たる債務が形式的に存在すれば足り，実質的に無効であっても保証は有効に成立すること，

③ 手形保証人は，保証された者と同じ責任を負担し，連帯の旨を記載しなくても当然に連帯責任を負担すること，
④ 民事上の保証は主たる債務の成立を要件としますが，手形保証は被保証債務が偽造・変造等により無効であるときも，特別の場合（手形要件，方式の瑕疵等）を除き有効に成立すること，
⑤ 民事保証では，主たる債務者に対して時効中断の措置をとれば，その効力は当然に保証人に及びますが，手形保証では当然に効力は及ばず保証人に対しても別途時効中断の手続が必要であることなどです。

(2) 民事上の保証を求める場合の実務

ところで，手形保証は要式行為ですから，手形上に保証しない限り手形責任を負担することはありません。一方，民事保証は書面でしなければ，その効力を生じません（民法446条2項）。手形貸付の手形上に保証人として連署した場合，同時に民事上の債務についても保証したことになるのかどうかが問題となります。実務としては，それだけでは民事上の債務についてまで保証したことにはならない，と解釈すべきです。実務では，民事上の保証を求める場合は，保証書の差入れを求めるとか，銀行取引約定書，金銭消費貸借契約証書等に保証人として連署を求めるなど書面でしなければ無効であることを銘記すべきです。

> **法的根拠** 民事保証は民法の一般原則，手形保証は手形法30条～32条，77条3項とそれぞれ法的根拠が異なる点に留意する必要があります。

Q2 手形の書替をすると,保証はどうなるか

Aに対する手形貸付に際して,手形面上にBの保証を求めましたが,手形書替にあたって改めて保証人Bの署名を求める必要がありますか。

A2

❶ 新手形に保証人の署名がなくても旧手形に基づき保証人に請求することができます。

❷ 新手形にも保証人の署名を求めないと,判例は保証債務も消滅するものと判示しています。したがって保証人Bの署名を求める必要があるといえます。

実務解説

(1) **新手形にも保証人の署名を求める**

銀行取引では,手形貸付の期日が到来した場合に,新たな期日を満期とする新手形の差入れを受けることがよくあります。通常は期限の延期が目的で,これを手形の書替と呼んでいます。ところで,この手形の書替について判例は,旧手形を返却した場合には旧手形上の権利は消滅する旨の見解を示しています。

したがって,手形の書替に際して旧手形を返却する場合は,旧手形上の保証も消滅することになるので,書替手形(新手形)にも保証人の署名を求めないと保証債務も消滅するものと解さざるをえません。

(2) **旧手形を返却しない場合**

書替に際して,旧手形を返却せず手元にとどめておく場合は,銀行は新旧いずれの手形によっても権利の行使ができるわけですから,新手形に保証人の署名がなくても旧手形に基づき保証人に請求することができます。

もっとも，手形貸付という金銭消費貸借契約によってAが負担する債務について，Bが別途保証書を差し入れている場合は，書替後の手形に保証人の署名がなくても，原因債権である消費貸借上の債務につき保証（民事保証）しているわけですから，保証人であることには変わりはありません。

その場合，手形上には保証人の署名はないわけですから，当然のことながら手形上の債務につき保証責任を求めることはできません。

> 法的根拠　手形の書替について，最判昭29・11・18（民集8巻2052頁）は「旧手形を現実に回収して発行する等特別の事情のないかぎり，旧手形債務の支払を延期する趣旨と解すべきである」とし，また最判昭31・4・27（民集10巻4号459頁）も「手形の書替がなされた場合，その目的が支払延期のためであり，かつ旧手形はこれを新手形の見返り担保とする意味で回収されなかった以上，旧手形に基づく債務は直接の当事者間においても，右書替により消滅することはない」としました。

したがって，逆に，銀行が手形の書替にあたって旧手形を貸付先に返却してしまうと，それは支払延期ではなく，旧手形債務の更改ないし代物弁済として新手形が差入れされたものとみられるおそれがあります。

そこで，支払延期の趣旨で手形の書替をする場合でも，引き続き保証を必要とするときは面倒でも新手形にも保証人の署名を求めるか，別途保証書等の差入れを受けておく必要があります。

Q3　保証協会の当座貸越根保証とはどういうものか

A社から運転資金の申込がありましたので、当行の新商品である当座貸越をセットした貸付商品を勧めたいと考えていますが、これに保証協会保証をつけることはできるでしょうか。

A3

❶　約定弁済あるいは随時弁済等の方式による借入専用の当座貸越であれば利用できます。
❷　当座貸越を目的とした保証は、「当座貸越根保証要綱」並びに「当座貸越根保証事務取扱要領」に基づいて行われていますので、これら要綱、要領の要件を備えることが必要となります。
❸　この制度が利用できる者は、要綱に基づき一定の資格要件を備えた中小企業者等に限定されています。

実務解説

(1)　利用できる当座貸越の種類

本来的に当座貸越とは、取引先が、当座預金の残高を超えて小切手や手形を振り出した場合に、一定の限度まで銀行がこれらの決済に応じるということを約諾した契約で、当座勘定規定に付随してなされる契約のことです。

しかしながら、保証協会が対象とする当座貸越とは、このような広い意味での当座貸越を対象としているのではなく、あくまでも取引先に対する貸付を目的とした勘定弁済や随時弁済方式の当座貸越に限定されていますので、取引先が第三者に振り出した手形や小切手等の決済から生じる貸越は保証の対象とはなりませんので留意すべきです。

(2) 意義

　当座貸越は，2年ないし3年単位で更新していきますので，実質，期間の定めのない与信行為と同じと考えなければなりません。すなわち，期間が長期化すればするほど優良取引先といえどもリスクは増大していきます。したがって，このような与信取引には保証協会の保証を付けておくことによりリスクは回避され，貸付債権の良質化が図られることになります。

　また，当座貸越とは，取引先に一定の与信枠を与えることですから，保証協会保証により貸付資産が良質化することにより取引先との関係では安定的にメインバンクとしての位置付けを図ることができるというメリットが生じます。

(3) 当座貸越根保証の定義

　保証協会が対象とする当座貸越根保証とは，中小企業者の経営に必要な事業資金の貸付を目的とした当座貸越のことで，この貸越契約にはあらかじめ，一定の貸越極度額と取扱期間を定めておき，貸越極度額を保証金額とし，また貸越を発生させる取扱期間を保証期間として，その保証期間内に反復・継続して発生する貸越債務を保証することを「当座貸越根保証」といいます。

　なお，当座貸越根保証を取り扱う場合の貸越契約は必ず借入請求書や借入専用の小切手等によって貸越を発生させるということを契約内容とした貸越専用の当座貸越契約書を用いなければならないということです。この点が，一般の当座貸越の契約と大いに異なるところです。

(4) 概要

　① 統一制度……当座貸越根保証は，各保証協会とも全国統一の「当座貸越（貸付専用型）根保証要綱」に基づいて実施されています。

　② 保証の方式……当座貸越自体は実体的には一種の極度貸付的性格を帯びていますので「根保証」によっています。

　③ 申込人の資格……保証の申込みは，次の一定の資格要件を有する者に限定して取り扱われています。

個人及び法人（企業組合，協業組合以外の組合は除かれます）で，次のいずれかの要件を具備する者です。

　ア．申込人の業歴が３年以上であり，しかも申込銀行との与信取引が６カ月以上で，保証申込直前期の決算で申告所得300万円以上を計上し，自己名義の不動産（自宅・店舗等）がある者で，取引先（申込み）銀行が支援・育成していきたいという償還能力を有する者。

　イ．申込人の業歴が３年以上あり，申込銀行との与信取引が６カ月以上で，申込銀行が今後とも支援・育成していきたい先で自己名義の不動産（自宅・店舗等）を所有する者。

　ウ．申込人の業歴が３年以上あって直近の決算で自己資本比率15％以上，インタレスト・カバレッジ・レシオ1.0倍以上，売上高１億円以上の３要件すべてに該当する者。申込銀行との与信取引が１年以上あればよい。なお，この制度は東京信用保証協会独自の制度で「当貸ホップ」といわれています。

④　取扱銀行……保証約定を締結していればどの銀行も対象となりますが，本制度に係る年度末の代位弁済率が1.5％を超えると制度の取扱いが停止もしくは制限されることとなります。

⑤　貸越の方法……個々の貸越は，利息の自動元本組入を除いて必ず借入請求書や借入専用の小切手等によらなければなりません。しかも，この場合の借入請求書や借入専用の小切手等については，必ず使途欄が設けてあることが絶対要件となっていますので，留意してください。

　なお，この場合の使途欄は，その貸越の申込が事業資金（運転・設備）であることが確認できれば差し支えありませんので手形決済資金，給与支払資金等使途内容が概略把握できれば問題ありません。

⑥　弁済方法……当座貸越から生じる債務の弁済方法は，約定弁済方式でも随時に弁済する方式のいずれでも差し支えありません。

⑦　根保証の更新……当座貸越根保証の取扱期間を更新する場合の方法としては，次の２つの途を設けてあります。

1つは，単純に当座貸越の取扱期間を延長する方法です。この場合は期間延長という保証条件変更手続によって延長する方法です。

　もう1つは，何らかの事情で既往の根保証取引を終了させ，新規に協会保証付で当座貸越契約を締結し既往の保証付貸越残を新規貸越分で回収することを保証条件として行う更新の方法（継続新規という）です。

　実務では，例外を除き当座貸越根保証の更新は，単純な期間延長による保証条件変更手続により行っています。

⑧　根保証の確定……取引先，銀行双方において特段の事情がない限り，一般には取扱期間経過とともに単純に期間延長という形で更新しますが，当事者双方または一方において当座取引を継続しがたい事由が生じた場合（期限の利益喪失事由の発生，当座取引の終了等）は，根保証取引を確定させ事後の貸越を発生させないこととしています。

⑨　代位弁済の手続と代位弁済の範囲…根保証確定により，代位弁済の請求を行う場合は，約定書所定の請求手続の他，代位弁済請求時点または根保証確定時点の当座貸越元帳あるいはこれに代わるべき帳票書類の写しの添付及び借入請求書，借入専用小切手等の写しを必要とします。また，代位弁済の範囲は，確定時の貸越残額を元本として，これに保証協会所定の利息を加えた額を限度とする点は，一般の保証と同様です。

> **法的根拠**　当座貸越は，一般的には当座勘定規定に付随してなされる契約ですが，具体的には銀行が取引先に代わって取引先が振り出した手形，小切手を一定限度まで立替払いするという契約です。このため，この法律解釈については，小切手等の支払事務の委任を目的とする委任契約（民法643条以下）であるとする説や一種の無名契約とする説，金銭消費貸借の予約（同法589条）とする説等に分れていますが，保証協会が対象とする当座貸越は貸付専用であることを目的としていることから，この種の当座貸越はむしろ消費貸借の予約と考えるべきでしょう。

Q4 支払承諾（債務保証）とはどういうものか

> 支払承諾（債務保証）とは，どのような取引で，どのような性質のものでしょうか。

A4

❶ 支払承諾（債務保証）は，銀行では直接の資金負担を伴いませんが，取引先が被保証債務の債務不履行の場合，銀行が保証人として債務の履行をしなければならないので，一般貸付の場合と同様に取引先の信用調査が必要です。

❷ 銀行は，債権者に対して保証人として将来代位弁済した場合の取引先に対する求償権及び，保証料を確保するため，確実な担保・保証を徴求します。

実務解説

(1) **支払承諾の仕組み**

支払承諾は，銀行が取引先の依頼（委託）により，取引先が第三者に対して負担する債務を保証することです。債務保証または支払保証ともいいます。銀行の与信業務の1つで，銀行は保証金額と期間に応じて一定の保証料を徴求します。銀行は直接の資金負担は伴いませんが，取引先が債務を履行しない場合には，銀行が保証人として債務の履行をしなければなりませんので，一般貸付の場合と同様に取引先の信用調査が必要です。

(2) **支払承諾の種類**

支払承諾の種類・形態は，保証する債務の内容によって次のとおり大別することができます。

① 取引先が第三者に対して負担する特定債務の保証

2　保証の種類にはどのようなものがあるか

② 取引先が第三者との継続的商取引によって負担する債務についての根保証
③ 取引先が振り出した手形債務についての保証
④ 信用状による保証
⑤ 民事執行法などによる支払保証
⑥ 代理貸付の制度上の保証

　保証人である銀行は，借用証書に保証人として連署，あるいは債権者に保証書を差入れすることによって，保証債務を負担することになります。一方，銀行は保証人として債権者に対して将来代位弁済した場合の取引先に対する求償権及び保証料を確保するため，確実な担保・保証を徴求するのが通常です。

法的根拠　支払承諾依頼人である取引先は，その債権者（第三者）に対して債務を負担するわけですから，その間は債権者と債務者の関係です。

　一方，銀行は取引先の依頼を受けて，取引先が第三者（債権者）に対して負担する債務を保証するわけですから，銀行と取引先（支払承諾依頼人）との間は，支払（保証）委託契約の関係となります。

　支払委託契約は，万一，将来銀行が保証人として代位弁済した場合の求償権及び保証料の確保を内容とするものです。具体的には，支払承諾約定書に記載されています。したがって，支払承諾の保証・担保は，銀行の求償権のための保証・担保であって，もとの債権者（第三者）のためのものでない点に留意する必要があります。

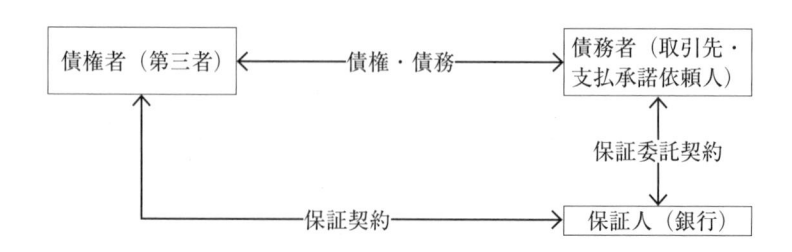

```
債権者（第三者） ←――債権・債務――→ 債務者（取引先・
                                    支払承諾依頼人）
                                         ↑
                                         │保証委託契約
                                         ↓
       ←――――保証契約――――→       保証人（銀行）
```

252

3　保証協会の免責事由にはどのようなものがあるか

Q1　免責を避けるためには一般にどんなことに注意すべきか

> 当店では，本年度融資渉外の最大目標の1つに「店周小企業の再開発徹底化」を掲げましたが，これらの企業は，多くの場合，担保力に乏しいのが一般的です。そこで，取引にあたっては必ず保証協会保証をつけることにしましたが，万一の際，免責されないためには，どんな点に注意したらよいか教えてください。

A1

❶　マル保貸付実行時に，保証書の条件を1項目ごとに厳密にチェックを行い保証条件違反とならないようにします。

❷　業績悪化時または事故発生時には貸付先から徴求した書類を再度チェックし不備が絶対に起こらないようにします。

実務解説

(1) **免責条項は貸付実行時と実行後に分かれる**

　保証免責となる事項はかなりの種類があるわけですが，免責をこわがりマル保貸付を行わないというのは感心しません。

　マル保貸付は新規開拓の手段，自行取引先のメイン化，債権の良質化など「中小企業取引拡大の最大の武器」となるもので，銀行にとっても多大のメリットをもたらします。積極的な取組みを行いましょう。マル保貸付を何回も取り扱えば自然と身につくものです。

　免責条項は，貸付実行時にかかわるものと実行後の管理にかかわるものとに分類されます。保証協会の統計では，免責となる案件のほとんどが，

3 保証協会の免責事由にはどのようなものがあるか

貸付実行時にかかわるものという実績がでています。貸付の実行時に注意を払っておけば免責条項のほとんどを免れることができるということです。

(2) **貸付実行内容は保証書と同一か**

貸付実行時にかかわるものとは、保証書に記載された内容どおりに貸付が行われたかどうか、ということです。

保証書に記載された内容は、主債務に関する事項（債務者名・保証金額・保証期間・貸付形式など）と、保証条件に関する事項（担保・保証人など）に区分されます。貸付実行時にこれらの内容と相違ないかを1項目1項目厳密に精査しておけば、まず免責条項の9割方はクリアできます。また担保・保証人などは形式的に徴求するということではなく、実際に担保提供者、保証人に面談を行い、担保提供意思、保証意思も十分に確認しておく必要があります。

(3) **業況悪化時は債権書類の点検を**

次に業況が悪化し、延滞が発生したり、事故の発生が懸念される時は、再度貸付先から徴求した債権書類を点検することが必要です。点検の内容は貸付実行時と同様に、保証書に記載された内容どおりに貸付を行い、債権書類を漏れなく正しく徴求しているかを確認します。事故が発生してから、不備が判明し補完することは不可能に近いといえます。事故が発生する前に点検し、万一不備があれば、補完するという体制が必要です。

(4) **事故発生時の手続**

事故発生時には念のためもう一度徴求書類を確認する必要があります。

事故が発生した場合は、事故報告書を提出し、その後代位弁済請求の手続になるわけですが、代位弁済請求前に保証協会と事前に相談を行い、請求手続のための書類などに不備がないかを打合せすることが重要です。

正式に代位弁済請求手続を行った後不備が発見されると保証協会は代位弁済を行ってくれません。事前に相談することが、結果的には免責条項を免れ、代位弁済を早期に受けるコツです。

第4章　保証の法律知識

図表12　マル保貸付チェック表　　　　　　　　（確認印を捺印）

〔実行時・延滞発生時・事故発生時〕（該当時に○印）

項目	保証書	徴求書類
(1)債 務 者 名 　住　　　　　所		
(2)保 証 金 額 　保 証 期 間 　利　　　　　率 　返 済 条 件 　貸 付 形 式		
(3)保証料の徴求		
(4)保 証 人 名 　住　　　　　所 　保 証 意 思		
(5)担 保 設 定 　設 定 金 額 　物 件 明 細 　担保提供意思		
(6)旧債振替の条件		
(7)そ　の　他		

255

Q2　保証人から償還請求を拒否された場合

> マル保貸付先が不渡りを出して倒産しました。融資先から回収が望めないので連帯保証人に返済するよう請求しましたが，保証人は保証人になった覚えもないし，署名をした覚えもないといって請求を拒否しています。

A2

❶　保証人が債務を否認するなど償還請求を拒否した場合は原則として免責となり，代弁請求ができません。

❷　保証債務を否認されないためには，連帯保証人自身に銀行員の面前で自署押印をしてもらうか，他の方法で保証意思を確認しておく必要があります。

実務解説

(1)　**保証条件の内容**

　保証書に記載される内容は，保証先名，住所，保証金額，保証期間，貸付形式などの主債務に関する事項と，担保，連帯保証人などの従たる事項に区分され，これらの事項が保証契約の内容（保証条件）を構成します。マル保貸付を行う場合には，これら保証書に記載された事項を遵守して貸付を行わなければなりません。

(2)　**保証条件違反**

　保証協会と銀行は保証取引に関する「約定書」を締結し，その約定書の中に免責条項の規定があり，その規定に抵触すると代位弁済が受けられないことになっています。保証書に「保証人Ａ」との条件があったとき，銀行が貸付を行う場合は表面的に「Ａ」を保証人に徴求したということでは

いけません。Aが本人でありかつ保証意思がはっきりあるということが必要です。本ケースのように保証債務を否認する場合には保証人を正しく徴求したことにはなりません。

(3) **債務否認されないために**

　連帯保証人から保証債務の否認を受けないためには，協会保証の申込みを受けたとき，または，貸付のときに本人のみならず連帯保証人の保証意思も中小監督指針により十分に確認する手続を怠らずに行う必要があります。また，債務否認されないための証拠として，債権書類（金銭消費貸借契約証書，根抵当権設定契約証書など）に「いつ，どこで，自署，保証意思確認済み」などの注書きを記載してしておけば，代位弁済請求時でも困ることは極力防止できるでしょう（p.253）。

　　法的根拠　　保証協会の免責条項の1つに「保証条件違反」の規定があります（約定書11条2項）。保証協会の保証契約は個々の保証書の発行で成立し，その記載内容の履行が保証の条件となります。保証書の内容と相違する貸付は保証契約に違反した貸付となります。保証人を徴求していても，その保証人が債務否認をした場合には保証条件どおり保証人を徴求したことにはならず，保証条件違反となって代位弁済を受けられないことになります。

③ 担保未徴求による一部免責とは何か

> 手形貸付500万円を行う保証条件が，担保として「商業手形Ａ社200万円，Ｂ社180万円，Ｃ社120万円を担保とする」と表示されている時，Ａ社の200万円の手形を担保徴求するのを失念していました。その状態のまま倒産してしまい代位弁済を請求することになりました。

A3

本ケースの場合，代弁請求しても，全部免責または一部免責となりますので，担保徴求を失念しないよう注意する必要があります。

実務解説

(1) 担保の未徴求は免責事由

信用保証書に記載される内容は，主債務に関する事項（保証金額・保証期間・貸付形式など）と保証条件に関する事項（担保・保証人など）に区分されます。担保の未徴求はこの保証条件に関する事項の違反に該当し，保証条件違反の免責事由となります。このような担保条件の未充足は，基本的にはその未充足部分の実損分について保証免責の適用を受けることになります。

具体的には，この未充足部分は保証の当初に遡り保証免責の適用を受けることになります。したがって代位弁済請求しても，この部分については，元本部分のみならずこれに対応する遅延損害金についても免責が適用され代弁請求が受けられません。

貸付実行に際しては，担保手形となる金額，銘柄，期日，裏書の連続など，保証条件に合致しているかどうか確認する必要があります。

担保の徴求をしても，金額相違，裏書の不連続など不備があるにもかか

わらず入担し，マル保貸付が回収不可能となった場合にも，担保未徴求と同じ結果となり免責となります。

(2) その他の担保未徴求のケース

① 不動産共同担保の設定の漏れ

登記所が異なる不動産を担保にする保証条件がついたとき，1カ所の登記所の不動産を担保としたが，他の登記所の不動産の入担を失念したとき。

② 銀行独自の判断による条件担保の解除

実行時には保証条件どおりの担保を徴求したが，銀行の不注意によりその一部を解除してしまった場合も，結果的には担保未徴求となります。銀行の根抵当権を保証協会に提供して貸付を行った場合，後日，プロパー貸付の担保と混同し，銀行独自の判断で担保解除してしまうとき。

> **法的根拠** 保証協会の保証契約は個々の保証書の発行で成立し，保証書に記載された内容どおりの貸付を実行する必要があります。この場合は信用保証書の内容と相違する，あるいは不足する貸付は保証契約に違反した貸付となります。信用保証協会の保証責任は一部または全額について免責となります（約定書11条2項）。

貸付金額　500万円
担保条件　商業手形担保　200万円，180万円，120万円
　このような場合で，銀行が，上記3枚のうち1枚，例えば200万円の手形を担保徴求することを失念し，事故が発生した場合。

500万円	
300万円	200万円
担保徴求済み	担保未徴求
遅延損害金	遅延損害金
代位弁済可能	免責

200万円とそれから発生する遅延損害金は免責の対象となります。

3 保証協会の免責事由にはどのようなものがあるか

Q4 自行貸付返済後に担保解除するとマル保貸付はどうなるか

①マル保貸付500万円（6カ月延滞中），②プロパー貸付20万円，プロパー貸付の担保として根抵当300万円のような貸付状況の先が②の貸付20万円を完済しました。プロパー貸付の担保が必要なくなり，担保解除の申出があったので担保解除をしてしまいました。

マル保貸付が残っているにもかかわらず，自行プロパー貸付の担保を保証協会の承諾を得ずに解除した後，その企業が倒産し，マル保貸付の回収が不能となった場合，免責となりますか。

A4

❶ プロパー貸付が完済となってもマル保貸付がある場合には，むやみに自行の担保解除してはなりません。

❷ 延滞貸付先，事故報告先の担保解除は必ず保証協会の承認を得る必要があります。

実務解説

(1) 条件外の担保解除でも協会の承認がなければ免責

民法504条には「第500条の規定により代位することができる者（法定代位権者）がある場合において，債権者が故意又は過失によってその担保を喪失し，又は減少させたときは，その代位をすることができる者は，その喪失又は減少によって償還を受けることができなくなった限度において，その責任を免れる」という規定があります（担保保存義務）。

銀行は，この担保保存義務の規定について銀行取引約定書の特約条項で連帯保証人との間では排除を行っているのが一般的です。

ところが，保証協会は銀行とはこのような「約定書」は締結していませんので，民法504条が適用され，銀行は保証協会に対し担保保存義務を負っていることになります。

　したがって，保証協会の条件外の担保でも担保保存義務はあるので自行プロパー貸付がなくなったからといって，むやみに解除はできません。

(2)　**保証協会の承諾手続は書面で**

　条件外担保を解除する場合には協会の承諾を必要とします。承諾を得ないで担保解除した場合には免責となるので注意を要します。

　保証協会の承諾手続は口頭でよいとする協会もありますが，通常は適宜の書面を使用し，現在の担保の設定状況と解除根抵当権を表示し，承認を得るなどの手続を必要とします。

> **法的根拠**　担保解除が銀行の故意または重大なる過失によって生じ，その結果保証付債権の回収が不能となり協会に損害を与えたときは免責となります（約定書11条3項）。違反した場合の免責額は，回収することができなくなった範囲内の一部または全額です。

Q5 マル保貸付を旧債の返済にあてると免責となるか

貸付先の業績がおかしくなったので保証協会へ保証を申し込み，承認を得てマル保貸付1,000万円を実行しました。その実行した資金で，従来からあるプロパー貸付300万円を回収して保全を強化しました。

A5

❶ マル保貸付金の全部または一部をもって，当該銀行の旧債を返済した場合には免責となります。

❷ 免責とならないためには，保証書に旧債を返済してもよいという承認を得て実行を行い，その資金で返済する必要があります。

実務解説

(1) **全額免責**

保証協会の目的は，中小企業者の金融調達の円滑化を図り，中小企業の健全な発展を促すための信用補完を行うことにあります。

事業に積極的に取り組み，企業の発展に努力している中小企業者が事業資金を必要とする場合に，その保証を行い銀行からの資金調達を容易にすることです。単に銀行の債権保全のためにのみ新しい貸付債権に保証をつけて既存の債権を消滅することは，制度の趣旨にも反するからです。

(2) **旧債振替となる具体例**

① 既存のプロパー割引の不渡手形をマル保貸付金で買戻しさせた場合。

② 既存の貸付金（プロパー，マル保貸付金も含む）を新たなマル保貸付金をもって返済させた場合。

(3) **保証免責とならない具体例**

① 前保証の貸付金を弁済することを条件に貸付する場合で保証書にそ

の旨の記載がある保証書で新規貸付を行い弁済する場合（約定書3条但書）。

② 政府系金融機関の保証は代理貸付で一定の条件を備えた「つなぎ資金」へ充当する場合（約定書3条但書）。

　例えば，日本政策金融公庫の代理貸付を保証付で実行する場合，日本政策金融公庫の資金交付が間に合わず，つなぎ融資をしなければならなくなったとき信用保証書に「旧債返済を認める」旨の保証条件を得て承認を得たときは，免責とはなりません。

③ 一定の条件を備えた不渡手形の買戻しの場合（手割根保証取扱要領7条6）。例えば，根保証で割引を行っていたとき，その不渡手形を買戻しさせるための新たな極度内の割引実行の場合は免責とはなりません。

旧債振替に該当する免責は全部免責となりますので注意しましょう。

法的根拠　マル保貸付金の全部または一部をもって当該銀行の既存の貸付金（旧債）を返済したときは全部免責となります（約定書3条，11条1項）。

ただし，保証書の条件欄にこの旨明示された場合には，その分を返済しても差し支えありません（約定書3条但書）。

3 保証協会の免責事由にはどのようなものがあるか

Q6 肩代り融資は免責となるか

> A取引先は新規開拓先として毎週訪問をしていますが，今日，社長から現在の取引銀行は金利も高いし貸付もなかなかしてくれない，との不満を聞きました。そして，マル保をつけてもよいから2,000万円を7年で貸付して，現在の取引行の貸付を乗り換えてほしいとの要望がありました。

A6

❶ 基本的にはマル保貸付で他行の貸付を肩代りするのは免責になるので注意します。

❷ 免責とならないマル保貸付での肩代りの要件は，肩代りをはっきりと条件明示した保証書をもらう必要があります。

実務解説

(1) 取引先から強い要請があったとき

取引先よりのたっての希望で，肩代りを行う場合には，取引先の自己資金などで他行の保証付債権を一度返済し，その後新たな保証申込み，保証決定を受けて貸付を行うという手続が必要です。

この手続をしないで他行の肩代りを行った場合は免責事項の旧債振替に該当し，全部免責となりますので注意しましょう。

(2) 特例として免責にならないこともある

これは特例ですが，銀行取引がうまくいかず，他行に乗り換えてもらい金融調達の円滑を図るような場合で保証協会が特に認めたときは保証書に条件を明示して承認する場合があります。事前に協会と相談しましょう。

保証協会は，中小企業の金融調達の円滑化と，健全な発展を促すことを

目的として，中小企業の事業資金の信用補完を行うものです。基本的には，他行の肩代り資金は事業資金とはみなされません。銀行の業績を拡大するために新しい貸付債権に保証をつけて他行の既存の債権を消滅することは信用保証制度の趣旨に反するからです。

> **法的根拠** 基本的には他行の肩代り貸付も旧債振替とみなされ，全部免責となります（約定書3条，11条1項）。

ただし，保証協会によっては保証書に他行の肩代り貸付の返済の条件を表示し，保証を承諾する場合があります。

第5章
融資管理の法律知識

1　個人貸付で知っておきたい法的留意点

Q1　住宅ローンを一部繰上返済したい

住宅ローン貸付先のAさんから，遺産分けで一時金が入ったので本日ローンの一部を繰上返済したいと申出がありました。毎月の返済日は10日後なので，その日にしてほしいと言ったところクレームがつきました。

A1

❶　一部繰上返済すると，最終弁済期限が短縮されることになりますが，銀行にとっても不利益にはなりません。
❷　契約の変更になりますので，変更契約書を締結する必要があります。
❸　保証人の同意は必要ではありません。
❹　繰上返済日は契約書を示し十分説明して納得してもらうことが必要です。

実務解説

(1)　金銭消費貸借契約証書の十分な説明を

　住宅ローンのように長期間，多額の借入を必要とするローンでは，一般に毎月の元利金の返済額が均等になるような方式がとられています。したがって，当初は元金の返済額が少なく利息の支払額が多くなっています。借主としては一時金が入った場合一刻も早く返済しようとして一部繰上返済を申し出てくることがあります。

　現在各銀行は各種の消費者ローンに関する金銭消費貸借契約証書を使用していますが，繰上返済の条項には「繰上返済ができる日は毎月の返済日

とし……」と規定していますので，その条項を借主へ十分説明して納得してもらうようにしなければなりません。

(2) 金額，期限，金利等は必ず説明を

　住宅ローンの利用者は銀行借入にあまり経験がないので契約時に問題の起こることが予想されるところは事前によく説明しておくよう心掛けるべきです。特に，金額，期限，金利，毎月の返済日，返済額，ボーナス支払月等はぜひ説明するようにし，後日トラブルが発生しないために契約書の銀行使用欄に説明状況を記録しておくとよいでしょう。

　なお，持参した資金は普通預金に入金するか通知預金として預かるよう交渉をします。

> **法的根拠**　住宅ローンは契約書で，一部繰上条項を入れており，繰上返済に伴い返済期限が変更になっても実質的な負担が増加するものではありませんので保証人の同意は不要です。

　通常の貸付の一部繰上げは弁済期限の変更を意味しますので，契約の重要事項の変更にあたります。

　弁済期限の短縮は債務者側に負担をかけることになりますので，たとえ本人からの申出でも保証人の承諾をとりつけて行わないと保証債務の請求時に異議を申し立てられる可能性があります。必ず，保証人から承諾書をもらってください。

Q2 他行肩代りによる全額返済の申出に応じなければならないか

B土産店の主人と1年前から取引を始め，1億円の根抵当権を設定して貸付を行っていましたが，その後，本業以外の資金投資が続いて貸付残高が予想外に増え貸付の応対にぎくしゃくしていたところ，ある日突然借入金の期日前にもかかわらず，他行から貸付を受けたとのことで全額返済と根抵当権譲渡の申出がありました。
銀行はこの申出に応じなければならないでしょうか。

A2

❶ 期日前返済の申出に対しては，銀行も期限の利益の主張が可能ですが，実務では返済に応じています。

❷ わずか1年前の担保設定であり，肩代りを受ける銀行側の感情としては抹消したいところです。

実務解説

(1) 肩代り融資4つの理由

自行の融資先から他行への肩代りの申出がある場合は，

① 自行の融資先への取引条件が厳しすぎる
② 自行の融資対応や事務手続に不手際があった
③ 担当者または上司の転勤等で意思の疎通が図れなくなり疎遠化した
④ 感情的な問題になった

等でトラブルが発生し，そのまま修復がなされないで取引を継続しているときです。この肩代りは極秘裡に進められるので，今まで融資していた銀行側は，ある日突然，返済の申出を受け，あわてることになります。どう

して他行に肩代わりするのかその理由を聞き出し，ケースによっては，後日の反省材料ともなりますので，今後の融資対応の参考データとして記録しておくとよいでしょう。

(2) 根抵当権の譲渡には即応を

実務上は返済された資金が直ちに他の貸付金に利用できるとして，B店主の申出を受け入れるのが一般的です。

さらにB店主からすでに徴求している利息も返済日の翌日から期日までの利息を戻し利息として返却します。

担保については，高い費用をかけて設定したにもかかわらずわずか1年間しか利用できなかったことや，感情的になって取引銀行を変えることになったB店主の意向を無視して貸付金が完済されたとのことで単純に抹消してしまうと，融資対応についての不満と担保設定替えの費用の不満が重なり，苦情に発展することもありますので，根抵当権の譲渡の申出には応じるべきです。

> **法的根拠** 期限の利益は，民法136条1項で，債務者のために存するものと推定していますが，利息付消費貸借契約にあっては債権者・債務者双方にあるといわれているので，銀行も期限の利益を主張できる反面，債務者は，民法413条による受領遅滞の主張で債務を免れることができます。

貸付先が，他行肩代り等のように期日前にどうしても返済するのであれば，約定弁済期日まで銀行の受け取るべき利息を支払わなければならないことになりますが，実務上は前述のとおりに処理されています。

また，不動産担保は抹消するのが一番簡単ですが，設定して間もない1億円の担保を抹消して設定すれば，後順位者がいる場合に肩代り銀行が順位の確保ができないことや，借主の費用の負担が大きいので銀行の処理が不当だと抗議を受けることになりますので，根抵当権の全部譲渡に応じるべきでしょう。根抵当権の全部譲渡は民法398条の12に規定されています。

1　個人貸付で知っておきたい法的留意点

図表14　根抵当権譲渡契約証書（全部譲渡用）

　　　　　　　　　　　　　根抵当権譲渡契約証書
　　　　　　　　　　　　　　（全部譲渡用）
　　　　　　　　　　　　　　　　　　　　　　　　　　平成　年　月　日
　　　　　　　　　　　住　　　　　所
　　　　　　　　　　　根抵当権譲渡人　　　　　　　　　　　　　㊞
　　　　　　　　　　　住　　　　　所
　　　　　　　　　　　根抵当権譲受人　　　　　　　　　　　　　㊞
　　　　　　　　　　　住　　　　　所
　　　　　　　　　　　根抵当権設定者　　　　　　　　　　　　　㊞
　　　　　　　　　　　債　　務　　者
　　　　　　　　　　　住　　　　　所
　　　　　　　　　　　連　帯　保　証　人　　　　　　　　　　　㊞

第1条（全部譲渡）
　譲渡人は，平成　年　月　日根抵当権設定契約により後記物件のうえに設定された極度額金　　円の確定前の根抵当権（平成　年　月　日　　法務局　　出張所受付第　号登記済）を譲受人に全部譲渡しました。
第2条（被担保債権の範囲の変更）
　根抵当権設定者は，前条による譲渡後の根抵当権の被担保債権の範囲を，次のとおり変更することを約定しました。
　　　　　　　　　　被担保債権の範囲
　　変　更　前　①　銀行取引によるいっさいの債権
　　　　　　　　②　貴行が第三者から取得する手形，小切手上の債権
　　変　更　後　①　銀行取引によるいっさいの債権
　　　　　　　　②　貴行が第三者から取得する手形，小切手上の債権
　　　　　　　　③　平成　年　月　日債権譲渡契約により根抵当権譲渡人から
　　　　　　　　　　根抵当権譲受人が譲り受けた平成　年　月　日付金銭消費貸
　　　　　　　　　　借契約による金　　円の債権
第3条（債務者・保証人の承諾）
　債務者・保証人は，第1条の根抵当権の譲渡を異議なく承諾しました。

　　　　　　　　　　　　　　　　記

物　件　の　表　示	順位番号	所　有　者

第5章　融資管理の法律知識

図表15　委任状（譲渡人用）

委　任　書

平成　年　月　日

住　　所
株式会社　　　銀行
代表取締役　　　　　㊞

私は，　　　に平成　年　月　日付「根抵当権譲渡契約証書」記載のとおりの根抵当権の全部譲渡の登記申請に関するいっさいの権限を委任する。

図表16　全部譲渡承諾書

全部譲渡承諾書

平成　年　月　日

根抵当権者　株式会社　　　銀行　殿

住　　所
根抵当権設定者　　　　　　　㊞
株式会社　　　代表取締役　　　㊞

私は，貴行が平成　年　月　日根抵当権設定契約により後記物件のうえに設定された根抵当権（平成　年　月　日　法務局　出張所受付第　号登記済）を平成　年　月　日付「根抵当権譲渡契約証書」により株式会社　　銀行に全部譲渡されることを異議なく承諾しました。

273

Q3 減額返済の申出があった

C氏の長男の結婚資金の一部として300万円をC氏の部下を保証人に徴して6カ月前に貸し付けましたが、毎月の返済額を半額にしてほしいとの申出を受けました。C氏は当行の優良取引先甲社の営業部次長ですので申出どおり応じたいのですが、どうでしょうか。

A3

❶ 借入金が増えて債務が多くなりすぎていないか調査します。
❷ 減額返済は通常貸付期限の変更を伴うもので、貸付契約の重要な条件変更として保証人等の利害関係人の同意を取りつけるべきです。

実務解説

(1) 減額返済申出には、原因の追及後に判断を

個人融資で当初の約定どおりの弁済ができなくなり減額返済の申出があったということは、借主の経済状態に何らかの変化が生じたことが推測されます。金融円滑化法の趣旨を誤解し、銀行が申込みに対して最大の譲歩をして当然であるという考えを持っている可能性も否定できません。

優良取引先の社員ということで単に申出どおり応じるだけでなく、その原因を追及する必要があります。

例えば、当初の返済計画に無理があったとか、別途出費が発生したり、また知人の保証かぶり、本人の収入自体が減少したなど、種々の理由が考えられます。

原因を十分調査し、直ちに貸付金の回収をすべきか、または政策的に申出どおり応諾するべきかなどを判断しなければなりません。

(2) 債権保全強化を忘れずに

　さらに担保を徴求していない場合は，自宅の登記事項証明書を取りつけて時価額以上の担保設定がなされていないか調査し，余力があるときは担保設定を交渉すべきです。また，別途保証人を追加したり，公正証書に切り換えるなどを交渉して，債権保全の強化を図る必要があります。

> **法的根拠**　減額返済の申出に応じることは，貸付条件を緩和することになりますので，借主と変更契約をしておけば判例から保証人にもその効力が及ぶことになっていますが，実務上は，弁済期限が当初より長くなったことにより借主に変化があったときに苦情が出ますので，利害関係人全員の同意を取りつけておくとよいでしょう。

　保全強化のため，強制執行認諾約款をつけた公正証書へ切り換えておけば，万一貸付金が滞って交渉が順調にいかない場合，公正証書は裁判上の判決と同じく債務名義となり，直ちに本人名義の不動産や給料を差し押えることができますので貸付金の管理回収に有効です。

Q4　返済期限の延期はできるか

> 個人で趣味の手芸店を開いているD氏へ，店舗改装資金として金額1,000万円，期間3年，毎月20万円宛返済，残額期日一括弁済の約定で義父E氏を保証人とし，さらに知人F氏の不動産に抵当権を設定して証書貸付を実行しましたが，その後期限に完済が不可能となったので返済期間を延長してほしいとの申出がありました。

A4

❶　返済期間の延長は債務の更改となる場合がありますので，手続面で十分注意する必要があります。

❷　債務の同一性を維持し，担保権や保証人への請求権を確保しておくべきです。

❸　期間延長の申出理由が，業況変化によるものかその他の理由によるものか十分調査する必要があります。

実務解説

(1)　金融円滑化法による対応

銀行は，金融円滑化法により貸付条件の変更等に応じなければならない努力義務を負っています。そこで，①期限に返済できなくなった経緯，②業態悪化の原因，③資産負債の状況，④今後の返済計画などを精査し，貸付先の実態を把握するとともに，自行の保全状況も十分に勘案して貸付条件緩和債権として協力していくか，それとも経営改善の見込みがないものとして債権回収にかかるかの方針を確定しなければなりません。しかし，できる限り，貸付先の負担軽減に資する措置をとるように努めるものとされています（金融円滑化法4条1項）。なお，本法は平成25年3月31日まで

の時限立法ですが，同法が求める努力義務は中小監督指針等に引き継がれるため，恒久的措置として捉える必要があるでしょう。

(2) **債権保全上，問題なければ応諾**

　返済期間の延長の申出があった場合，その原因を十分調査し，債権保全上問題がなければ申出どおり応諾してよいでしょう。しかし，状況によっては保証人の追加，増担保や，公正証書への切換え等の交渉を行い債権保全の強化を図る必要があります。

　契約については，延期証書または変更契約証書を徴求し，原証書は返却せず保管しておきます。新たに証書貸付を実行して旧債務を決済すると更改になりますので抵当権付証書貸付の延期は，債務の同一性を維持するため，延期証書を取りつけます。

　なお，抵当権については弁済期の定めは登記事項ではないので，変更の登記をする必要はありません。根抵当権のある貸付先で元本の確定後は普通抵当権と同一の効力を持つようになりますので，証書貸付の延期は債務の同一性を失わないように注意が必要です。また，当初公正証書で貸付を実行している場合の延期証書は公正証書にしなければ債務名義を失うおそれがあります。

> **法的根拠**　民法513条の更改とは，当事者である借主と銀行が債務の要素（契約の重要事項）を変更する契約であり，その結果，当初の債務は消滅することをいいます。

　それゆえ，貸付金の弁済期日の延長をするため新規決済の手続をとると更改となり，主債務に付従する保証債務や担保権は当然消滅してしまうので延期証書で処理するとよいでしょう。

　また，本来弁済期の延期は保証人や担保に何ら影響しないわけですが，保証人のＥ氏や担保提供者のＦ氏から延期を知らなかったことを理由として異議を主張されることもありますから，延期証書に連署させるなどしてできるだけその同意をとっておくべきです。

Q5　ローン融資先が自己破産を申し立てた

> 長男の教育資金としてローン融資していた公務員のG氏が自己破産の申立をしたので、今後は直接G氏に貸付金の弁済の請求はしないでください、との内容の通知書が代理人の弁護士から送られてきました。

A5

❶　破産の申立てがなされた場合、破産手続開始決定の前と後では交渉相手が違ってきます。
❷　保証会社の保証付である場合は所定の手続を失念なく行います。
❸　破産債権の届出が必要な場合は届け出ます。
❹　保証会社から代位弁済を受けます。

実務解説

(1)　過剰融資先は要注意

近年消費者ローンは、手軽に借りられるということで個人金融の中心となっています。一部の人達は過剰融資を受け、返済不能となる多重債務者となり、保証会社の代位弁済率が高くなっています。G氏の場合、資産に比べてあまりにも負債が大きすぎるため、自己破産の申立てをしたものと思われます。

(2)　弁済督促は70日以内に

消費者ローンは保証会社の保証のみで他に保証人がいませんので、自己破産の申立てがなされると本人に対して請求ができなくなりますので、保証会社からの代位弁済により回収する以外ありません。

通常、保証会社所定の手続は、履行遅滞が発生した場合は債務者に対する弁済の督促を70日以内に5回以上行い、最終的には内容証明郵便で行う

ことになっています。その間，破産手続開始決定が出されると，以後の請求は破産管財人宛となります。

(3) **債権届は忘れずに**

G氏の場合も同様の手続を行って3カ月後に代位弁済を受けることになります。

なお破産手続開始決定が出ると債権の届出をする必要がありますので，官報等に注意しておき債権届を失念しないようにし，その後に代位弁済を受けた場合は届出名義の変更をして保証会社へ権利の移転を行います。

> 法的根拠　　自己破産とは破産手続開始決定を受けるべき債務者または債務者に準ずる者により破産の申立てがなされることをいいます。債務者は破産原因があるときは進んで破産の申立ができます（破産法18条1項）。

この申立てを確認するには債務者の住所地を管轄する地方裁判所の破産係に問い合せるとよいのですが，裁判所によっては回答しないところもあります。

破産の申立があっただけの段階では何ら制限を受けませんので貸付金を個別に回収することは可能です。しかし破産手続開始決定がなされると後で管財人から申出時に遡って否認されることがありますので，通常はローンなどのように保証会社の保証のみの場合は代位弁済で回収する以外方法はありません。

Q6 貸付先が死亡したが法的対応はどうしたらよいか

貸付取引先である豆腐店経営のH氏の奥さんから，今朝主人が亡くなったという電話がありました。

不動産を担保にとっていますが，手形貸付と証書貸付で合計1,000万円の貸付があります。

A6

❶ H氏に対する貸付金と預金及び担保保証人の状況を調査します。
❷ 除籍謄本や戸籍謄本により相続人の確認をします。
❸ 貸付金の弁済を受けるか取引を継続するか，相続人と交渉します。

実務解説

(1) 早急に相続人を確認

個人の貸付先が死亡し相続が開始したときは，相続人が確定するまでは貸付金や預金については手形の書替えや預金支払等を行うことができません。できるだけ早く戸籍謄本や除籍謄本の提出を受け，相続人が誰か確認をする必要があります。また，被相続人の債務は債権者の意向を無視して勝手に分割することができず，民法の規定どおり相続されますので相続人が数人いる場合でも相続分は確認できます。相続は法定どおり相続される単純相続が多く，相続人が1人であれば問題ありませんが数人の場合は貸付金の管理回収が複雑となります。

H氏の場合，相続人から相続届を提出してもらい，事業を引き継ぐ1人に免責的債務引受をさせその他相続人を連帯保証人とする方法をとるか，相続人全員または数名に重畳的債務引受をさせ引受人全員借主となる連帯債務とする手続を行います。

(2) 担保取扱上の注意点

次に根抵当権については，債務者の死亡によって確定することはなく，引き続き貸付を継続し，その担保を利用するためには，相続開始後6カ月以内に銀行と担保提供者または，物件の相続人との間で相続人全員を債務者とする変更登記後，合意により根抵当取引の債務者を登記しないと確定してしまい，抵当権と同じようなものとなってその後の貸付金の担保としては利用できなくなりますから注意を要します（民法398条の8第2項）。

保証人についても，当然には効力は失われることはなく，特に重畳的債務引受の手続がなされた場合は保証人の同意は不要ですが，免責的債務引受の場合は保証人の同意を取りつけていないと請求ができなくなります。万一，貸付取引を継続せず直ちに回収しようとするときは，相続人全員に対して銀行取引約定書旧ひな型5条2項の債権保全に懸念がありということで，期限の利益を喪失させる通知を相続人全員に発送し弁済の請求をします。弁済に誠意がないときは，預金相殺や担保権の実行をするとともに保証人に対しても保証債務の履行を請求して回収を図ります。

> **法的根拠** 民法896条で，相続人は相続開始の時から被相続人の財産に属した一切の権利義務を承継することを規定しています。相続人が数人いるときは，相続財産は共同相続人の共有となり各相続人は相続分に応じて死亡した被相続人の債権債務を分割して引き継ぐことになります。それゆえ法的には各共同相続に対しては，その負担する割合の債務額しか請求できませんので，1人でも弁済ができなくなった場合，銀行は他の相続人へ請求はできなくなります。そのために債務引受をしてもらうわけです。

なお，債務者が死亡しても直ちに相続人は確定できず，互いに利害関係がからみ相続限定承認や相続放棄などがなされることがあるので事務処理を急ぐあまり間違った対応とならないよう相続人の合意を得て貸付金の処理をするのがよいでしょう。

1 個人貸付で知っておきたい法的留意点

Q7　法人成りした個人の貸付はどうなるのか

　漬物販売K商店と貸付取引をしていますが，ある日突然，K商店の主人から営業はそのままの状態にして，株式会社組織にしたいとの話が出ました。業況はあまり芳しくはありませんが，優良担保と資産家の保証人を徴求しているので応じたいのですがどうでしょうか。

A7

❶　個人商店と株式会社は法律上は別個の人格ですので，個人の債務が当然には法人に引き継がれることはありません。
❷　貸付金の引継ぎには新規回収と債務引受の方法があります。
❸　債務引受には重畳的債務引受（併存的債務引受）と免責的債務引受があり，免責的債務引受の場合は担保提供者や保証人の同意を取りつける必要があります。

実務解説

(1) **個人の債務は継承されず**

　法人成りした個人商店と新株式会社は法律上は別個の存在であり，債務は当然には引き継がれることにはならないので法人成りの申出があった場合，その理由をよく聞き債務逃れでないか確かめる必要があります。

　個人借主は，従来の営業にかかわる借入金を引き継がなければならない理由がなくなりますので，銀行としては個人への貸付金を全額回収して，新会社へはまったく新しい判断で取引を実行するのが最も簡単で法律関係も明確です。しかし，K商店のように業況が芳しくないが担保や保証人がしっかりしている場合，債務引受方式として担保提供者や保証人の同意を取りつける方が良策です。

(2) 通常は新会社の重畳的債務引受を取りつける

　一般には新会社に重畳的債務引受（併存的債務引受）をしてもらいます。新会社は従来の債務関係に入って債務を負担することになり，新会社と個人とは連帯債務関係に立ちますので銀行は新会社に対しても個人に対しても債務の履行を請求することができるとともに，担保権や保証も消滅することがないので担保提供者や保証人の同意は必要ありません。

　次に免責的債務引受で個人債務が引き受けられるときは，第三者の担保提供や保証人としては，旧債務者を信頼して担保提供や保証人となったもので，旧債務者が債務関係から脱退するのであれば同意しない場合があるので同意を取りつけておく必要があります。

　根抵当権については，ともに新債務者である新会社を債務者として追加し，免責的債務引受契約の場合には被担保債権の範囲に「引受債務」を追加しておくとよいでしょう。

　なおK商店の店主個人が新会社の代表者となる場合，その個人の債務を新会社が引き受けることになりますので，会社法356条の利益相反取引に該当します。したがって，新会社の取締役会の承認が必要です。

> **法的根拠**　法人成りとは個人営業を会社組織に変更する場合に使用される言葉で，法律用語ではなく税務上の言葉です。
>
> 　法人成りの方法としては，個人の営業用資産を現物出資して会社を設立する方法と，別に会社を設立してその会社に個人の営業用資産を譲渡する方法があります。
>
> 　債務引受は民法に規定がありませんが，判例上有効性が認められているもので，債務の同一性を維持して引受人に移転する契約のことで，旧債務者が債務関係から脱退し，新債務者のみが債務を負う免責的債務引受と旧債務者は債務関係から脱退せず，新債務者が旧債務者とともに同一の債務を負う重畳的（併存的）債務引受があります。

1　個人貸付で知っておきたい法的留意点

図表17　免責的債務引受契約証書

```
　　　　　　債務引受契約証書
　　　　　　　　　　　　　　　平成　年　月　日
住所
株式会社　　　銀行殿
　　　　　　　　　　住　　所
　　　　　　　　　　債務引受人　　　　　　　　　㊞
　　　　　　　　　　住　　所
　　　　　　　　　　債務者　株式会社
　　　　　　　　　　代表取締役　　　　　　　　　㊞
　　　　　　　　　　住　　所
　　　　　　　　　　抵当権設定者　　　　　　　　㊞
　　　　　　　　　　住　　所
　　　　　　　　　　保　証　人　　　　　　　　　㊞

第1条　債務引受人　　　　は，債務者株式会社　　　　が
　平成　年　月　日付金銭消費貸借契約に基づき債権者
　株式会社　　　銀行に対して負担する債務の全部を債
　務者に代わって引き受ける。
　　ただし現在元金は金　　　　円也である。
第2条　債務者株式会社　　　は前条記載の債務引受人におい
　て債務を負担することにより，今後上記債権関係から
　脱退する。
第3条　債務引受人は本契約により負担した債務につき
　今後第1条記載の原契約の各約款に従って履行するこ
　とを約する。
第4条　債務引受人は本契約により負担した債務を履行
　しないときは，直ちに強制執行を受けても異議がない。
第5条　各当事者及び抵当権設定者　　　は原契約に基
　づき設定された後記物件に対する抵当権（平成　年
　月　日　法務局　　　出張所受付第　　号登記済）の
　存続することを認め本契約の日から1か月以内に本債
　務引受契約につき上記抵当権登記の付記による変更登
　記をし，万一上記期間内にその登記が行われないと
　きは債権者において本契約を解除できることを認める。
第6条　抵当権設定者は本債務引受契約を承認し，前条
　の登記をするについて協力することを約する。
第7条　保証人　　　は本債務引受契約を承認し，今後
　第1条記載の原契約の定めるところに従い新債務者と
　連帯して保証の責に任ずる。
　　　　　　　　　　〔物件の表示（略）〕
　　　　　　　　　　　　　　　　　　　以　上
```

図表18　旧債務者の同意書

```
　　　　　　　同　意　書
　　　　　　　　　　　　　　　平成　年　月　日
株式会社　　　銀行殿
　　　　　　　　　　住　　所
　　　　　　　　　　株式会社
　　　　　　　　　　代表取締役　　　　　　　　　㊞

　私は，平成　年　月　日付金銭消費貸借契約により貴
行に対し負担する下記債務について，今般東京都　　　区
　　　丁目　　番　　号　　　　　　が私に代わり債務引受をする
ことに同意いたします。
　　　　　　　債務の表示
　平成　年　月　日付金銭消費貸借契約に基づき貴行に
対し負担する債務ただし現在元金は金　　　　円也である。
　　　　　　　　　　　　　　　　　　　以　上
```

注）免責的債務引受契約証書上で旧債務者の承諾（署名〈記名〉押印）
　が得られないとき，別に本同意書を徴求する。

図表19　重畳的債務引受契約証書
　　　　（私署証書の場合）

```
　　　　　重畳的債務引受契約証書
　　　　　　　　　　　　　　　平成　年　月　日
住所
株式会社　　　銀行殿
　　　　　　　　　　住　　所
　　　　　　　　　　債務者　株式会社
　　　　　　　　　　代表取締役　　　　　　　　　㊞
　　　　　　　　　　住　　所
　　　　　　　　　　債務引受人　　　　　　　　　㊞
　　　　　　　　　　住　　所
　　　　　　　　　　保　証　人　　　　　　　　　㊞

第1条　債務者及び債務引受人は，債務者が別に差し入
　れた銀行取引約定書により，貴行に対し下記債務を負
　担していることを承認し，債務引受人が債務者のため
　に重畳的にその債務の引受をし，次条以下の条項によ
　り貴行に対し弁済することを確約した。
　　　　　　　債務の表示
　　債務者が平成　年　月　日振出の約束手形によって
　貴行より借り入れた金　　　　円也の現在債務残高金
　　　　　円也及びその支払期日平成　年　月　日の翌日
　以降の年　　％の割合による延滞損害金　　　円也の
　合計金　　　　円也。
第2条　債務引受人は，本契約による引受債務を次のと
　おり弁済する。
　1．元金　　円也は，平成　年　月　日を第1回
　　とし，以後毎月末日までに金　　　　円也ずつ貴行
　　　　支店へ持参して支払い，平成　年　月　日限
　　り完済する。
　2．延滞損害金　　　円也は，平成　年　月　日に
　　一括して支払う。
第3条　利息は年　　％（年365日の日割計算）の割合と
　し，前条の元金支払いのつど，1か月分宛前払いする。
第4条　債務引受人が，期日に支払いを遅滞した場合は，
　年　　％（年365日の日割計算）の割合による損害金を支
　払うものとする。
第5条　本債務引受契約によるも前記第1条記載の原約
　定はそのまま存続し，債務者も引き続き債務履行の責め
　を負うものとする。
第6条　平成　年　月　日付根抵当権設定契約によって，
　根抵当権設定者が貴行に対し設定した根抵当権（平成
　　　年　月　日　法務局　　　出張所受付第　　号登記
　済）は，本引受契約による債務も担保するものとする。
第7条　保証人　　　は本債務引受を承認し，引続き保
　証の責に任ずる。
　　　　　　　　　　　　　　　　　　　以　上
```

2 法人貸付で知っておきたい法的留意点

Q1 代表者の変更があったが登記されていない

> 株式会社の代表者が急死し，後任にその長男が選任されました。しかし，登記がされていません。この会社から月末の支手決済資金の割引申込みがあったのですが，応じてよいでしょうか。

A1

❶ 代表取締役といっても登記記録で確認できないので，取締役会議事録を徴求します。
❷ さらに，早期に登記させて，登記事項証明書を提出させます。

実務解説

(1) **変更登記の意味**

株式会社の代表取締役に変更があった場合には変更登記を要します（商業登記法54条）。そして，代表取締役に変更があったのに，変更の登記をしないと，これを善意の第三者に対抗することができません（商法9条）。つまり，銀行が，登記記録上は従前の代表取締役のままとなっている会社に対して，その代表者が変更されていることを知らないでその者と取引をしても，会社はその取引による責を免れないのです。

(2) **変更登記をしていない代表者との取引の効果**

株式会社において代表取締役の選任は取締役の互選または株主総会の決議によって行われます（会社法349条3項）。しかも，選任の効力は，選任された代表取締役が就任を承諾すれば直ちに生じ，登記によって効力が生じるものではありません。したがって，代表取締役は登記前でも会社を代

表できるのであり，長男を代表者として割引に応じることもできます。

(3) 貸付後の事後処理

ただ，長男が代表取締役であるといっても，登記によって確認することができないので，取締役会議事録を徴求して確認することになるでしょうが，やはり異例のケースですから，早期に登記を完了させ，その登記事項証明書を提出させて確認すべきことはいうまでもありません。

なお，「取締役等（役員）が重任した場合も変更登記が必要である」（明治33・2・3民刑局長回答・登記先例上905頁）がありますので，取締役等の重任登記を失念すると会社法976条1項1号により過料に処せられます。

> **法的根拠** 商法9条は「登記の後でなければ，これをもって善意の第三者に対抗することができない。登記の後であっても，第三者が正当な事由によってその登記があることを知らなかったときは，同様とする」と規定していますが，この正当事由は天災事変等の不可抗力をいいます。代表者変更の登記がなされているのに従前の代表者と取引をしてもその会社の責任を追及できないことが多いから注意すべきです。

Q2　会社が合併し登記前に貸付を申し込まれた

貸付先が他の会社に吸収合併されました。しかし，まだ合併の登記がなされていません。この場合に，合併後の新会社から貸付の申込みがあったのですが，先方の申出どおり応じてよいでしょうか。

A2

❶ 会社の合併とはどういうものかを理解します。
❷ 解散会社名義で行うのが原則です。
❸ 存続会社を保証人とします。

実務解説

(1) 会社の合併とは

会社（株式会社及び持分会社）は，他の会社と合併することができます（会社法748条前段）。合併とは，2つ以上の会社が契約により1つの会社になることをいいます。会社の合併には，吸収合併と新設合併とがあります。吸収合併とは，A社とB社が合併してA社が存続し，B社が解散して消滅する型のものをいいます。これに対して，新設合併とは，A社とB社が合併してC社という新会社を作り，A社とB社が解散して消滅する型です。

いずれの型の合併であっても，解散した会社の権利・義務はすべて存続する会社に包括的に承継されます（同法2条27号，28号）。

したがって，債務引受や債権譲渡などの個別の権利移転手続は必要なく，吸収合併消滅会社（以下，「消滅会社」といいます）であるA社または新設合併により設立する会社（以下，「新設会社」といいます）であるC社が承継し，今後A社またはC社が融資先になるのです。

2 法人貸付で知っておきたい法的留意点

[吸収合併]
A社＋B社　→　A社　→　A社はB社の借入債務を承継する
[新設合併]
A社＋B社　→　C社　→　C社はA社及びB社の借入債務を承継する

　ただし，実務としては，貸付先が合併することにより，存続会社や新設会社の資産や営業状況が従来の貸付先（合併前の貸付先）よりも悪化し，債権保全上，問題が生じることもありますから，この点は十分に調査確認することが必要です。

　吸収合併では，存続会社が消滅会社の株主に対して，存続会社の株式を交付するのが原則ですが，会社法では金銭を交付することも認められています。つまり，存続会社は金銭を交付することで，消滅会社の株主を締め出す手法による現金合併（キャッシュアウト・マージャー）ができることとなりました（同法749条1項）。

　また，消滅会社の株主に対して，存続会社自身の株式ではなく，その親会社の株式を割り当てる「三角合併」も認められることとなりました（同法800条）。

　例えば，外国会社A社が我が国の企業C社を買収しようとする場合に，あらかじめ，我が国に完全子会社B社を設立しておき，外国の親会社A社の株式を譲渡しておきます。そこで，B社がC社を吸収合併するときに，C社の株主には，B社の株式ではなく，親会社のA社の株式を交付することができるようになりました。

　この合併対価の柔軟化についての規定は，外資による対日投資促進の意欲を高めることとなり，我が国企業への敵対的買収を増大させるおそれがあることから，会社法施行の日からさらに1年後に施行するものとされました（同法附則4項）。現在では，完全施行されています。

　なお，吸収合併については，旧法の合併の登記の日ではなく，吸収合併契約に定めた一定の日に効力を生ずるものとされました。新設合併では，株式会社同士の合併，株式会社と持分会社との合併，持分会社同士の合併

によって株式会社を設立することもできるとされました（同法753条1項）。新設会社は，その成立の日に消滅会社の権利義務を承継します（同法754条1項）。

(2) 合併前の新規貸付

合併契約に定めた一定の日より前に合併後の新会社に貸し付けるのは謝絶し，むしろ，解散会社に貸し付けた方がよいでしょう。

一定の日に解散会社（消滅会社）の権利義務はすべて合併後の新会社に承継されるからです。合併の効力発生前に存続会社に貸し付けると，消滅会社を債務者とする担保・保証の被担保債権にならないと解され，消滅会社が合併の効力発生前に倒産すると，保全不足になるおそれが生じます。

> **法的根拠** 合併については会社法748条前段に，その定義については同法2条27号，28号に，キャッシュアウト・マージャーについては同法749条1項に，三角合併については同法800条に，株式会社と持分会社との間の合併については同法753条1項，754条1項にそれぞれ規定があり，法的根拠となります。

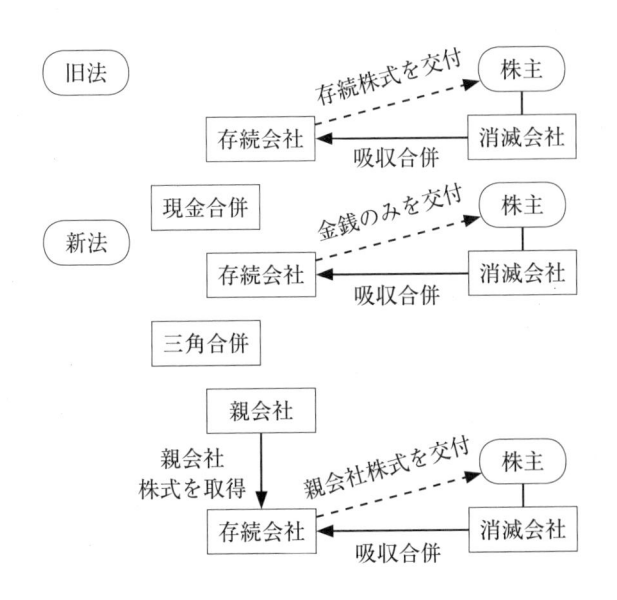

```
旧法
        存続株式を交付     株主
存続会社 ←──────────── 消滅会社
         吸収合併

新法
  現金合併
        金銭のみを交付    株主
存続会社 ←──────────── 消滅会社
         吸収合併

  三角合併
  親会社
    │ 親会社
    │ 株式を取得
    ↓        親会社株式を交付  株主
  存続会社 ←──────────── 消滅会社
            吸収合併
```

Q3　会社が営業譲渡をして第二会社をつくった

> 貸付先から，今般第二会社を設立し，同社の営業を第二会社に譲渡した旨の通知がきました。どのように対応したらよいでしょうか。
> また，これにより貸付債権，担保・保証等には，影響があるのでしょうか。

A3

❶ 第二会社に履行請求をします。
❷ 譲渡人にも内容証明郵便で履行請求をします。

実務解説

(1) 営業とはなにか

営利行為を継続的に，かつ繰り返して行うことを営業といいます。商人がその営業のためにする行為は商行為とされます。この他に，営業の第二の意味として，上記の営業活動のために存在する組織財産をも営業ということがあります。営業譲渡にいう営業とは後者の意味です。

(2) 営業譲渡の意味とその手続

したがって，営業譲渡とは，各種の物権・債権等の個々の財産を譲渡することではなく，社会的活動をしている有機体としての営業を移転することです。

営業譲渡は，譲渡人・譲受人の間の譲渡契約によってなされますが，営業を構成する各部分については，個別的な移転手続を要します。すなわち，権利であれば，それぞれの権利の移転及び引渡行為，登記等の第三者対抗要件の具備を，また，債務であれば債務引受等をする必要があります。

(3) 営業譲渡の広告

　営業の譲受人が譲渡人の営業によって生じた債務を引き受ける旨の広告をした場合や商号を続用している場合には，債権者はその譲受人に対しても弁済請求ができますが（商法17条1項），譲渡人の責任は2年以内に請求しない債権者に対しては消滅します（商法17条3項）。

(4) 銀行の対応

　第二会社に営業を譲渡した旨の通知がきても，それだけでは，貸付債権，担保・保証等に何ら影響はありません。ただ，そのまま2年を経過すると譲渡人である貸付先の責任を追及できなくなるので（商法29条），譲受人である第二会社に対して履行請求をするとともに，譲渡人に対しても内容証明郵便で履行の請求をしておかなければなりません。

(5) 詐害的会社分割

　詐害的会社分割とは，実質的倒産状態にある会社が，会社分割によって採算部門の事業や重要な資産を新設会社に移転し，分割会社の債権者を害するという，濫用的会社分割の事例が増加しています。

　このような濫用的会社分割が行われた場合，分割会社の債権者が詐害行為の取消により会社分割の効力を否定する訴えを提起し，勝訴した判例もみられます（東京高判平22・10・27金判1355号42頁）。このような会社分割にも十分な注意が必要です。

Q4 貸付先の代表者が行方不明になった

よく来店していた貸付先の酒店経営の代表者Ｊ氏が手形貸付200万円の期日になっても返済に来店せず，当座預金の残高も２万円しかないので渉外担当のＫ君が訪問したところ，定休日でないのに店舗は閉まっており２日分の新聞が新聞受けに残ったままとなっていました。

A4

❶ 旅行などの一時的なものか，事業不振のため行方をくらましているのかを種々調査して確認します。

❷ 真に行方不明となっている場合は，直ちに貸付金回収のための対応策を講じなければなりません。

実務解説

(1) 真の行方不明なら即刻貸付金の回収を

業績不振や保証かぶりで真に行方不明となった場合は，債権保全上から重大な懸念が生じたということで，銀行取引約定書旧ひな型５条１項に該当し，当然に期限の利益を喪失したことになります。

通常行方不明の場合，近所の人や親類，同業者への聞込みによってその事実を確かめます。発見できないときは，相手がいないため担保や保証人の追加といった保全強化策がとれないので現状の預金，貸付金，担保，保証人状況の保全バランス表を作成します。併せて不動産担保の登記留保契約や債権譲渡予約等がなされていた場合，直ちに正式担保手続をとります。

(2) 具体的な回収の方法

預金については相殺で回収します。受取人が不在でも銀行取引約定書旧ひな型11条２項の特約のみなし到達を利用して内容証明郵便を発送してお

きます。

　次に有価証券等は担保差入書に基づき善良な管理者の注意をもって任意処分し，貸付金を回収します。不動産は民事執行法の定めに従って競売の申立により，担保物件の処分代金の配当で回収します。

　最近は以上の処理のみでは貸付金の全額回収が困難ですので，債務者の財産を差し押えて換価して回収を図ることもできます。通常は貸付金請求訴訟を提起して判決をとって行わねばなりませんが，時間と費用もかかりあまり実効がありません。また，J氏に残余財産があり，その財産について財産管理人の選任がなされていない場合，必要に応じて民法25条により家庭裁判所に選任を申請し，これにより選任された管理人と交渉する必要があります。

　保証人については，債務者が行方不明になっても保証債務には何ら影響がありませんので残額の履行請求をして回収します。

法的根拠　銀行取引約定書旧ひな型5条1項4号の特約により，貸付先の責めに帰すべき事由によって所在不明となったときは，当然に期限の利益を失うことになっていますので貸付先が行方不明となったときは，相殺，担保権の実行などにより直ちに債権の回収を図らなければなりません。

　相殺は相手方に対して相殺の意思表示が到達しなければ効力が発生しません（民法506条，97条）。もっとも行方不明など銀行取引約定書旧ひな型11条2項の中で住所変更の届出を怠った場合は，通常到達すべきときに到達したものとする「みなし到達」の規定がありますので，預金に対して差押等がなされていなかった場合はあえて公示送達による通知は必要ありません。

　なお，公示送達とは，当事者の申立により裁判所の書記官が送達すべき書類を保管しておいて受取人がでてくれば交付することを裁判所の掲示場に掲示し，さらに官報，新聞紙上に掲載し，2週間経過したときに相手に到着したものとして効力を認める送達方法で，銀行が差押えされた預金と相殺する場合，行方不明者への意思表示の方法として利用されています。

Q5　期限前に弁済したいとの申出があった

貸付先から，貸付債権の弁済期が未だ到来していないのに，借入金全額を弁済したいとの申出がありました。
この申出を拒絶することができますか。

A5

❶ 期限前の弁済は適法ですが，破産法により否認されることもあります。
❷ 拒絶すると銀行が受領遅滞の責任を負うこともあります。

実務解説

(1) 現実の提供

弁済の提供は債務の本旨に従い現実にこれを為すことを要します（民法493条）。ここにいう「現実の提供」とは，債務者自身で給付の主要な部分を完了することで，金銭債務についていえば，①弁済した金額が債務の全額であり，②弁済の場所が債権者の住所であることを要するほか，③弁済の日時が問題になります。

(2) 期限前の弁済は原則として適法

期限は債務者の利益のために定めたものと推定せられ（民法136条1項），かつ，相手方の利益を害しない限り期限の利益を放棄できます（同条2項）から，判例も，債務者が期限の利益を放棄して期限前に元金及び期限までの利息の弁済を提供したときはその提供は適法であるといっています（大判大7・3・20民録24輯623頁）。たとえ，期限までの利息の提供がなくても，元金と弁済時までの利息が提供されれば，現実の提供といえるでしょう。

(3) 期限前弁済の拒絶

現実の提供がなされたのに，銀行がその弁済の受領を拒絶すると，銀行

は受領遅滞の責任を負うことになります（民法413条）。

　一方，銀行が弁済受領を拒絶すると，貸付先は，弁済の目的物を供託してその債務を免れることができます。

　債務者が期限の利益をあえて放棄して，期限前に弁済すると，詐害行為（民法424条）や否認（破産法160条）の問題が生じてくることもあります。

　例えば，破産法では，支払不能の後またはその前30日以内に行った債務の消滅に関する行為で，その時期に破産者の義務に属さないものについては，否認の対象とする旨の規定があるので，この点にも注意してください（破産法162条１項２号）。

> **法的根拠**　　いかに債権者といっても，全く何らの責任を負わないものではありません。民法の定める債権者の義務には，担保保存義務（民法504条）をはじめいくつかの規定があります。その代表的なものが本ケースの債権者の義務であって，それを怠った債権者は受領遅滞の責任を負う（民法413条）点に注意しなければなりません。ただ，貸付先が支払不能の状態での期限前弁済は否認されるおそれもありますからこの点にも注意のうえ受領してください。

Q6　担保の一部を解除してほしいとの申出があった

根抵当不動産の任意売却が成立したので，いくらか弁済するから根抵当を解除してほしいとの申出がありました。他に担保権者もあるため極度額相当の弁済はとうてい無理な状況です。
根抵当権の解除にあたってどのような点に注意すべきでしょうか。

A6

❶ 売却価格の妥当性，公平な配分か，残債権が保全されているかに注意して申出の可否を検討します。
❷ 担保保存義務違反に注意します。

実務解説

(1) **申出受諾の可否は**

根抵当不動産の売却に伴う根抵当権の一部解除の申出は，実務上よく起きることです。特に貸付先が資産を処分して借入金の圧縮を図るとき，また，倒産後の債権回収手段としてもよく用いられます。

したがって，以下で述べる点に留意して申出の可否を検討することになります。

(2) **検討すべき留意点**

根抵当不動産の一部売却に伴う根抵当権の一部解除にあたっては，次の3点を留意します。

①　売却価格の妥当性

不動産競売にあっては，裁判所が売却基準価額を決定しますが，任意処分の場合には，近隣の公示価格，売買事例，不動産業者の聞込みなどによって，売却価格が不当に低くないかどうかを検討しなければなりません。

② 配分方法は妥当か

不動産競売手続にあっては，担保権の順位に従って裁判所が配当表を作成しますが，任意処分の場合には，本来ならば配当を受け得ないはずの後順位担保権者にもいわゆる「抹消料」として何がしかの配当をしなければならないケースが多いのです。それをどの担保権者が負担するのかが問題であり，公平妥当な配分となるよう担保権者間で協議しなければなりません。

③ 残債権は保全されているか

最後に，一部弁済を条件に根抵当権を一部解除した結果，残債権の保全は解除前に比較して好転したのか，それとも悪化したのかを検討します。保全措置が十分なされていればいいのですが，そうでない場合には，再度上記①，②を検討しなければならない場面も出てくるでしょう。

> **法的根拠** 銀行（債権者）が故意または過失によって，担保を喪失または減少させると，法定代位権者は，担保の喪失または減少によって償還を受けることができなくなった限度で責任を免れるとされています（民法504条）。貸付先との間で銀行は担保保存義務免除の特約を締結していますが，実務上は保証人などの法定代位権者から承諾書を徴求するなど，担保の一部解除には慎重に対応すべきです。

Q7 担保不動産の差替えをしてほしいとの申出があった

貸付先である不動産業者から営業用土地を担保にとっていたところ，今般それを売却することになったので担保権を解除してほしい，その代わり別の不動産を担保に入れるとの申出がありました。応じてよいでしょうか。

A7

❶ 新旧担保物件を比較し，価値が増大し，かつ，その担保権の実行が容易なものが望ましいといえます。
❷ 価値が下落するときは要注意です。

実務解説

(1) 新旧担保物件の比較を

担保の差替えは銀行実務上よく起きます。

その場合には，新旧担保物件を比較して，担保価値が増大し，かつ，その担保権の実行が容易なものであるのが望ましいのはいうまでもありません。

特に担保価値が下落する場合には次の担保保存義務に注意します。

(2) 担保保存義務との関係

他に保証人や担保提供者がいる場合には，それらの者の求償権を確保するために，債権者が故意または過失によってその担保を喪失または減少したときには，それによって弁済を受けられなくなった額だけ，保証人や担保提供者はその債務を免れることになります（民法504条）。これを債権者の担保保存義務といいます。

差替えによって担保価値が明らかに下落する場合には，担保保存義務違

反をつかれないようにするために，他の保証人か担保提供者の同意をとっておくのが堅実です（p.241）。

(3) 国税徴収法との関係は

担保の差替えは，旧担保権の解除と新担保権の設定という形式をとります。すると，国税徴収法との関係では，新担保権設定登記日と滞納税金の納期限等の日との先後（同日ならば国税に優先する）によって優先劣後の関係が定まるので（国税徴収法16条），旧担保権の設定の日との優先劣後ではないことに注意すべきです。

法的根拠 銀行実務においては，銀行の担保保存義務を免除する旨の特約を締結している場合が多く，この特約も有効であると解されていますが（大判昭12・5・15法律新聞4133号16頁），この特約といえども万能ではなく，自ずから合理的限界があると解されており，またその限界を画する基準も必ずしも明確ではないので，できる限り他の保証人や担保提供者の同意を徴求するのが実務上堅実な対応といえるでしょう。

参考　銀行取引約定書旧ひな型

　私は，貴行との取引について，次の条項を確約します。
第1条（適用範囲）
1　手形貸付・手形割引・証書貸付・当座貸越・支払承諾・外国為替その他いっさいの取引に関して生じた債務の履行については，この約定に従います。
2　私が振出・裏書・引受・参加引受または保証した手形を，貴行が第三者との取引によって取得したときも，その債務の履行についてこの約定書に従います。
第2条（手形と借入金債務）
　手形によって貸付を受けた場合には，貴行は手形または貸金債権のいずれによっても請求することができます。
第3条（利息・損害金等）
1　利息・割引料・保証料・手数料，これらの戻しについての割合および支払の時期・方法の約定は，金融情勢の変化その他相当の事由がある場合には，一般に行われる程度のものに変更されることについて同意します。
2　貴行に対する債務を履行しなかった場合には，支払うべき金額に対し年14％の割合の損害金を支払います。この場合の計算方法は年365日の日割計算とします。
第4条（担保）
1　債権保全を必要とする相当の事由が生じたときは，請求によって，直ちに貴行の承認する担保もしくは増担保を差し入れ，または保証人をたてもしくはこれを追加します。
2　貴行に現在差し入れている担保および将来差し入れる担保は，すべて，その担保する債務のほか，現在および将来負担するいっさいの債務を共通に担保するものとします。
3　担保は，必ずしも法定の手続によらず一般に適当と認められる方法・時期・価格等により貴行において取立または処分のうえ，その取得金から諸費用を

差し引いた残額を法定の順序にもかかわらず債務の弁済に充当できるものとし，なお残債務がある場合は直ちに弁済します。
4　貴行に対する債務を履行しなかった場合には，貴行の占有している私の動産・手形その他の有価証券は，貴行において取立または処分することができるものとし，この場合もすべて前項に準じて取り扱うことに同意します。

第5条（期限の利益の喪失）
1　私について次の各号の事由が一つでも生じた場合には，貴行から通知催告等がなくても貴行に対するいっさいの債務について当然期限の利益を失い，直ちに債務を弁済します。
　① 支払いの停止または破産・和議開始・会社更生手続開始・会社整理開始もしくは特別清算開始の申立があったとき。
　② 手形交換所の取引停止処分を受けたとき。
　③ 私または保証人の預金その他の貴行に対する債権について仮差押・保全差押または差押の命令・通知が発送されたとき。
　④ 住所変更の届出を怠るなどの私の責めに帰すべき事由によって，貴行に私の所在が不明となったとき。
2　次の各場合には，貴行からの請求によって貴行に対するいっさいの債務の期限の利益を失い，直ちに債務を弁済します。
　① 私が債務の一部でも履行を遅滞したとき。
　② 担保の目的物について差押，または競売手続の開始があったとき。
　③ 私が貴行との取引約定に違反したとき。
　④ 保証人が前項または本項の各号の一にでも該当したとき。
　⑤ 前各号のほか債権保全を必要とする相当の事由が生じたとき。

第6条（割引手形の買戻し）
1　手形の割引を受けた場合，私について前条第1項各号の事由が一つでも生じたときは全部の手形について，また手形の主債務者が期日に支払わなかったときもしくは手形の主債務者について前条第1項各号の事由が一つでも生じたときはその者が主債務者となっている手形について，貴行から通知催告

等がなくても当然手形面記載の金額の買戻債務を負い，直ちに弁済します。
2　割引手形について債権保全を必要とする相当の事由が生じた場合には，前項以外のときでも，貴行の請求によって手形面記載の金額の買戻債務を負い，直ちに弁済します。
3　前2項による債務を履行するまでは，貴行は手形所持人としていっさいの権利を行使することができます。

第7条（差引計算）
1　期限の到来・期限の利益の喪失・買戻債務の発生・求償債務の発生その他の事由によって，貴行に対する債務を履行しなければならない場合には，その債務と私の預金その他の債権とをその債務の期限のいかんにかかわらず，いつでも貴行は相殺することができます。
2　前項の相殺ができる場合には，貴行は事前の通知および所定の手続を省略し，私にかわり諸預け金の払戻しを受け，債務の弁済に充当することもできます。
3　前2項によって差引計算をする場合，債権債務の利息・割引料・清算金等の計算については，その期間を計算実行の日までとして，利率・料率は貴行の定めによるものとし，また外国為替相場については貴行の計算実行時の相場を適用するものとします。

第7条の2（同前）
1　弁済期にある私の預金その他の債権と私の貴行に対する債務とを，その債務の期限が未到来であっても，私は相殺することができます。
2　満期前の割引手形について私が前項により相殺する場合には，私は手形面記載の金額の買戻債務を負担して相殺することができるものとします。ただし，貴行が他に再譲渡中の割引手形については相殺することができません。
3　外貨または自由円勘定による債権または債務については，前2項の規定にもかかわらず，それが弁済期にあり，かつ外国為替に関する法令上所定の手続が完了したものでなければ，私は相殺できないものとします。
4　前3項により私が相殺する場合には，相殺通知は書面によるものとし，相殺した預金その他の債権の証書・通帳は届出印を押印して直ちに貴行に提出

します。
5　私が相殺した場合における債権債務の利息・割引料・損害金等の計算については、その期間を相殺通知の到達の日までとして、利率・料率は貴行の定めによるものとし、また外国為替相場については貴行の計算実行時の相場を適用するものとします。なお、期限前弁済について特別の手数料の定めがあるときは、その定めによります。

第8条（手形の呈示・交付）
1　私の債務に関して手形が存する場合、貴行が手形上の債権によらないで第7条の差引計算をするときは、同時にはその手形の返還を要しません。
2　前2条の差引計算により貴行から返還をうける手形が存する場合には、その手形は私が貴行まで遅滞なく受領に出向きます。ただし、満期前の手形については貴行はそのまま取り立てることができます。
3　貴行が手形上の債権によって第7条の差引計算をするときは、次の各場合にかぎり、手形の呈示または交付を要しません。なお、手形の受領については前項に準じます。
① 貴行において私の所在が明らかでないとき。
② 私が手形の支払場所を貴行にしているとき。
③ 手形の送付が困難と認められるとき。
④ 取立その他の理由によって呈示、交付の省略がやむをえないと認められるとき。
4　前2条の差引計算の後なお直ちに履行しなければならない私の債務が存する場合、手形に私以外の債務者があるときは、貴行はその手形をとめおき、取立または処分のうえ、債務の弁済に充当することができます。

第9条（充当の指定）
弁済または第7条による差引計算の場合、私の債務全額を消滅させるに足りないときは、貴行が適当と認める順序方法により充当することができ、その充当に対しては異議を述べません。

第9条の2（同前）
1　第7条の2により私が相殺する場合，私の債務全額を消滅させるに足りないときは，私の指定する順序方法により充当することができます。
2　私が前項による指定をしなかったときは，貴行が適当と認める順序方法により充当することができ，その充当に対しては異議を述べません。
3　第1項の指定により債権保全上支障が生じるおそれがあるときは，貴行は遅滞なく異議を述べ，担保・保証の有無・軽重・処分の難易・弁済期の長短・割引手形の決済見込みなどを考慮して，貴行の指定する順序方法により充当することができます。
4　前2項によって貴行が充当する場合には，私の期限未到来の債務については期限が到来したものとして，また満期前の割引手形については買戻債務を，支払承諾については事前の求償債務を私が負担したものとして，貴行はその順序方法を指定することができます。

第10条（危険負担，免責条項等）
1　私が振出・裏書・引受・参加引受もしくは保証した手形または私が貴行に差し入れた証書が，事変・災害・輸送途中の事故等やむをえない事情によって紛失・滅失・損傷または延着した場合には，私は貴行の帳簿，伝票等の記録に基づいて債務を弁済します。なお，貴行から請求があれば直ちに代り手形・証書を差し入れます。この場合に生じた損害については貴行になんらの請求をしません
2　私の差し入れた担保について前項のやむをえない事情によって損害が生じた場合にも，貴行になんらの請求をしません。
3　万一手形要件の不備もしくは手形を無効にする記載によって手形上の権利が成立しない場合，または権利保全手続の不備によって手形上の権利が消滅した場合でも，手形面記載の金額の責任を負います。
4　手形・証書の印影を，私の届け出た印鑑に，相当の注意をもって照合し，相違ないと認めて取引したときは，手形・証書・印章について，偽造・変造・盗用等の事故があってもこれによって生じた損害は私の負担とし，私は手形

または証書の記載文言にしたがって責任を負います。
5 私に対する権利の行使もしくは保全または担保の取立もしくは処分等に要した費用，および私の権利を保全するため貴行の協力を依頼した場合に要した費用は，私が負担します。

第11条（届け出事項の変更）
1 印章・名称・商号・代表者・住所その他届け出事項に変更があった場合には，直ちに書面によって貴行に届け出をします。
2 前項の届け出を怠ったため，貴行からなされた通知または送付された書類等が延着しまたは到達しなかった場合には，通常到達すべき時に到達したものとします。

第12条（報告および調査）
1 財産・経営・業況等について貴行から請求があったときには，直ちに報告し，また必要な便益を提供します。
2 財産・経営・業況について重大な変化を生じたとき，または生じるおそれがあるときは，貴行から請求がなくても直ちに報告します。

第13条（適用店舗）
　この約定書の各条項は，私と貴行本支店との間の諸取引に共通に適用されることを承認します。

第14条（合意管轄）
　この約定に基づく諸取引に関して訴訟の必要を生じた場合には，貴行本店または貴行　　支店の所在地を管轄する裁判所を管轄裁判所とすることに合意します。

※全銀協は，「ひな型」を平成12年4月18日廃止し，現在は各銀行の独自の判断と責任において改訂したものが使用されている。

〈編著者紹介〉

法学博士　大平　正（おおひら　ただし）

東京都に生まれる。1951年早稲田大学第一法学部卒業。同年協和銀行（現りそな銀行）入行。営業店を経て調査部，審査第一部にて産業・企業調査，融資債権管理回収に長年従事し，1986年退職。その間全銀協法規専門部会委員。現在㈱大平金融法務研究所代表として講演に執筆活動にと活躍中。主な著書・共著に，『融資渉外に強くなる法律知識』『融資渉外に強くなる貸付事後管理 Q&A』『渉外マンの貸付法務 ABC』『銀行取引約定書 Q&A』『リレバンのためのローンレビュー120のポイント』『不良債権回収術』（いずれも銀行研修社刊）などがある。他に著書論文多数。

国立 EARIST 大学（比国）より「名誉法学博士号」「名誉経済学博士号」をはじめ米国より「名誉法学博士号」を授与された。

融資渉外に強くなる法律知識 〈検印省略〉

平成24年6月20日　初版発行
　1刷　平成24年6月20日
　2刷　平成24年8月10日

編著者	大平　正
発行者	星野　広友
発行所	㈱銀行研修社

東京都豊島区北大塚3丁目10番5号
電話　東京03(3949)4101　（代表）
振替　00120-4-8604番
http://www.ginken.jp　郵便番号　170-8460

印刷／新灯印刷株式会社
製本／山田製本
落丁・乱丁本はおとりかえ致します。ISBN978-4-7657-4380-8　C2033
　　2012Ⓒ銀行研修社 Printed in Japan　無断複写複製を禁じます。
★ 定価はカバーに表示してあります。

謹告　本書掲載記事の全部または一部の複写、複製、転載転載および磁気または光記録媒体への入力等は法律で禁じられています。これらの許諾については弊社・秘書室（TEL 03-3949-4150直通）までご照会下さい。

銀行研修社の好評図書ご案内

図解・イラストによる IFRS 国際会計基準 入門
橋本　尚　編著

A5判・並製・160頁
定価 1,500 円（税込）
ISBN978-4-7657-4281-8

2010年3月期からわが国に導入される国際会計基準について、ビジネスへの影響や導入準備はどうなるのかなど、金融機関職員向けに実務上の疑問を Q&A 形式で図表等を活用しながら、わかりやすく解説した IFRS（国際財務報告基準）入門書の決定版。

第二版 最新 図版・イラストでみる決算書分析 ABC
新日本有限責任監査法人　著

A5判・並製・304頁
定価 2,200 円（税込）
ISBN978-4-7657-4237-5

決算書の勘定科目数字は企業の財務状況のほか、企業自体の業況を表しています。本書は、決算書がまったくわからない初心者にもすぐ活用できるように、100の勘定科目のしくみと見方を解説し、決算書分析の勘どころをまとめました。

第十一版 決算書読破術
齋藤幸司　著

A5判・並製・268頁
定価 2,300 円（税込）
ISBN978-4-7657-4234-4

B/Sの尻は未処分利益剰余金、P/Lの尻は利益処分案…。これらは経営者の姿勢をみる格好の数字。計画的な粉飾でなくても、固めの決算か軟らかめの決算かを見抜く能力が身につく必読書。

第二版 財務分析入門
加藤勝康　著

A5判・上製・函入・496頁
定価 4,725 円（税込）
ISBN978-4-7657-4071-5

定量分析の柱は財務分析であり、本書は、財務分析の基本である、「財務データ」を「有効な情報」に加工・分析する方法と理論を極めて詳細に解説した、融資担当者はもちろん、全行職員必読の一冊。

図解 超簡単連結決算
都井清史　著

A5判・並製・216頁
定価 1,785 円（税込）
ISBN978-4-7657-3980-1

連結決算において、必ずしも企業の実態を反映しているとは限りません。それを見抜く着眼点とノウハウが求められます。本書は、図解により、初心者にもわかりやすくまとめた、連結決算について始めて学ぶ人のための恰好の入門書です。

社長の経営分析術
日本公認会計士協会　編著

A5判・並製・248頁
定価 2,000 円（税込）
ISBN978-4-7657-4191-5

中小企業の財務諸表は「信用できない」という声をよく聞きますが、これに対する中小企業経営者の知識や意識が乏しいのが現状です。本書は、中小企業の財務諸表の作成ポイントを Q&A 形式で解説した、経営者、経理担当者、金融機関融資担当者や職業会計人の必携書。

キーワードで学ぶ企業分析
中島　久　著

A5判・並製・212頁
定価 1,800 円（税込）
ISBN978-4-7657-4150-7

本書は企業の実態分析を行う際に着眼点とするべきさまざまなテーマを『キーワード』としてピックアップし、解説した、企業分析を行うすべての担当者にとって座右の一冊。

第二版 中小企業財務の見方超入門
久田友彦　著

A5判・並製・278頁
定価 2,100 円（税込）
ISBN978-4-7657-4240-5

中小企業の場合、決算書の勘定科目や内容が不明瞭であてにならないこと、さらに、企業規模が小さいことから少額の変動でも比率が極端に変化します。本書は、金融機関の渉外担当者が知っておかなければならない中小企業財務の見方のノウハウを示した基本書。

▶最寄の書店で品切れの節は、小社へ直接お申込ください。

銀行研修社の好評図書ご案内

事例に学ぶ 自己査定100のポイント

B5判・並製・200頁
定価2,200円+税
ISBN978-4-7657-4356-3

深田建太郎 編著

自己査定にまつわる制度が変遷を繰り返す中では、間違いやすいポイントも数多く存在し、臨機応変な対応を要するケースが増えています。本書は、このような実務上の判断に迷う100余りの悩ましいポイントを精選し、具体的事例に則して解説を行ったものです。的確な自己査定業務に資する一冊です。

貸出条件緩和債権先・経営改善計画策定先の的確な査定はどう行うか 貸出金査定Q&A

A5判・並製・208頁
定価1,600円+税
ISBN978-4-7657-4326-6

深田建太郎 編著

自己査定は、金融機関が信用リスクを管理するためとともに、自己資本比率を正確に算出するために欠かせない重要な作業であり、特に貸出債権の査定については、融資担当者の必須の技能・知識であるといえます。本書は査定実務において必要な知識を体系的にかつQ&A形式でまとめた、金融機関行職員の必携書。

融資担当者のキャリアアップのための 融資審査演習教本

B5判・並製・232頁
定価2,300円+税
ISBN978-4-7657-4330-3

石原泰弘 編著

本書は、融資申込から与信判断までの事例を取り上げ、実践的な審査の応用力を身に付けることができます。融資担当者、役席者の融資判断パワーアップ養成に最適な書。

金融円滑化法の管理・説明・サポートの実際

A5判・並製・240頁
定価2,100円+税
ISBN978-4-7657-4323-5

金融円滑化法実務研究会 編

金融円滑化の現場において主導的な役割を果たすことが期待される金融円滑化管理責任者・顧客説明管理責任者・顧客サポート管理責任者等に求められる役割から、営業店等の現場で必要とされる金融円滑化・顧客説明・経営相談・改善支援の実務を解説しました。

新訂 貸出条件変更・管理の実務

A5判・並製・176頁
定価1,800円+税
ISBN978-4-7657-4350-1

金融円滑化法実務研究会編／弁護士 小田大輔監修

本書は具体的な貸出条件変更・返済条件緩和の手法について解説するとともに、条件変更後最も重要である再建計画の進捗状況管理についても具体的に解説しました。いかに中小企業の経営改善のコンサルテーションをいかに行っていくかを解説した、法人融資担当者の必携書。

貸し渋り・貸し剥がし批判を防ぐ！ 融資円滑説明術

A5判・並製・224頁
定価1,905円+税
ISBN978-4-7657-4302-0

中村 中 著

本書は、中小企業の融資審査結果が相手の期待に反する場合、どのように説明すればよいかについて、この道のベテラン著者が事例を掲げて具体的に解説した融資・法人担当者の必携書です。

第二版 貸出条件緩和先の再建計画書

A5判・並製・256頁
定価2,286円+税
ISBN978-4-7657-4302-4

中村 中・久保田博三・渡邊賢司 編著

金融検査マニュアル別冊記載の再建計画作成事例を規範として、要管理先・破綻懸念先等の再建計画書の作り方・見方を債務者区分別及び業種別にケーススタディ形式で解説した、全行職員の必携書。3事例追加。

企業観相術

A5判・並製・208頁
定価1,810円+税
ISBN978-4-7657-4272-6

依馬安邦 著

財務データや書類だけにとらわれず、担当者自身の五感を活用することによって企業の真の姿を見極め、的確な信用判定につなぐ力が身につく、融資担当者必携の書です。

▶最寄の書店で品切れの節は、小社へ直接お申込ください。

銀行研修社の好評図書ご案内

第十四版 金融法務辞典
B6判・ビニール上製・函入・956頁
定価：3,900円＋税
ISBN 978-4-7657-4332-7

責任編集／伊藤 進・川村正幸・許斐義信・吉原省三

金融機関の仕事は、民法や商法・会社法、手形・小切手をはじめ、多くの商慣習また判例等によって形成されています。こうした学習の参考書として、また、実務処理の判断に迷ったときの座右の書として編集された類書のない本格派辞典。

第九版 貸付用語辞典
B6判・ビニール上製・函入・792頁
定価：3,800円＋税
ISBN 978-4-7657-4200-9

責任編集／安藤英義・近藤順茂・辻正雄・中島弘雅・野村重信

貸付に強くなるためには、貸せるか否かの経済性と債権管理のための法律性の二つが要求されます。本辞典はこの二つに強くなるための3,500用語を収録し、融資実行、与信判断、債権管理、財務分析等、専門的な立場から解説した、貸付・渉外係のための必携の本格辞典。

第五版 証券用語辞典
B6判・ビニール上製・函入・578頁
定価 3,700円 ＋税
ISBN 978-4-7657-4202-3

責任編集／武田昌輔・上村達男・森平爽一郎・淵田康之

投資信託窓口業務を皮切りに、証券仲介業務の解禁などが進み、今や証券業務は金融界全体の中心的な業務と言っても過言ではありません。本辞典は、日常の証券業務に必要不可欠な用語を精選し、また、自己啓発にも役立つように編集された、証券実務の総合辞典です。

第六版 国際金融用語辞典
B6判・ビニール上製・函入・578頁
定価 3,600円 ＋税
ISBN 978-4-7657-4203-0

責任編集／貝塚啓明・中嶋敬雄・古川哲夫

金融機関を取り巻く環境変化とグローバル化に伴い、国際金融に関する専門用語の理解を深めることは必要不可欠です。本辞典は、わが国の国際金融用語辞典のパイオニアとしての地位を確立するとともに、実務に強い本格辞典として好評を得ています。

金融商品ハンドブック '11版
B6判・並製・280頁
定価 1,500円＋税
ISBN 978-4-7657-4336-5

銀行研修社 編

金融商品の販売には商品の仕組みはもちろん、適合性原則・自己責任原則を踏まえ、お客様が実質的な理解を示すまでの説明が求められます。本書は、そのような適切な説明に資するため代表的な133商品を厳選し解説した金融商品販売担当者必携書です。

金融商品セールス応対話法
A5判・並製・312頁
定価 2,476円＋税
ISBN 978-4-7657-4238-2

金融商品説明・勧誘研究会 編

金商法の各条項について、「実際にどのように対処するのか」を、法律的にでなく顧客ニーズ・ケースに応じた実務的に解説。顧客からのさまざまな相談・申出に対応できる応対話法を収載したリスク商品セールスの指針書です。

住宅ローン相談 Q&A
A5判・並製・256頁
定価 2,300円＋税
ISBN 978-4-7657-4325-9

加藤正昭・山本公喜 編著

住宅ローン借入前の資金プランの相談から、様々な住宅ローン商品の選び方、住宅ローンの借入手続、借入後における繰上返済、返済が滞った場合の対応まで、住宅ローン利用の全てが分かります。

第二版 相続預金取扱事例集
A5判・並製・302頁
定価 2,400円＋税
ISBN 978-4-7657-4097-8

木内是壽 著

本書は、長年数多くの相続案件を取扱ってきた著者が、貴重な経験とノウハウをすべて開示し、初期動作から具体的実務手順、書類の作成、法的処理まで網羅しました。顧客折衝にあたる渉外、窓口担当者の実務必携書です。

▶最寄の書店で品切れの節は、小社へ直接お申込みください。